한국수학교육학회 2016년 연보
Korean Society of Mathematical Education Yearbook 2016

학교수학과 교과서 개발

김진호 · 권나영 편집

KM 경문사

서문

우리나라 초·중·고에서 모든 교사들은 수학 수업을 실천에 옮길 때, 수학교과서를 중요한 매체로 다룬다. 시대가 변함에 따라 문화가 변화하듯이, 지금의 시대에 맞는 수학교과서 개발 및 사용에 대해서 고민해야 한다. 우리는 변화의 속도가 지나치게 빠른 시대에 살고 있다. 그러면서 여전히 산업사회에 공교육이 처음 실시되던 그때의 기본틀을 벗어나지 못한 수학교과서를 우리 학생들에게 제공하고 있는 것은 아닌지 되돌아볼 필요가 있다. 제7차 교육과정 이후로 수학교과서에 변화가 생겼다고는 하지만 여전히 본질적인 변화가 아닌 겉보기 변화라고 생각하는 사람들도 있다. 이에 본 2016년 연보의 주제는 전통적인 수학교과서에서 벗어난 새로운 형식의 수학교과서의 출현을 갈망하는 바람으로 새로운 내용과 형식의 수학교과서에 초점을 둔다.

이 책에서 다루는 주제는 크게 세 부분으로 나뉜다. 파트 1은 수학교과서와 관련된 연구를 다룬다. 수학교과서를 중심으로 수행된 많은 연구 중에서 본서에서는 우리나라 수학과 교육과정에서 지속적으로 강조되어 온 문제해결이라는 주제를 "우리나라 수학교과서에 나타난 문제해결"이란 제목으로 다루고 있으며, 최근 다문화의 지속적인 유입과 함께 교육현장에서 주목을 받고 있는 다문화교육과 관련해서 "우리나라 수학교과서에 나타난 다문화교육"이란 제목으로 다룬다. 파트 2는 우리나라 수학교과서 개발을 위한 노력과 관련한 수학교과서 모델을 안내한다. 파트 2에서 안내하는 모델은 고등학교의 "스토리텔링 수학교과서", 초등학교의 "주제 중심 초등학교 수학교과서 모형 개발", 외국 교과서로 많은 관심을 받은 "미국의 프로젝트형 수학교과서에 관하여 MiC와 CMP3"이다. 파트 3은 현재 우리나라에서 시도된 바 없는 수학교과서의 개발을 위한 제안과 앞으로의 수학교과서 집필방향에 대한 논의이다. 학생들은 인지적으로 정서적으로 다른 상태에 있다는 점을 반영한 수학교과서의 집필은 다양한 형태로 나타날 수 있으나, 본서에서는 "수준별 수업을 위한 개인차를 고려한 수학교과서"와 "수학 내용을 통합한 수학 수업을 위한 과제: 개방형 과제를 중심으로"라는 제목으로 논의를 진행한다. 마지막으로 "초등 수학교과서의 방향과 과제"라는 제목으로 앞으로 교육과정 변화에 따라 개발될 수학교과서를 위한 논의를 중심으로 교과서 개발을 위한 제언들을 살펴본다.

독자들은 이 책을 통해 수학교과서 개발과 교육정책 및 교육과정 변화, 문화와의 관련성, 교사 및 학생과의 관련성 등에 대해 생각해 보게 될 것이다. 특히 최근 여러 다른 나라와 마찬가지로 핵심역량을 중심으로 교육과정이 개정되면서 학교수학의 교수·학습에는 큰 변화를 요구한다. 이 책은 이러한 변화가 가장 먼저 반영될 수학교과서에 대해 다시 한 번 생각해 보게 하는 기회를 제공한다.

이 책이 수학교과서를 연구하고 교과서 개발에 참여하게 될 연구자, 학교현장 교사들에게 도움이 되기를 바란다. 끝으로 이 책의 출판을 위해 노력해 준 경문사 여러분께 감사의 말씀을 드린다.

편집자 일동

차례

PART 1 수학교과서 관련 연구

PART 2 새로운 수학교과서 개발

PART 1

수학교과서 관련 연구

제 1 장

우리나라 수학교과서에 나타난 문제해결

이대현(광주교육대학교)

1. 문제해결에 대한 관심을 위하여

우리는 일상생활에서 많은 문제에 직면하며 살아가고 있고, 문제해결에 필요한 자료를 수집하고 이를 조직하고 해석하는 과정을 통하여 문제를 해결해 간다. 비록 일상생활 속에서 부딪치는 문제가 순수한 수학 문제만은 아닐지라도, 수학 문제를 해결하면서 길러진 수학적 사고력은 일상의 문제를 해결하는데 바탕이 될 수 있다. 예를 들어 예전에 미국 텔레비전 프로그램에서 유명했던 '몬티홀 문제(Monty Hall problem)'는 문 뒤에 감추어진 상품을 찾기 위한 선택의 문제를 다루고 있지만, 궁극적으로는 확률적 판단을 요구하는 수학 문제인 것이다(정재승, 2003).

수학의 역사가 '문제해결의 역사'라고 할 수 있을 만큼 오래 전부터 인류는 생활에서 부딪치는 문제를 수학적으로 해결해 왔고, 이러한 과정에서 수학은 자연스럽게 발생되고 발전해 왔다. 잘 알려진 대로, 홍수에 의해 경계가 사라진 토지의 분할 문제를 해결하는 과정에서 기하학은 태동이 되었고, 자연수만으로 표기할 수 없는 양을 나타내어야 하는 상황에서 분수 개념이 나타났다. 수학의 역사에서 알 수 있듯이, 사람들의 노력에 의해 현상의 문제를 해결하는 활동에서 얻어진 산물이 수학인 것이다. 이러한 관점을 Freudenthal(1973)은 '수학화' 과정으로 설명하고 있는데, 수학화란 수학적 수단에 의하여 현실을 정리하고 조직하는 것을 의미한다. 이러한 관점에 비추어 보면 학교 수학은 학생들이 직면한 문제를 원리, 법칙, 정리 등과 같은 수학적 수단에 의해 현실을 조직하는 과정으로 전개되어야 한다.

그렇지만 서양 수학교육의 역사를 살펴보면, 2000년 이상 수학교육의 전형으로 여겨져 온 유클리드 원론(Elements)을 전형적인 교과서로 받아들여 온 결과, 설명과 증명 해설을 통해 기성의 지식을 전달하는 형식적인 방식으로 교육이 이루어져 왔음을 알 수 있다(우정호, 2011). 이러한 교육 상황에서는 현상의 맥락에서 수학을 발견하는 과정보다는 공리와 공준으로부터 엄밀한 연역적 추론 과정을 중시하기 때문에 현실 맥락에서 비롯되는 진정한 수학적 체험이 어려울 수 밖에 없다. 수학에서 주된 관심이 수학 문제해결이라는 사실과 수학의 역사가 실제적인 문제해결에서 유용한 발견술을 찾는 과정이었음을 볼 때, 학교수학은 문제해결에 더욱 초점을 두어야 한다.

1980년대 이후 이루어진 문제해결에 대한 관심의 증대와 이에 대한 연구의 수행에 힘입어 수학교육 분야에서 문제해결에 대한 연구와 논의가 상당부분 이루어져 왔다고 생각하는 사람들이 많은 상황에서 조차, 문제해결에 대한 탐구와 연구 영역은 아직도 많은 부분이 남아 있는 상황으로 분석되어진다(Lester, 1994). 또한 학생들의 문제해결력이 여전히 낮다는 연구 결과는 학교수학에서 학생들의 문제해결력 신장을 위해 여전히 노력해야 하는 현실 상황을 제기해 준다. 이러한 상황에 비추어 이 글에서는 우리나라 교육과정의 흐름과 이에 따라 집필된 교과서에서 문제해결 영역이 어떻게 다루어져 왔는가를 분석해 보고자 한다. 이를 위해 먼저 수학교육에서 문제해결의 의미와 국제 평가연구에서 문제해결에 관련된 내용을 조사해 보기로 한다. 다음으로는 우리나라 교육과정의 흐름에서 문제해결에 대한 강조 내용이 어떻게 변화되어 왔는가와 현재의 교육과정에서 문제해결의 내용을 살펴본다. 마지막으로 교육과정에 따른 교과서에서 문제해결 내용을 어떻게 다루었는가를 분석하고, 이를 통해 문제해결 교육의 관점에서 우리 교육과정과 교과서의 지향점을 제시해 보고자 한다.

2. 수학교육에서 문제해결의 의미

전통적인 관점에서 수학 수업은 교사가 학생들에게 특정한 수학 내용을 가르치고, 학생들은 학습한 내용을 일정 기간 동안 연습한 후에 새로운 기술이나 아이디어를 적용하여 문제를 해결하기를 바라는 형태로 이루어져 왔다. 이러한 문제해결 접근 방식은 문제해결이 학생의 관점이 아닌 교사의 입장에서 출발하기 때문에 학생들은 교사가 전제하는 최상의 답만을 고려하게 되어 수동적인 문제해결자가 될 가능성이 높으며, 문제해결이 수학 학습과 분리되어 있다는 면에서 바람직하지 않다고 볼 수 있다(Van De Walle, Karp & Bay-Williams, 2004). 반면에, 문제해결이 중심이 되는 수학 학습에서는 수학적 개념이나 원리, 법칙이 문제해결 전에 배워야 할 대상이 아니라, 문제를 해결한 결과로 얻어지는 산물이어야 한다는 것이다(Baroody & Coslick, 1998; Schroeder & Lester, 1989).

수학교육에서 문제해결에 대한 논의와 관심의 증가는 NCTM(1980)의 'An Agenda for Action'에서 문제해결을 학교 수학의 중심으로 설정하면서 부터라고 할 수 있다. 이러한 경향은 수학교육의 역사에 비추어 볼 때, 1960년대의 '새수학(new math) 운동기'를 지나면서 저하된 학생들의 수학적 능력을 향상시키기 위하여 도입된 기초·기본으로 돌아가기를 주문했던 1970년대 이후인 것이다. 학생들의 수학적 능력 향상을 위해 수학교육에서 주요 이슈로 제기할 핵심 주제에 대한 논의에서 미국 수학 장학사회(NCSM)와 미국수학교사협의회(NCTM)등과 같은 단체에서 제시한 학교 수학의 공통적인 핵심 용어가 문제해결이 된 것이다(Reys, Suydam, Lindquist, & Smith, 1998).

학교 수학교사들은 문제해결에 대해 주로 문장제를 해결하는 것이라고 생각하는 경향이 있다(Baroody & Coslick, 1998). 이러한 관점에서는 문제해결에 대한 폭넓은 견해를 가지지 못함으로써 문제해결 지도에 만족할 만한 결과를 얻기가 어려울 수 있다. 학교 수학에서 문제해결을 강조하는 것이 바람직한 방향이라는 것을 알지라도, 문제해결 개념에 대한 이해가 뒷받침되지 않는다면 문제해결 수업은 종전의 학습 결과에 대한 확인의 과정으로 그칠 수 있다. 따라서 학생들의 수학 문제해결력 신장을 위하여 출발점은 문제와 문제해결에 대한 이해로 시작되어야 한다. 교육 분야에서 다루는 많은 용어들이 그렇듯이 문제와 문제해결에 대한 정의도 다양하게 제시되고 있다.

먼저 문제(problem)는 학교수학에서 전통적으로 다루어 오던 알고리즘을 수행하면 결과를 얻을 수 있는 연습문제(exercise)와는 다른데, Lester(1978)는 '개인이나 집단이 해결하려는 과제로서 해결을 위한 구체적이거나 확실한 방법을 쉽게 얻을 수 없는 어떤 상황'으로 문제를 정의하고 있고, 이용률과 성현경(1997)은 '일련의 사고 활동을 필요로 하는 것으로서 학생이 해결하려는 의욕을 갖는 것'으로 정의하고 있다. 또한 이대현과 최승현(2011)은 수학에서 해결해야 할 과제를 문제(problem)와 연습문제(exercise), 질문(question)으로 구분하고, 문제란 '문제해결자가 주어진 과제를 해결하고자 하는 의지를 가지고 있지만, 즉각적으로 무엇을 해야 할지 모르는 과제'를, 연습문제는 '문제해결의 절차가 이미 알려져 있으며, 한 두 개의 알고리즘을 직접 적용함으로써 쉽게 풀 수 있는 과제'를, 질문은 '이미 학습한 내용을 회상하도록 요구하는 물음'으로 구분하여 제시하고 있다(pp. 4-5). 그렇지만 문제와 연습문제의 구분은 학습자마다, 학습자 내에서도 시간에 따라 상대적인 개념일 수밖에 없다. 이에 Lenchner (1983)는 문제해결 지도를 위해서 문제와 연습문제를 구별할 필요성을 제기하며, 몇 가지 예시를 통하여 알고리즘을 이용한 간단한 계산으로 쉽게 답을 구할 수 있는 '연습문제'와 과제를 해결하기 위하여 직접 실행하기 전에 해결을 위한 적절한 문제해결 전략을 결정하여야 하는 '문제'로 구분하여 제시하고 있다.

문제해결(problem solving)도 문제만큼이나 다양한 정의가 존재한다. 예를 들어 Polya (1962)는 '명확하게 인식하고는 있지만, 즉각적으로 성취할 수 없는 목적을 달성하기 위해 적절한 행동을 의식적으로 찾는 것'이라고 문제해결을 정의하고 있고, 컴퓨터 시뮬레이션 이론에서는 원상태(initial state), 목표상태(goal state), 중간문제상태(intermediate problem states), 조작자(operator)로 이루어지는 '문제공간(problem space)이라는 개념을 이용하여 '원상태'로부터 '목표상태'까지의 범위를 가진 문제공간을 통과하는 하나의 경로(path)를 발견하는 과정으로 제시하고 있다(김언주, 1991). 이와 같이 학자마다 문제해결을 달리 정의하고 있지만, '문제해결자가 주어진 문제 장면에서 부딪치는 장애를 해결하기 위해 기지의 수학적 지식이나 기능, 경험 등을 활용하여 해결책을 발견하여 해를 산출하는 것(이대현, 최승현, 2011, p. 12)'을 알 수 있다.

학교수학에서 문제해결에 대한 강조는 1980년대에 절정을 이루었고, 학생들의 문제해결력 신장을 위한 문제해결 지도법과 관련하여 Polya(1957)의 'How to solve it'은 수학 문제해결 교육에 많은 영향을 끼쳤다. 이 책에서 Polya는 문제이해, 계획수립, 계획실행, 반성으로 구성되는 문제해결 과정을 각 단계에 필요한 질문과 권고 형태의 대화체로 제시하고 있다. Polya가 제시하는 발문과 권고는 학생들이 문제를 해결하는 데 도움을 줄 수 있는 것이어야 하며, 지나치게 구체적이고 특수한 발문으로 문제해결에 필요한 힌트를 가급적 사용하지 않는 것이 바람직하다.

수학 교사들이 문제해결 지도를 통해 얻고자 하는 교육의 목표는 문제해결 지도를 어떤 관점에서 접근하는가에 따라 달라질 수 있다(이대현, 최승현, 2011). 이런 면에서 Schroeder & Lester(1989)는 문제해결이 수업에서 어떻게 구현되어야 하는가에 따라 문제해결 수업을 특징지을 수 있는 관점을 문제해결에 대한 교수(teaching about problem solving), 문제해결을 위한 교수(teaching for problem solving), 문제해결을 통한 교수(teaching via problem solving)로 나누어 제시하고 있다.

먼저, 문제해결에 대한 교수는 일반적인 문제해결 전략들에 대한 직접적인 수업을 의미한다. 따라서 문제해결에 대하여 가르치는 교사는 Polya의 문제해결 4단계 과정에 따른 문제에 대한 이해, 계획수립, 계획실행, 반성으로 이어지는 과정을 강조하며, 학생들이 Polya의 문제해결 4단계 과정을 익히고 사용할 수 있도록 지도한다. 그 결과로 문제해결 수업은 그림그리기, 규칙 찾기, 예상하고 확인하기와 같은 문제해결 전략을 익히고 활용하는데 초점을 두며, 학생들은 전략을 익히고 활용할 수 있기를 기대한다.

다음으로 문제해결을 위한 교수는 문제해결에 수학을 적용할 수 있도록 가르치는 방안에 관심을 둔다. 이 관점에서는 수학적 지식의 획득을 강조하지만, 근본적으로는 문제해결에 수학을 적용할 수 있는 풍부한 기회를 제공하는데 관심을 둔다. 마지막으로 문제해결을 통한 교수에서 문제는 수학 학습을 위한 목적일 뿐만이 아니라, 수학을 행하는 주요 수단이 된다. 이를 위해 교사는 수학적 주제가 구체화되어 있는 문제 상황을 제시하고, 문제해결자가 새로운 수학적 개념을 획득하는 매개체로 문제를 이용한다. 이를 위한 한 가지 방법으로 한 단원을 공부함으로써 무엇을 이룰 것인가를 보여주는 문제를 학습 초기에 도입하도록 하는 것을 들 수 있다(Baroody & Coslick, 1998). 위와 같은 세 가지 문제해결 접근법은 실제로는 중복되어 나타날 수 있다. 따라서 통합적으로 문제해결 수업을 진행할 필요가 있으며, 문제해결 지도 수업에서는 세 가지 접근 방법이 균형을 이루도록 설계를 할 필요가 있다.

3. TIMSS와 PISA에서 문제해결

국제적으로 이루어지는 학생들에 대한 교육 성취도 평가는 수학 문제해결과 밀접한 관련이 있다. 이 중에서 경제협력개발기구(OECD)에서 주관하여 2000년부터 3년 주기로 실시하는 PISA(Programme for International Student Assessment)는 연구 참여국 학생들의 읽기, 수학, 과학적 소양의 수준 및 변화 추이를 파악하고, 각 회원국의 교육 산출 지표를 조사한다. 그리고 소양 성취에 영향을 주는 배경 변인과 소양의 관계 분석을 근거로, 연구 참여국의 교육 정책 수립의 기초 자료로 활용하게 된다. 또한 국제 교육성취도 평가 협회(IEA)에서는 각국의 교육 정책과 제도를 분석하기 위하여 수학, 과학 성취도 추이 변화 국제비교 연구인 TIMSS(the Trends in International Mathematics and Science Study)를 4년 주기로 시행하고 있다. 이는 연구 참여국 4학년과 8학년 학생들의 수학과 과학 성취도를 국제적인 수준에서 파악하고, 수학과 과학 성취도에 영향을 미치는 관련 변인들을 포괄적으로 파악하여 각국의 교육 정책 수립과 교육의 질 개선에 도움이 되는 정보를 제공하는 것을 목적으로 하고 있다(조지민, 김수진, 이상하, 김미영, 옥현진, 임해미, 2011).

이들 평가에서는 평가 실시와 평가 문항 개발을 위해 평가틀을 활용하고 있는데, PISA 2012에서는 맥락(context), 내용(content), 과정(process)으로 평가틀을 제시하고 있다. 이 중 수학적 과정에서는 해석하기, 이용하기, 형식화하기를 설정하고 있다(송미영, 임해미, 최혁준, 박혜영, 손수경, 2013). 또한 TIMSS도 매 주기마다 평가틀을 새로 설정하여 문항을 제작하는데 근간으로 삼고 있다. 예를 들어 TIMSS 2015에서는 초등학교 4학년에서 내용 영역으로 수, 도형과 측정, 자료 표현을, 인지 영역으로 알기, 적용하기, 추론하기를 제시하고 있다(김수진, 이재봉, 박지현, 이문수, 2015). 이러한 국제적인 평가에서는 설정된 평가틀에 적합한 문항을 개발하고 있다.

특히 PISA 2012의 문제해결력 평가틀에서는 문제해결에 대하여 '문제해결력은 명백하지 않은 해결 방법을 가지고 있는 문제 상황을 즉각적으로 이해하고, 해결하기 위한 인지적 과정에 참여하는 개인의 능력이다. 여기에는 건설적이고 사려 깊은 시민으로서의 잠재력을 습득하기 위해 이러한 상황에 기꺼이 참여하려는 의지가 포함된다

(조지민, 김수진, 이상하, 김미영, 옥현진, 임해미, 박연복, 이민희, 한희진, 손수경, 2011, p. 26).'라고 제시하고 있다. 그리고 문제해결의 평가틀로는 문제맥락, 문제 상황의 속성, 문제해결 과정으로 제시하고 있는데, 특히 문제 맥락은 문제의 설정(기술적/기술외적)과 문제의 초점(개인적/사회적)으로 구분하여 다양한 상황에서 문제를 해결하는 수학적 소양을 요구하고 있다.

한편 PISA 2012의 예시 문항으로 '회전문이 1분에 4번 회전한다. 칸막이로 나누어진 세 공간에는 각각 최대 두 사람이 들어 갈 수 있다. 30분 동안 이 회전문을 통해 건물에 들어갈 수 있는 사람은 최대 몇 명인가?(송미영, 임해미, 최혁준, 박혜영, 손수경, 2013, p. 90)'를 들 수 있다. 이 문제는 과학적인 맥락에서 양을 다루는 문제로 우리나라 학생들의 정답률은 52.6%를 나타내고 있다. 이 정답률은 홍콩의 정답률보다 낮은 수치로, 학생들이 실생활 맥락에 대한 형식화 및 수학화와 관련된 경험이 부족하기 때문으로 분석되었다(송미영, 임해미, 최혁준, 박혜영, 손수경, 2013).

또한 TIMSS 2011(김수진, 박지현, 서지희, 2013)의 '자료 해석' 영역의 문제를 예시하면 '다음 그래프 [그림 1]은 X국가와 Y국가의 연령대별 인구 분포를 나타낸 것이

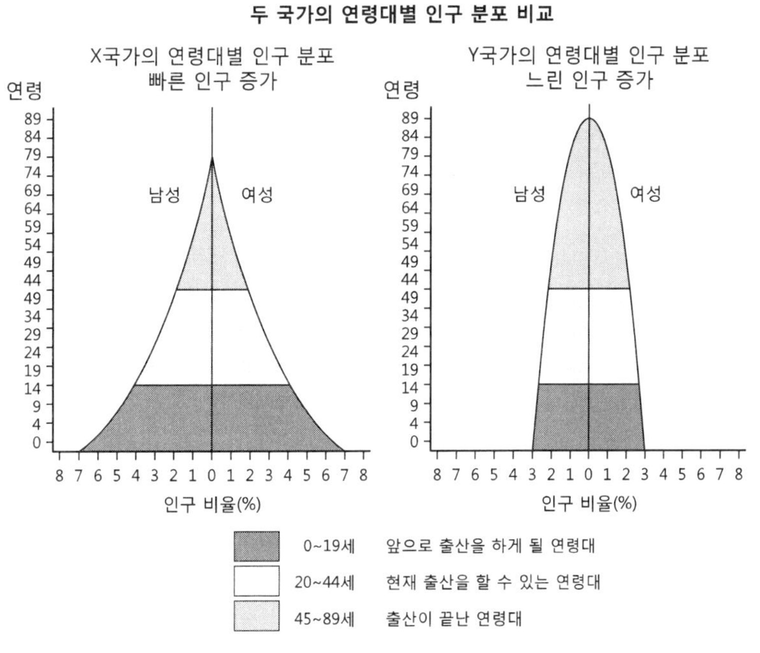

[그림 1] TIMSS 2011 '자료 해석' 영역 문제에 제시된 그래프
(X국가와 Y국가의 연령대별 인구 분포)

다. 인구는 연령대별로 세 그룹으로 나누어 표시되어 있다. 이 그래프를 보면 인구 증가에 대해 예측할 수 있다. Y국가의 인구 노령화 문제가 X국가보다 더 심각할 것이라고 예측할 수 있는 이유는 무엇인가(p. 219)?'라는 문제에 우리나라의 정답률이 35.9%로 낮게 나타났다. 이 문제는 젊은 사람과 나이든 사람의 비율을 함께 고려하지 못하였거나 설명을 제대로 표현하지 못한 것으로 보인다.

위에서 간단한 예시로 제시한 문제들은 학생들의 문제해결력 신장을 위하여 학생들의 수준과 발달 단계에 적합한 내용으로 문제를 구성하되, 기초적인 개념을 요구하는 문제뿐만이 아니라, 실세계 맥락이나 다양한 영역의 주제들의 내용을 통합적으로 제시하는 것이 필요함을 시사한다. 또한 알고리즘을 적용하는 일 단계 문제보다는 현실 상황의 예를 바탕으로 비 형식화된 문제도 제시하여 다양한 사고과정을 요구하는 문제를 제공할 필요가 있다.

4. 우리나라 수학과 교육과정에 제시된 문제해결 내용 분석

우리나라 수학과 교육과정에서 문제해결에 대한 관심은 제4차 교육과정부터라고 할 수 있다. 이 시기는 현대화된 수학 내용에 대한 비판 여론에 따라 조기에 도입된 어려운 내용을 삭제하면서 '일상생활의 수리적인 현상을 수학적 문장으로 표현하여 해결할 수 있는 문제해결력을 기르는 내용을 포함'하고 있도록 교육과정 개정 작업의 내용 선정의 기본 방침에서 알 수 있다(강완, 백석윤, 1998, p. 66). 이 절에서는 우리나라 교육과정의 변천 과정에서 교육과정에 제시된 '문제'와 '문제해결'에 대한 용어를 바탕으로 문제해결의 강조의 변천 과정을 살펴보기로 한다.

먼저, 제1차 교육과정에서는 생활 문제해결을 주제로 한 교육을 중시하였으며, 교육과정의 목표와 내용 영역에 문제해결 관련 내용을 제시하고 있다. 이에 따라 교육과정

목표의 문제해결에 관련된 내용에서는 '생활에서 일어나는 문제를 필요에 따라 자유로이 잘 해결할 수 있는 능력을 기르며...'로 제시하고 있고, 각 학년의 지도 내용에서는 '문제해결과 실무'라는 영역을 설정하여 제시하고 있다. 예를 들어, 초등학교 3학년 과정에 제시된 문제해결과 실무에서는 '평이한 수량 관계의 문제를 해결하는 능력, 평이한 것을 식으로 표시, 가감에 관계된 문제 및 평이한 승제를 이용하는 문제의 해결'을 문제해결의 내용으로 제시하고 있다(문교부, 1955). 이와 같이 제1차 교육과정의 문제해결 관련 내용 영역에서는 생활 문제해결을 중심으로 수량관계의 문제해결, 사칙계산을 비롯하여 식과 관련된 문제해결, 금전출납, 저금, 은행일과 같은 일상의 문제해결 등을 학년별로 제시하고 있음을 알 수 있다.

제2차 교육과정은 수학 본연의 계통을 중시한 교육과정이었다. 이 교육과정에서도 제1차 교육과정과 마찬가지로 교육과정 목표와 내용 영역에 문제해결 관련 내용을 제시하고 있다. 교육과정 목표에서는 '수량이나 도형에 관한 기초적인 지식과 기능을 체계적으로 조직하고 적절히 활용하여, 생활에서 일어나는 모든 문제를 능률적으로 해결하도록 한다.'로 제시하고 있고, 각 학년의 지도 내용에서는 '수량관계와 응용'이라는 영역을 설정하여 제시하고 있다. 이 영역에서는 간단한 문장제나 설화적인 구두 문장제, 평이한 수량관계를 해결하는 능력, 일상생활을 중심으로 한 사실 문제의 해결 등을 다루도록 하고 있으며, 등식 관련, 비례 반비례, 물건을 사고팔기와 같은 생활 문제해결, 표와 그래프 내용 등이 포함되어 있다(문교부, 1963).

제3차 교육과정은 현대 수학교육의 내용을 반영하여 학문중심 교육과정으로 운영되었다. 이에 따라 집합 개념의 도입, 수학적 구조, 수학의 엄밀성, 현대수학의 내용 등이 도입되었다(문교부, 1973). 제3차 교육과정은 수학의 기본 개념과 원리를 토대로 수학적인 구조를 중요시하면서 교육과정 문서에는 '문제해결'이라는 용어를 구체적으로 제시하지 않은 특징이 있다.

제4차 교육과정에서는 제3차 교육과정에서 도입된 현대 수학의 내용을 교육내용 적정화 작업의 일환으로 삭제하거나 완화하여 문제해결력의 신장을 추구한 교육과정이었다. 이에 제4차 교육과정의 개정의 기본 방향의 하나로 일상생활의 수리적인 현상을 수학적 문장으로 표현하여 해결할 수 있는 문제해결력을 기르는 내용을 포함하도록 하고 있다(강완, 백석윤, 1998). 제4차 교육과정의 교과목표에서는 '수학의 초보적인 지식과 기능을 익혀, 일상생활의 여러 가지 문제를 합리적으로 해결할 수 있는 능력과 태도를 기른다.'라고 제시하고 있다(문교부, 1981). 그리고 내용 영역에서는 관계 영역에 문장제와 식 세우기에 대한 내용이 강조되고 있는 특징이 있다. 예를 들어, 3학년 관계 영역에서는 '여러 가지 문장제에서 수량 사이의 관계를 알아보고, 이를 식으로 나타내어 해결할 수 있다.'로 제시하며, 하위 내용으로 문장제에 대해 알아보기, 대응, 식 세우기, 문제풀기를 제시하고 있다(문교부, 1981). 그렇지만 지도 및 평가의 유의점에서 문제해결에 관련 내용은 제1차 교육과정 이래로 여전히 제시하지 않고 있다.

제5차 교육과정에서는 제4차 교육과정의 기본 구조를 가능한 유지하면서 부분만을 개정하였으며, 개정 방향의 하나로 수학적 지식과 기능의 활용을 바탕으로 수학적 사고를 통한 문제해결력을 강조하고 있다. 이에 교과 목표에서는 '수학의 초보적인 지식과 기능을 배우고 익히며, 이를 활용하여 합리적으로 문제를 해결할 수 있는 수학적 능력과 태도를 기른다.'라고 제시하고 있다(문교부, 1987). 이 교육과정에서는 내용 영역에 문제해결을 구체적으로 제시하고 있지 않지만, '지도 및 평가상의 문제점'에 문제해결력에 대한 내용을 제시하고 있다. 먼저, 지도의 문제점에서는 '문제해결력을 신장시키기 위해서는 문제에 대한 이해와 해결하기 위한 방법을 찾기 위한 다양한 전략이 학생 스스로 창의적으로 세워질 수 있도록 하여야 하고, 문제해결력은 전 영역에서 제시되는 여러 형태의 문제에서 지속적으로 지도되어야 하며, 이를 통하여 습득된 문제해결 전략이 실생활에서 활용될 수 있도록 하여야 한다.'라고 제시하고 있다. 또한 평가 상의 문제점에서는 '문제해결력의 평가는 결과뿐만 아니라, 문제의 이해 능력과 문제를 해결하기 위한 사고 능력을 교사와 학생 간의 질의, 응답, 면담, 관찰 등의 다양한 방법을 통하여 평가될 수 있어야 한다.'라고 제시하고 있다. 이와 같이 제5차 교육과정에서는 이전 교육과정과는 달리 문제해결 지도를 위한 구체적인 방법과 문제해결력 평가를 위한 방안이 제시된 것이 큰 특징이라고 할 수 있다. 그리고 문제해결에서는 문제이해, 계획 수립을 통한 문제해결에 초점을 두어야 하고, 이를 실생활 문제해결에 활용되도록 권고하고 있음을 알 수 있다. 그렇지만 지도 내용 면에서는 구체적인 방안을 제시하지 않은 것이 특징이라고 할 수 있다.

제6차 교육과정에서는 미국의 1989년 '*Curriculum and Evaluation Standards for School Mathematics* (NCTM, 1989)'와 같은 수학교육 개선의 방향과 함께 국제적인 동향에 발맞추어 이루어졌다. 수학 문제해결력에 대해서도 목표나 지도 방법 및 평가에서 강조해 온 것에 덧붙여, 지도 내용 면에서 문제해결 전략이나 내용, 방법 등을 제시하여 문제해결 지도에 대한 적극성을 띄었다는 특징이 있다. 제6차 교육과정의 목표에서는 '수학의 초보적인 지식과 기능을 습득하고, 이를 활용하여 문제를 해결할 수 있는 수학적 능력과 태도를 기르게 한다.'로 제시하고 있고, 내용 영역에서는 '관계' 영역에 문제해결에 관한 내용을 구체적으로 다루고 있다. 관계 영역에서는 문제해결에 대한 기초 경험을 하게 하고, 문제해결 과정을 알게 하며, 구체적인 문제해결 방법을 찾아내어 여러 가지 문제를 풀 수 있게 하였다. 그리고 방법에서도 실생활 문제를 해결하는 힘을 기르도록 하고, 문제해결력을 신장시키기 위하여 문제해결 과정을 이해하고, 문제해결 방법을 찾는 다양한 전략이 학생 스스로의 노력으로 이루어져야 한다는 것, 그리고 전 영역에서 제시되는 문제를 통해 지속적으로 지도되도록 권고하고 있다. 또한 평가에서는 결과뿐만 아니라 문제의 이해 능력과 문제해결 과정을 파악할 수 있는 주관식 평가를 문제해결력 평가를 위해 실시하도록 제시하고 있다(교육부, 1992).

제7차 교육과정은 학습자의 학습 수준에 맞는 교육을 제공하자는 취지에 맞추어, 수학의 경우에 '단계형 수준별' 교육과정을 운영하였다. 또한, 교육과정을 기본 과정, 보충과정, 심화 과정으로 구분하여 제시하도록 하였는데, 교육과정 문서에는 기본과정과 심화 과정만을 제시하고 있다. 이 교육과정의 목표에서는 수학적 지식과 기능을 활용하여 생활 주변에 일어나는 여러 가지 문제를 수학적으로 관찰, 분석, 조직, 사고하여 해결 할 수 있도록 하였다. 이 교육과정에서는 1학년에서 10학년까지는 국민공통교육과정으로 설정하여 6가지 공통 내용 영역을 제시하였는데, 이 중에서 '문자와 식' 영역에서 실제로 해보기, 규칙찾기, 표 만들기와 같은 구체적인 '문제해결 방법'을 다루도록 하였다. 이 교육과정의 목표에서는 '수학적 지식과 기능을 활용하여 생활 주변에서 일어나는 여러 가지 문제를 수학적으로 관찰, 분석, 조직, 사고하여 해결할 수 있다(교육부, 1997, p. 29).'라고 제시하고 있으며, 교수·학습 방법에서는 Polya의 문제해결 4단계에 따른 문제해결 과정과 구체적인 해결 전략 등과 함께 전 영역에서 지속적인 지도를 제안하고 있다. 또한 평가에서는 문제해결력에 대한 평가에서 결과뿐만 아니라, 문제의 이해 능력과 문제해결 과정을 평가할 수 있도록 하였다(교육부, 1997).

2007 개정 수학과 교육과정은 제7차 교육과정의 단계형 수준별 교육과정의 문제점을 고려하여 국가 수준의 교육과정에서는 모든 학생들이 학습해야 할 필수 내용만을 제시하고 수준별 편성과 운영의 권한을 학교 현장에 부여한 교육과정이었다. 또한 이

전 교육과정에서 쓰던 ‘단계’라는 용어 대신 ‘학년과 학기’가 다시 사용되었다. 이 교육과정의 목표에서는 ‘수학적으로 사고하고 의사소통하는 능력을 길러, 생활 주변에서 일어나는 문제를 합리적으로 해결하는 능력을 기른다(교육인적자원부, 2007, p. 2).’라고 제시하고 있다. 그리고 초등학교에서는 ‘규칙성과 문제해결’ 영역에 ‘문제해결 방법’을 소 영역으로 제시하고, 학년별에 따라 여러 가지 문제해결 방법으로 문제를 해결할 수 있도록 하였다. 교수학습 방법에서는 문제해결력 신장을 위하여 ‘문제해결은 전 영역에서 지속적으로 지도하고, 학생 스스로 문제 상황을 탐색하고 수학적 지식과 사고 방법을 토대로 문제해결 방법을 적절히 활용하여 문제를 해결하게 하며, 학생의 경험과 욕구를 바탕으로 문제를 창의적으로 해결할 수 있게 하고, 문제해결의 결과뿐만 아니라 문제해결 방법과 과정, 문제를 만들어 보는 활동도 중시하였다. 또, 생활 주변 현상, 사회 현상, 자연 현상 등의 여러 가지 현상에서 파악된 문제를 해결하면서 수학적 개념, 원리, 법칙을 탐구하고, 이를 일반화 할 수 있게 하였다(교육인적자원부, 2007, p. 46). 평가에서도 인지적 영역이 평가에서 다양한 상황에서 발생하는 여러 가지 문제를 수학적으로 사고하여 해결하는 능력을 평가하도록 하였다(교육인적자원부, 2007).

2011 개정 수학과 교육과정에서는 ‘창의성과 인성’을 강조하였고 학년군별 교육과정을 도입하였으며, 1학년~9학년을 공통교육과정으로, 고등학교 전 과정을 선택중심 교육과정으로 운영하였다. 이 교육과정의 목표에서는 ‘수학적으로 사고하고 의사소통하는 능력을 길러, 생활 주변이나 사회 및 자연의 수학적 현상에서 파악된 문제를 합리적이고 창의적으로 해결하는 능력을 기른다(교육과학기술부, 2011, p. 30).’라고 제시하였는데, 창의성이 강조됨에 따라 창의적으로 해결하는 능력을 강조하고 있다. 내용 영역에서는 문제해결 관련 영역을 설정하지 않았지만, 학년군(학교급)별 성취기준에서, 예를 들면 초등학교 1~2학년군 성취기준에서 실제로 해보기, 그림 그리기, 식 만들기, 규칙 찾기, 거꾸로 풀기 등의 문제해결 전략으로 문제를 해결할 수 있도록 제시하고 있다. 교수·학습 방법에서는 문제해결은 전 영역에서 지속적으로 지도하고, 학생 스스로 문제 상황을 탐색하고 수학적 지식과 사고 방법을 토대로 해결 방법을 적절히 활용하여 문제를 해결하게 하였으며, 문제해결의 결과뿐만 아니라 문제해결 방법과 과정, 문제를 만들어 보는 활동도 중시하였다. 또한 생활 주변 현상, 사회 현상, 자연 현상 등의 여러 가지 현상에서 파악된 문제를 해결하면서 수학적 개념, 원리, 법칙을 탐구하고, 이를 일반화하게 하도록 하였다. 평가에서는 인지적 영역에 대한 평가

에서 다양한 상황에서 발생하는 여러 가지 문제를 수학적으로 사고하여 해결하는 능력을 평가하도록 하였다.

마지막으로 2015 개정 수학과 교육과정에서는 '교과역량'을 강조하고 있으며, 여기에는 '문제해결, 추론, 창의·융합, 의사소통, 정보 처리, 태도 및 실천'의 6가지를 제시하고 있다. 이것에 부합하도록 수학과 목표에서도 '수학적으로 추론하고 의사소통하며, 창의·융합적 사고와 정보 처리 능력을 바탕으로 생활 주변 현상을 수학적으로 이해하고 문제를 합리적이고 창의적으로 해결한다(교육부, 2015, p. 4).'라고 제시하고 있다. 내용 영역에서는 문제해결 관련 영역을 설정하지 않았고, 단지 성취기준에서 각 학년군 별 내용 영역의 '교수·학습 방법 및 유의사항'에 영역에 맞는 문제해결 전략을 지도하여 문제해결 능력을 지도하도록 하고 있다. 또 교수·학습 방법에서는 문제해결 능력을 함양하기 위하여 다음과 같은 4가지 사항을 권고하고 있다(교육부, 2015, p. 38).

① 문제를 해결할 때에는 문제를 이해하고 해결 전략을 탐색하며 해결 과정을 실행하고 검증 및 반성하는 단계를 거치도록 한다.
② 협력적 문제해결 과제에서는 균형 있는 책임 분담과 상호작용을 통해 동료들과 협력하여 문제를 해결하게 한다.
③ 수학적 모델링 능력을 신장하기 위해 생활 주변이나 사회 및 자연 현상 등 다양한 맥락에서 파악된 문제를 해결하면서 수학적 개념, 원리, 법칙을 탐구하고 이를 일반화하게 한다.
④ 문제해결력을 높이기 위해 주어진 문제를 변형하거나 새로운 문제를 만들어 해결하고 그 과정을 검증하는 문제 만들기 활동을 장려한다.

특히, 2015 개정 교육과정에서 문제해결의 평가에서는 '협력적 문제해결'과 '수학적 모델링'을 강조하고 있음을 알 수 있다. 평가의 원칙에서는 수학 교과 역량을 균형 있게 평가하도록 하여, 문제해결은 이에 포함되어 진술되고 있다.

이상에서 우리나라 교육과정의 변천에 따른 문제해결의 주요 내용을 살펴보았다. 아래 [표 1]은 교육과정의 변천 과정에서 교육과정의 목표, 내용 영역, 교수·학습 방법, 평가에 '문제'와 '문제해결'에 관련하여 제시된 결과를 나타낸 것이다.

[표 1] 교육과정에 제시된 '문제해결' 제시 여부[1]

교육과정	목표	내용 영역	방법	평가
제1차	○	문제해결과 실무(문제해결 능력)	×	×
제2차	○	수량관계와 응용(문장제, 문제해결 능력)	×	×
제3차	×	×	×	×
제4차	○	관계(문장제)	×	×
제5차	○	×	○	○
제6차	○	관계(문제해결 기초, 과정, 방법 등)	○	○
제7차	○	문자와 식(문제해결 방법)	○	○
2007 개정	○	규칙성과 문제해결(문제해결 방법)	○	○
2009 개정	○	×(학년군(학교급)별 성취기준에 문제해결 전략 제시	○	○
2015 개정	○	×(성취기준의 '교수·학습 방법 및 유의사항'에 영역에 맞는 문제해결 전략의 지도를 권고	○	○

5. 우리나라 초등 교과서에 제시된 문제해결 내용 분석

우리나라는 수학과 교육과정에 따라 단일의 표준 교과서를 제시해 오고 있다. 이 절에서는 수학과 교육과정에서 문제해결에 대한 관심이 부각되기 시작한 제4차 교육과정에 의한 교과서에서부터 현재의 교과서에 이르기까지 앞 절에서 제시한 교육과정의 분석에 맞추어 문제해결에 대한 교과서 내용을 분석해 보기로 한다.

먼저, 제4차 교육과정에 의한 교과서에서 문제해결은 수학과 교육과정의 '관계' 영역에 제시된 문제해결 관련 내용으로 구성되어 있다. 이를 위해 각 교과서에서는 매 학기마다 '여러 가지 문제' 단원을 한 단원씩 설정하여 문제해결 내용을 제시하고 있

1) 각 교육과정의 해당 항목에 문제나 문제해결 관련 내용이 제시된 경우에 ○, 제시되지 않은 경우에는 ×로 표시하였음.

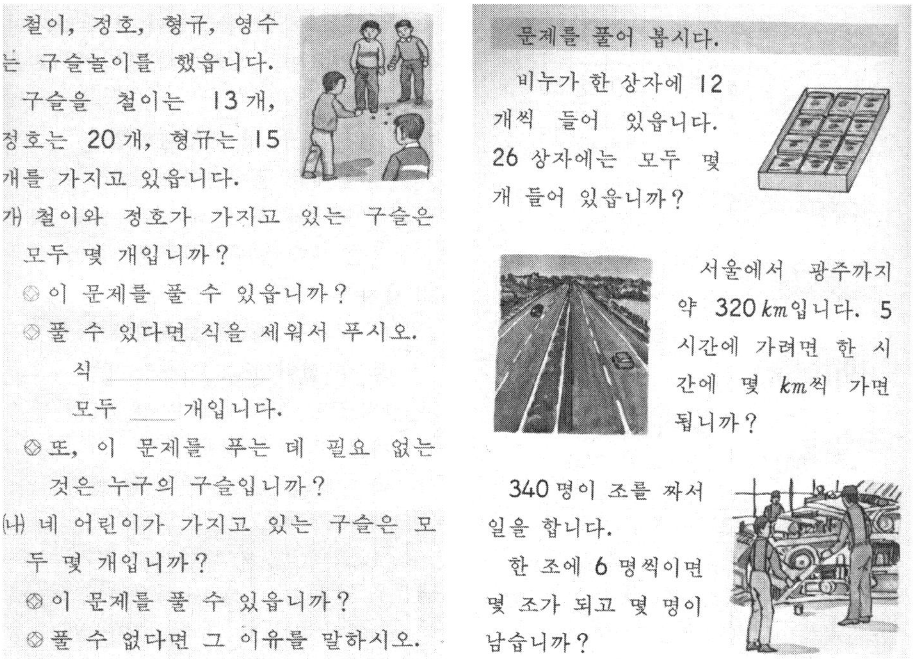
철이, 정호, 형규, 영수는 구슬놀이를 했읍니다.
구슬을 철이는 13개, 정호는 20개, 형규는 15개를 가지고 있읍니다.
(가) 철이와 정호가 가지고 있는 구슬은 모두 몇 개입니까?
◎ 이 문제를 풀 수 있읍니까?
◎ 풀 수 있다면 식을 세워서 푸시오.
식 ______
모두 ___ 개입니다.
◎ 또, 이 문제를 푸는 데 필요 없는 것은 누구의 구슬입니까?
(나) 네 어린이가 가지고 있는 구슬은 모두 몇 개입니까?
◎ 이 문제를 풀 수 있읍니까?
◎ 풀 수 없다면 그 이유를 말하시오.

문제를 풀어 봅시다.
비누가 한 상자에 12개씩 들어 있읍니다. 26 상자에는 모두 몇 개 들어 있읍니까?
서울에서 광주까지 약 320 km입니다. 5시간에 가려면 한 시간에 몇 km씩 가면 됩니까?
340명이 조를 짜서 일을 합니다. 한 조에 6명씩이면 몇 조가 되고 몇 명이 남습니까?

[그림 2] 제4차 교과서에 제시된 문제해결의 예

다. 예를 들어 제4차 교육과정의 3학년 과정에서는 문제해결 관련 내용으로 '문장제 알아보기, 대응, 식 세우기, 문제풀기'를 제시하고 있다(문교부, 1981). 이에 3-1학기 교과서에서는 식으로 나타내기와 식을 여러 가지로 말하기, 문장제 해결하기, 대응 등의 문제를 제시하고 있는데, 아래 [그림 2]와 같이 문장제에서는 문제해결에 필요한 것, 불필요한 것, 정보가 부족한 것 등을 판단하여 해결하는 문제와 여러 상황이 내재된 문장제가 제시되어 있다(문교부, 1985, p.101-110).

또한 '여러 가지 문제' 단원에서는 문제해결뿐만이 아니라, 집합의 개념이나 수학적인 식, 문장에 대해 참, 거짓을 판정하는 것과 같은 특정 수학적 개념도 다루고 있다는 특징이 있다. 이와는 별도로 모든 단원의 마지막 부분에는 '연습'과 '복습'을 각각 제시하고 있는데, 연습에서는 학습 내용을 확인하는 과정의 문제를 제시하고 있고, 복습에서는 이전 단원, 학기, 학년에서 다룬 내용을 다시 공부하는 문제를 제시하고 있다.

제5차 교육과정에 의한 교육과정에서는 내용 영역에 문제해결에 관한 내용을 구체적으로 제시하고 있지 않았다. 그렇지만 제4차 교과서와 마찬가지로 매 학기마다 '여영희는 꽃가게에서 700 원짜리 화분 2 개와 3500 원짜리 꽃나무 한 그루를 사고 5000 원을 내었다. 얼마를 거슬러 받아야 하는가?

◎ 문제에서 알아 낼 수 있는 것들을 말하여 보아라.

- ○ 화분은 몇 개 샀는가? ______
- ○ 화분 하나의 값은 얼마인가? ______
- ○ 꽃나무의 값은 얼마인가? ______
- ○ 영희는 얼마를 내었는가? ______
- ○ 이 문제에서 구하려고 하는 것은 무엇인가? ______

◎ 어떤 방법으로 해결해야 하는지 생각하여 보아라.

- ○ 선분 그림으로 나타내어라.
- ○ 화분 2 개의 값을 구하여라. ______
- ○ 영희가 내어야 할 금액을 구하여라. ______
- ○ 거스름돈을 구하는 방법을 식으로 나타내어라. ______

◎ 식을 계산하여 답을 구하여 보아라.

- ○ 거스름돈은 얼마인가? ______

◎ 구한 답이 정확한지 확인하여 보아라.

- ○ 구한 답은 정확한가? ______
- ○ 다른 방법으로 해결할 수는 없는지 생각하여 보아라.

다음 문제를 위의 방법처럼 풀어 보아라.

명수네 반에서는 한 다발에 1000 원하는 꽃 2 다발과 한 다발에 1500 원하는 꽃 3 다발을 사고 10000 원을 내었다. 얼마를 거슬러 받아야 하는가?

[그림 3] 제5차 교과서에 제시된 문제해결의 예

러 가지 문제' 단원을 한 단원씩 설정하여 문제해결 내용을 제시하고 있다. 그리고 문제의 유형도 식 세우기, 문장제 해결하기, 컴퍼스로 무늬꾸미기, 칠교판 문제해결 등 다양한 유형을 제시하고 있고, 특정 수학적 개념을 다루는 문제도 제시하고 있다. 한편, 차례로 생각하여 문제를 해결해 보거나 여러 가지로 생각하여 문제를 해결해 보는 특정 차시에서 [그림 3]과 같이 Polya의 문제해결 4단계 형태의 발문과 문제해결 과정이 제시되어 있는 특징이 있지만(문교부, 1989, p. 126-127), 전체적으로는 다양한 문제를 해결하는데 초점을 두고 있다. 또한 제4차 교과서에서 각 단원의 끝 부분에 제시했던 '연습'은 유지하였지만, '복습'은 삭제가 된 차이가 있다.

제6차 교육과정에 의한 교과서에서는 교과명이 '산수'에서 '수학'으로 바뀐 것과 같이, 사고력과 응용력을 강조하여 '여러 가지 문제' 단원이 학기마다 2개 단원씩 배정되었다. 매 학기의 '여러 가지 문제 (1)' 단원에서는 문장제와 수학 문장과 식을 다루는 능력 및 수학적 문제해결의 방법을 활용할 수 있도록 사고 전략 기초 기능을 기르게 하였고, '여러 가지 문제 (2)' 단원에서는 이미 학습한 내용을 중심으로 좀 더 높은 사고력을 요구하는 문제, 관련 단원에서 다루지 못한 내용을 보충하는 문제, 두 단원

문제를 간단한 경우로 고쳐서 해결하는 방법을 찾아봅시다.

어느 달의 1일은 월요일입니다. 이 날부터 200일 후는 무슨 요일입니까?

무엇을 묻고 있습니까?

문제를 쉽게 생각할 수 있도록 간단한 경우로 고쳐 보시오.

어느 달의 1일은 월요일입니다. 이 날부터 5일째의 요일은 금요일이고, 이 날부터 5일 후의 요일은 토요일입니다.

1일부터 10일째의 요일과 10일 후의 요일은 무슨 요일입니까?

일	월	화	수	목	금	토
	①	2	3	4	5	6
7	8	9	10	11	12	13
14	15	16	17	18	19	20

10일 후는 1주일과 며칠 후의 요일과 같습니까?

1일부터 25일 후는 무슨 요일입니까?

이 문제를 해결하는 방법을 말하여 보시오.

찾아 낸 해결 방법으로 200일 후는 무슨 요일인지 알아보시오.

어느 달의 10일은 일요일입니다. 이 날부터 다음과 같은 날은 무슨 요일입니까?

20일째　　150일 후　　320일 후

어느 연필 공장에서 5분 동안에 연필을 940자루씩 만든다고 합니다. 같은 빠르기로 8분 동안에는 몇 자루의 연필을 만들 수 있습니까?

위의 문제를 간단한 경우로 고쳐서 해결하는 방법을 찾아보시오.

[그림 4] 제6차 교과서에 제시된 문제해결의 예

이상의 내용이 서로 연관된 문제로 구성되었다(강완, 백석윤, 1998). 위의 [그림 4]는 3학년 2학기 교과서에 '문제를 간단한 경우로 고쳐서 해결하는 방법'을 제시한 예이다(교육부, 1996, pp. 72-73).

제7차 교육과정에 의한 교과서에서는 초등학교 교과서의 각 단원의 마지막에 '문제를 해결하여 봅시다.'를 설정하여 각 단원에서 학습한 내용을 바탕으로 문제를 해결하도록 하였다. 또한 학습내용에 따라 교육과정의 심화 과정을 반영한 '실생활에 적용하여 봅시다.'를 제시하고 있다. 또한 학기말에 다루어지는 마지막 단원에 교육과정의 '문제해결 방법'에 제시한 내용을 '문제 푸는 방법 찾기' 단원으로 설정하여 여러 가지 문제를 다루고 있다. 이 단원에서는 교육과정에 제시된 학년 수준에 따라 여러 가지 문제해결 방법을 적절히 적용할 수 있는 문제를 제시하여 해결하도록 제시하고 있다. 예를 들면, 다음 [그림 5]에서 왼쪽 그림은 '3학년 나' 단계의 덧셈과 뺄셈 단원의 문제해결 차시의 내용이고(교육인적자원부, 2004, p. 18), 오른쪽 그림은 '문제 푸는 방법 찾기' 단원의 '규칙을 찾아서 문제를 해결하기'로 제시된 교과서의 예이다(교육인적자원부, 2004, p. 110).

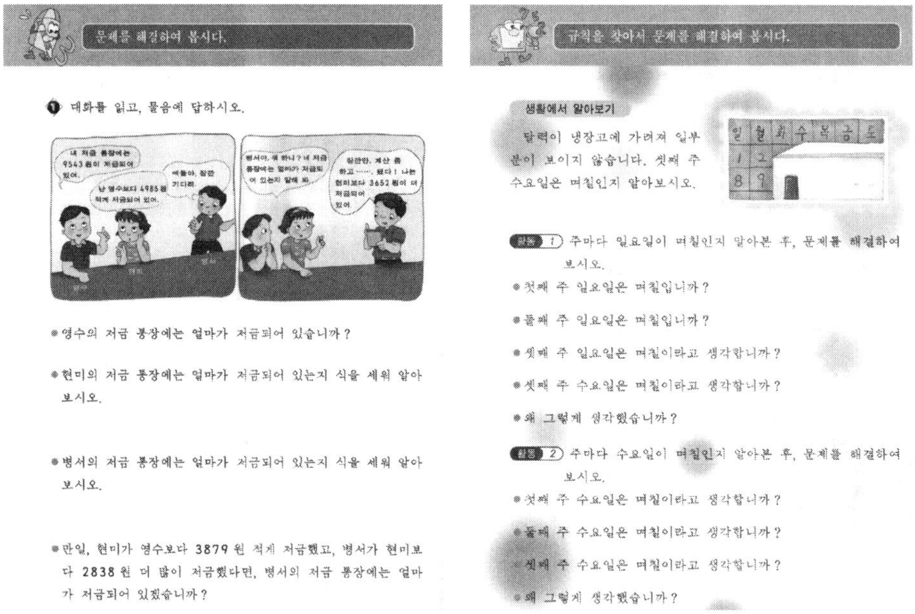

[그림 5] 제7차 교과서에 제시된 문제해결의 예

구체적으로 살펴보면, [그림 5]의 왼쪽 그림에서는 대화 상자를 통해 문제 상황을 이해하고 각 학생의 대화에서 실마리를 찾아 식으로 나타내도록 하고 있다. 학생들은 이 단원에서 공부한 모든 지식과 경험을 활용하여 적절한 사고 전략을 개발해 내도록 의도하고 있다. 또한 오른쪽 그림에서는 여러 가지 예에서 규칙을 찾아보고, 문제를 해결하기 위하여 규칙을 이용하는 방법을 제시하고 있다. 이 단원은 문제 상황에 따라 어떤 방법을 설정하는 것이 편리한지 학생 스스로 체험하도록 의도하고 있다(교육인적자원부, 2005). 따라서 학생들은 문제를 접하게 되면 어떤 문제해결 방법으로 문제를 해결할 것인가를 생각하여 판단하고, 그 방법에 따라 해결할 수 있도록 문제해결 내용이 제시되고 있다.

2007 개정 교육과정에 의한 교과서에서는 각 학년 별로 교육과정에 제시된 문제해결 방법을 이용하여 문제를 해결할 수 있도록 문제해결 단원을 구성하여 제시하고 있다. 각 단원에서는 문제해결 과정을 발문으로 제시하여 학생들이 해결하도록 내용을 구성하고 있다. 또 매 단원의 끝 차시에는 '탐구활동'을 제시하고 있는데, 탐구활동은 단원에서 학습한 내용과는 다른 방법을 소개하고 있는데, 학생들은 이를 통해 교과서에서 접근했던 방법과는 다른 방법으로 문제를 해결하는 경험을 하도록 하고 있다(교

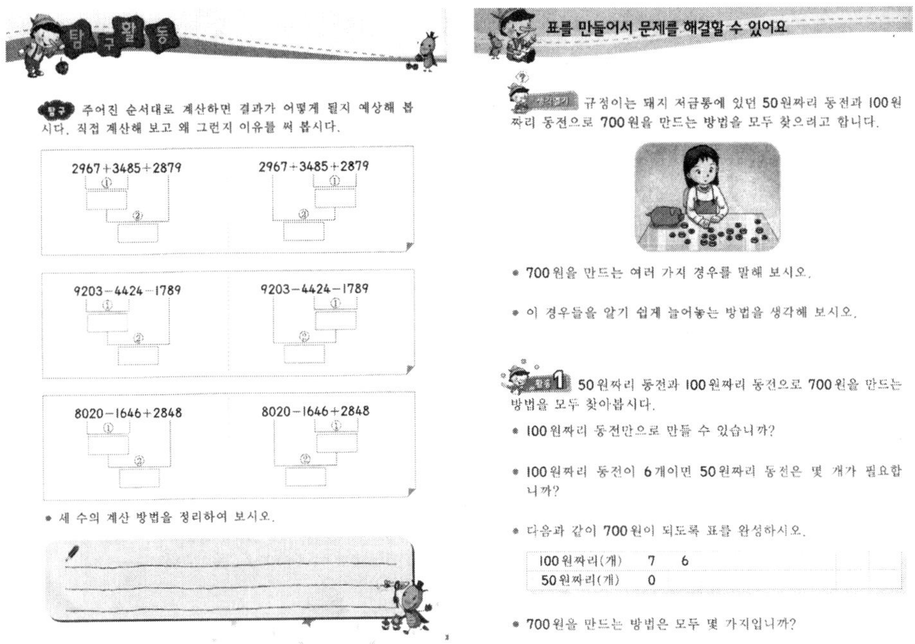

[그림 6] 2007 개정 교과서에 제시된 문제해결의 예

육과학기술부, 2010b). 다음 [그림 6]은 3-2학기 덧셈과 뺄셈 단원의 탐구 활동(교육과학기술부, 2010a, p. 16)과 문제해결 단원의 '표를 만들어서 문제해결하기' 차시의 교과서 예시이다(교육과학기술부, 2010a, p. 112).

2011 개정 교육과정에 의한 교과서에서는 문제해결 단원을 별도로 설정하고 있지 않고, 매 단원의 말미에 '문제해결' 차시를 제시하고 있다. 문제해결에서는 해당 단원의 학습 주제와 관련된 내용을 학습한 후에 깊게 탐구해 볼 수 있는 심화 내용으로 구성하였으며, 학생들은 문제해결 전략을 이용하여 Polya의 문제해결 단계에 따라 문제해결을 경험할 수 있도록 구성되었다. 또한 수학적 창의성을 강조한 교육과정의 취지에 부합하도록 창의 마당을 설정하였는데, 창의마당에는 놀이마당, 이야기 마당, 체험 마당으로 구성하여 생활 주변의 문제나 자연 현상에서 나타나는 여러 가지 현상에서 수학을 활용하도록 제시되었다(교육부, 2016). 다음에 제시한 [그림 7]은 3-2학기 '분수' 단원의 문제해결 차시의 교과서 예시이다(교육부, 2014, pp. 126-127).

이상의 각 교육과정별 교과서에 제시된 문제해결 부분의 교과서 분석 결과를 바탕으로 각 교육과정에서 제시한 특징을 분석하면 [표 2]와 같다.

[그림 7] 2011 개정 교과서에 제시된 문제해결의 예

[표 2] 교과서에 제시된 문제해결 분석

교육과정	단원구성	주요 내용
제4차	○	• '여러 가지 문제' 단원으로 구성 • 식 세우기, 여러 가지 문제풀이
제5차	○	• '여러 가지 문제' 단원으로 구성 • 식 세우기, 차례로 문제풀기, 여러 가지 문제풀이
제6차	○	• '여러 가지 문제(1) (2)' 단원으로 구성 • 문장제, 수식, 문제해결의 방법으로 풀기, 사고력 문제 등
제7차	○	• '문제 푸는 방법 찾기' 단원으로 구성 • 학년별로 구체적인 문제해결 전략과 풀이 과정 제시
2007 개정	○	• '규칙 찾기와 문제해결' 단원으로 구성 • 학년별로 구체적인 문제해결 전략과 풀이 과정 제시
2011 개정	×	• 명시적으로 문제해결 전략을 제시하지 않고, Polya의 문제해결 단계에 따라 단원 관련 내용에 대한 심화 내용으로 구성

우리나라에서 제4차 교육과정부터 특히 강조되기 시작한 문제해결은 교과서에서도 별도의 단원으로 구성되기 시작하였으며, 각 교육과정별 교과서에서 문제해결의 내용

은 교육과정의 변화에 따라 변화되어 왔음을 알 수 있다. 그렇지만 2011 개정 교육과정에서는 문제해결 관련 내용이 성취기준의 '교수·학습 방법 및 유의사항'에 각 영역의 문제 상황에 적합한 문제해결 전략을 지도하여 문제해결력을 기르도록 제시되면서 별도의 단원 구성이 없이 매 단원 말미에 문제해결 차시를 배정하고 있다.

6. 문제해결 지도의 방향

문제해결은 제4차 교육과정에서 강조되기 시작한 이래로 지속적으로 강조되고 있다. 국제적으로도 NCTM(1980, 1989, 2000)과 같은 단체에서도 문제해결을 강조하여 문제해결을 통해 수학적 지식을 배우는 수학 프로그램을 강조하고 있다. 이 글에서 분석한 것과 같이, 우리나라 교육과정과 교과서에서 문제해결은 중요한 대상으로 강조되어 왔다. 수학교육에서 문제해결 외에도 추론, 의사소통과 같은 주제들이 강조됨에 따라 문제해결에 대한 연구와 강조가 약화되고 있는 듯하지만(Lester, 1994), 문제해결은 여전히 학교 수학에서 강조해야 할 대상임에 틀림없다.

제4차 교과서 이래도 문제해결은 외형 면에서 특정 단원으로 설정되어 제시되어 오다가, 현재 사용되고 있는 2011 개정 교과서에서 문제해결은 한 차시 분량으로 축소되어 제시되어 있다. 그리고 내용 면으로는 '여러 가지 문제' 단원으로 설정되어 식 세우기, 문장제, 사고력을 필요로 하는 문제 등으로 구성되다가 제7차 교육과정 이후로는 문제해결 전략을 익히는데 초점을 두고 있다. 그렇지만 이러한 교과서의 내용 구성이 문제해결을 통한 수학 지도나 수학적 사고력과 수학적 힘의 신장에 한계를 가지고 있는 것이 사실이다(방정숙, 김상화, 2006). 따라서 수학교과서에서는 문제해결 지도를 통해 학생들의 수학적 사고력을 길러 줄 수 있는 여러 가지 방안을 반영하도록 해야 할 것이다.

먼저, 학생 중심적으로 사고를 요구하는 문제를 제시하도록 하고, 문제해결에 학생의 참여를 이끌어 내야 한다. 이를 위해 교과서에 제시되는 문제의 유형도 정형화된 문제에서 탈피하여 개방형 문제, 탐구형 문제, 프로젝트형 문제 등 다양한 유형을 제공할 필요가 있다. 이러한 문제해결 경험을 통해 학생들은 여러 가지 문제해결 방법을 능동적으로 체험하고 서로의 방법을 공유하는 경험을 할 수 있어야 한다.

문제해결을 통한 수학 지도를 위한 내용 구성에도 관심을 두어야 한다. 우리 교과서에 제시된 문제해결 내용은 특정 단원에서 문제를 해결하거나, 한 단원을 마치는 단계에서 학습한 내용을 확인하는 과정으로 제시되어 있다. 그렇지만 문제 중심적인 수업에서는 학생들이 이전에 학습한 내용과 경험을 바탕으로 새로운 아이디어를 창조하도록 이끌어 낼 수 있으며, 이러한 교실문화에서는 수학 내용이 문제해결을 하기 전에 배워야 할 요소라기보다 문제를 해결한 결과라고 할 수 있다(Van De Walle, Karp & Bay-Williams, 2004).

문제해결의 효과적인 지도를 위해서는 문제해결식 수업의 효과적인 전략을 익히고, 문제해결식 수업에 적합하면서도 수학 내용을 반영하는 문제나 문제 상황을 개발하여 교과서에 제시할 필요가 있다. 그리고 문제해결식 수업에서는 특정 단원의 학습내용만을 반영하기보다, 이미 학습한 내용을 종합적으로 활용할 수 있는 문제 상황으로 제시하여 할 것이다. 이를 위해서는 단원을 넘나드는 내용 구성이 필요하며 이에 따라 교과서의 차시와 페이지 구성에도 변화가 필요하다.

최근에 고시된 2015 개정 교육과정에서는 교과역량의 하나로 문제해결을 강조하고 있다(교육부, 2015). 문제해결력 함양을 위해 협력적 문제해결 과제를 이용하여 동료와 협력하여 문제를 해결할 수 있도록 하고, 생활 주변이나 사회 및 자연 현상 등 다양한 맥락에서 파악된 문제를 해결하면서 수학적 개념, 원리, 법칙을 탐구하고 일반화하는 수학적 모델링을 강조하고 있다. 이러한 활동을 구현하기 위해서 교과서에서도 프로젝트형 과제, 상황과 맥락이 있는 문제 등을 제시할 필요가 있다.

교과서는 교육과정의 내용을 바탕으로 집필되어진다. 그간의 우리나라 교육과정에서 문제해결은 지속적으로 학습 내용으로 강조되어 오다가, 최근에는 각 단원의 내용을 바탕으로 문제해결 전략을 지도하도록 권고함으로써 비중이 축소되고 있는 분위기이다. 이에 따라 현행 교과서의 문제해결 내용도 단원 내의 학습 내용을 근간으로 국소적으로 다루어지는 경향이 있다. 따라서 학생들의 수학적 사고력과 문제해결력 신장을 위해서는 교육과정과 교과서에서 적극적으로 개혁적인 프로그램을 구성할 필요가 있다.

참 | 고 | 문 | 헌

강완, 백석윤 (1998). **초등수학교육론**. 서울: 동명사.

교육과학기술부 (2010a). **수학 3-2**. 서울: 두산동아(주).

교육과학기술부 (2010b). **수학 3-2 초등학교 교사용 지도서**. 두산동아(주).

교육과학기술부 (2011). **수학과 교육과정-교육과학기술부 고시 제 2011-361호 [별책 8]-**. 교육과학기술부.

교육인적자원부 (2004) **수학 3-나**. 서울: 교육인적자원부.

교육인적자원부 (2005). **수학 3-나 초등학교 교사용 지도서**. 서울: 교육인적자원부.

교육인적자원부 (2007). **수학과 교육과정-교육인적자원부 고시 제 2007-78호 [별책 8]-**. 교육인적자원부.

교육부 (1992). **초등학교 교육과정-수학-**. 서울: 교육부.

교육부 (1996). **수학 3-2**. 서울: 교육부.

교육부 (1997). **수학과 교육과정-교육부 고시 제 1997-15호 [별책 8]-**. 서울: 교육부.

교육부 (2014). **수학 3-2**. 서울: ㈜천재교육.

교육부 (2015). **수학과 교육과정-교육부 고시 제 2015-74호 [별책 8]-**. 서울: 교육부.

교육부 (2016). **수학 3-2 교사용지도서**. 서울: ㈜천재교육.

김수진, 박지현, 서지희 (2013). **TIMSS 2011 공개문항 분석 자료집-수학-**. 한국교육과정평가원 연구자료 ORM-2013-48-1.

김수진, 이재봉, 박지현, 이문수 (2015). **수학·과학 성취도 추이변화 국제비교연구: TIMSS 2015 본검사 시행**. 한국교육과정평가원 연구보고 RRE-2015-11-2.

김언주 (1991). **인지심리학**. 서울: 정민사.

문교부 (1955). **국민학교 교육과정**. 서울: 문교부.

문교부 (1963). **국민학교 교육과정**. 서울: 문교부.

문교부 (1973). **국민학교 교육과정**. 서울: 문교부.

문교부 (1981). **국민학교 교육과정**. 서울: 문교부.

문교부 (1985). **산수 3-1**. 서울: 국정교과서 주식회사.

문교부 (1987). **국민학교 교육과정**. 서울: 문교부.

문교부 (1989). **산수 4-1 실험용 교과서**. 문교부.

방정숙, 김상화 (2006). 문제해결과 관련된 제7차 초등학교 수학과 교육과정 및 교과용 도서 분석. **학교수학**, 8(3), 341-364.

송미영, 임해미, 최혁준, 박혜영, 손수경 (2013). **OECD 국제 학업성취도 평가 연구: PISA 2012 결과보고서**. 한국교육과정평가원 연구보고 RRE-2013-6-1.

우정호 (2011). **수학 학습-지도 원리와 방법**. 서울: 서울대학교출판부.

이대현, 최승현 (2011). **문제해결을 통한 수학적 경험**(개정판). 서울: 경문사.

이용률, 성현경 (1997). **수학교육론**. 서울: 교학연구사.

정재승 (2003). **과학콘서트**. 서울: 동아시아.

조지민, 김수진, 이상하, 김미영, 옥현진, 임해미(2011). **2011년 국제 학업성취도 평가 연구(PISA/TIMSS)**. 한국교육과정평가원.

조지민, 김수진, 이상하, 김미영, 옥현진, 임해미, 박연복, 이민희, 한희진, 손수경 (2011). **2011년 국제 학업성취도 평가 연구(PISA/TIMSS): PISA 2012 예비검사 시행보고서**. 한국교육과정평가원 연구보고 RRE-2011-4-2.

Baroody, A. J., & Coslick, R. T. (1998). *Fostering children's mathematics power: An investigative approach to K-8 mathematics instruction*. Mahwah, NJ: Lawrence Erlbaum Associates, Publishers.

Freudenthal, H. (1973). *Mathematics as an educational task*. Dordrecht-Holland: D. Reidel Publishing Company.

Lenchner, G. (1983). *Creative problem solving in school mathematics*. Boston: Houghton Mifflin Company.

Lester, F. K. (1978). Mathematical problem solving in the elementary school: Some educational and psychological considerations. In L. L. Hatfield & D. A. Bradbard (Eds.), *Mathematical problem solving: Papers from a research workshop* (pp. 53-87). Columbus, Ohio: ERIC/SMEAC.

Lester, F. K. (1994). Musings about mathematical problem-solving research: 1970-1994. *Journal for Research in Mathematics Education*, 25(6), 660-675.

NCTM (1980). *An agenda for action: Recommendation for school mathematics of the 1980's*. Reston, VA: Author.

NCTM (1989). *Curriculum and evaluation standards for school mathematics.* Reston, VA: Author.

NCTM (2000). *Principles and standards for school mathematics.* Reston, VA: Author.

Polya, G. (1957). *How to solve it (2nd Ed.)*. New York: Doubleday. 우정호 (역) (1997). 어떻게 풀 것인가: 수학적 사고 방법. 서울: (주)천재교육.

Polya, G. (1962). *Mathematical discovery: On understanding, learning, and teaching problem solving (Vol. 1*). John Wiley & Sons, Inc.

Reys, P. E., Suydam, M. N., Lindquist, M. M., & Smith, N. L. (1998). *Helping children learn mathematics(5th ed.)*. Allyn and Bacon.

Schroeder, T. L. & Lester, F. K. Jr. (1989). Developing understanding in mathematics via problem solving. In P. R. Trafton & A. P. Shulte (Eds.), *New directions for elementary school mathematics* (pp. 31-42). Reston, VA: The National Council of Teachers of Mathematics, Inc.

Van De Walle, J. A., Karp K. S., & Bay-Williams, J. M. (2004). *Elementary and middle school mathematics: Teaching developmentally*. New York: Allyn & Bacon.

제2장

우리나라 수학교과서에 나타난 다문화교육

송륜진(위스콘신 매디슨대학교)

1. 서론

현대사회가 점차 다양화되면서 사회에서 요구하는 인재상이나 학교교육을 통해 함양해야 하는 핵심역량에 대한 관점이 급격하게 변화하고 있다. 특히 전 세계가 하나의 지구촌을 이루어 가고 있는 시대적 변화를 고려할 때, 문화적 다양성을 이해하고 존중하며 모든 사람이 자유롭고 공평한 사회를 이끌어갈 수 있는 세계시민을 양성하는 것은 교육의 중요한 책무 중 하나일 것이다.

특히 우리나라는 1990년대 이후 인종적, 민족적 다양성이 급증하면서 다문화교육에 대한 담론이 활발하게 진행되어 왔으며, 다양성을 존중하는 균형 있는 사회를 이루어 가기 위해 다문화교육의 실천적 방안에 대한 요구가 증가해 왔다. 실제, 우리나라 2009 개정 교육과정 총론을 살펴보면 '다양한 문화와 가치에 대한 이해를 넓히고 민주시민으로서의 자질과 태도를 갖추는 것'을 교육 목표로 제시함으로써 사회적 변화를 교육에 적극적으로 반영하고 있다는 것을 확인할 수 있다(교육과학기술부, 2012a). 또한 다원적 가치에 대한 이해와 민주시민으로서의 역량 함양을 우리 학교교육이 지향하고 있다는 점은 우리 교육이 추구하는 다문화교육이 단순히 문화적 소외집단 학생들에 대한 배려적 차원으로 국한된 것이 아니라는 것을 보여준다. 즉, 우리 학교교육이 추구하는 다문화교육의 목표와 방향은 모든 교육적 주체들이 문화적 다양성을 이해하고 존중하며, 공평하고 정의로운 사회를 구현할 수 있는 역량을 함양하는 것임을 알 수 있다.

일반적으로 다문화교육은 교과 내용요소적 측면에서 연관성이 많은 도덕, 사회, 국어 등의 교과에서 이루어져야 한다고 생각하는 경향이 있다(교육과학기술부, 2009). 그러나 다원적 가치에 대하여 존중하고 이해하는 태도와 능력은 단순히 특정교과를 통해 습득할 수 있는 일차원적인 학습 개념이라고 할 수 없다. 오히려 다문화적 역량은 모든 교육·사회적 상황, 내용, 인식 등이 다원적 가치를 인정하고 존중할 때 인지적, 정의적, 실천적 역량이 종합적으로 발달하게 된다. 다시 말해, 수학교과를 포함한 모든 교과를 통해 다양성을 이해하고 존중하는 신념과 태도를 형성하고 공정한 관점으로 다양한 지식을 마주할 때 비로소 진정한 다문화교육을 실천할 수 있으며 이를 통해 다문화적 역량을 함양할 수 있게 된다(모경환, 2009; Nieto, 2000).

이와 같은 관점에서, 우리 학교교육이 추구하는 다원적 가치에 대한 목표가 수학교과에서 어떻게 나타나고 있는지 알아보는 것은 현재 우리나라 학교수학을 다문화교육의 관점에서 점검하고 향후 우리 수학교육이 지향해야 하는 바를 제시할 수 있다는 측면에서 유의미하다. 특별히 교수-학습에서 중요한 공적지식의 역할을 하는 매체인 수학교과서에서 어떻게 다원적 가치를 반영하고 있는지 분석하는 것은 우리나라 다문화수학교육의 실태를 좀 더 교육현장에 근접하여 알아본다는 점에서 중요한 의미를 갖는다. 또한 우리나라 수학교과서에 암묵적, 명시적으로 등장하는 다문화적 가치가 교육적으로 어떠한 의미를 가지는가에 대한 논의는 앞으로 우리나라 수학교육이 추구하고 실천해야 요소들을 살펴보는 기회가 될 수 있을 것이다(홍원표, 2011).

이에 본 고에서는 다문화교육 및 다문화수학교육에 대한 대략적인 개념을 소개한 이후 우리나라 2009 개정 수학교과서를 중심으로 수학교과서에 다문화적 가치가 어떻게 등장하고 있는지 알아보도록 하겠다.

2. 다문화교육과 다문화수학교육

2.1. 다문화교육의 개념

다문화교육은 모든 학생들이 학업에서 성공적인 결과에 도달할 수 있다는 긍정적이고 공평한 신념을 바탕으로 교육하는 것을 추구한다. 그리고 학생들이 가지고 있는 인종, 언어, 경험, 사고방식, 성별, 학습양식 등의 다양한 문화적 자산을 이해하고 존중하며 학습을 위한 비계로 활용하여 그들이 가지고 있는 최대 잠재력까지 도달할 수 있도록 교육하는 것을 의미한다. 뿐만 아니라 나와 다른 타자를 이해하고 포용하며 여러 방식으로 의사소통하는 것을 통해 다양한 집단과 공존할 수 있는 다문화적 역량을 개발하여 미래 세계시민으로서의 능력을 갖추도록 하는 교육을 뜻한다(Banks, 2008; Bennett, 2007; Gay, 2000).

이와 같은 다문화교육의 개념은 교육적 공평성의 실천이라는 측면에서도 그 중요성을 내포하고 있다. 교육적 공평성이란 모든 학생에게 공평한 학습의 기회를 제공해야 함을 의미한다. 그러나 공평한 학습의 기회란 모든 학생들에게 똑같은 학습내용을 제공하고 동일한 결과에 도달하도록 해야 하는 것을 의미하지 않는다. 교육적 공평성의 참된 의미는 학생 개개인이 가지고 있는 다양한 배경을 최대한 활용하여 그들이 도달할 수 있는 잠재적인 능력까지 개발될 수 있도록 하는 차등적인 교육을 의미한다. 즉, 학생 개개인이 가지고 있는 민족, 인종, 언어, 선행경험, 성별 등의 문화적 배경은 학업 성취를 위한 훌륭한 자산으로 인식되고 활용되어야지 주류문화 중심으로 구성된 학교교육으로의 접근성을 방해하거나 제한하는 요소가 되어서는 안 된다.

그러나 실제 교육현장에서는 학생들이 가지고 있는 문화적 배경이 교육을 위한 자산으로 활용되기 보다는 학교의 주류문화와의 '차이' 혹은 '문화적 결핍'으로 인식되며 이는 학업 성취도, 학습 참여율, 인간관계 등에서 어려움을 경험하게 하는 요인으로 작용한다. 선행연구들을 고찰해 보면, 문화적, 사회적, 경제적으로 소수집단에 속하는 학생들이 많이 포함되어 있는 학교 혹은 학급은 학업 성취도나 대학진학률이 낮으며 학업 중단율, 자퇴율 등이 높은 것으로 조사되고 있다. 뿐만 아니라 교사들의 학생에 대한 신념 또한 부정적인 경향이 많으며 학생들에게 높은 수준의 학습으로 안내하는 수업보다는 단순한 개념과 내용을 반복적으로 학습하게 하는 수업을 주로 제시한다(장윤영, 고상숙, 2009; 조영미, 이옥영, 2010; Banks, 2008; Gay, 2000). 이와 같이 학생의 문화와 학교문화 사이의 '차이'는 모든 학생에게 학업을 위한 공정한 접근성을 제공하고 있는가와 관련하여 교육적 공평성의 관점에서 논의되어야 할 과제이다.

2.2. 문화적 지식으로 수학과 자유를 위한 다문화수학교육

수학의 학문적 발생과 그 발달의 역사를 고찰해 보면 수학은 다른 학문들과 마찬가지로 자연의 현상, 인간의 삶의 양식, 가치관, 사고방식 등 다양한 문화를 기반으로 여러 집단에서 고유하게 발달해 온 것임을 알 수 있다(Ascher, 1991; D'Ambrosio, 1997). 즉, 수학적 지식체계는 다양한 집단에서 인간의 삶을 표현하는 하나의 방식으로 발생하게 되었고, 좀 더 이롭고 편리하며 효율적인 수학적 의사소통을 위해 그림, 도형, 기호, 문자 등의 체계를 활용하면서 발달해 왔다. 이렇듯 수학적 지식체계는 논리적 추론을 통해 형성된 지식으로써, 객관적, 절대보편적인 특징을 가질 뿐만 아니라 인간의 다양한 삶과 문화적 맥락 안에서 역동적으로 상호작용하며 발달한 지식으로써 사회문화적인 특징 또한 가지고 있다.

이러한 관점에서 문화성을 반영한 수학 교육과정은 '인간'과 '수학을 하는 인간' 사이의 밀접한 상호관련성을 깨닫게 하며, 추상적이고 탈맥락적인 지식으로만 이해되었던 수학적 지식을 좀 더 맥락적이고 실용적인 지식으로 이해할 수 있도록 한다. 뿐만 아니라 다양성이 공존하는 수학교실에서 수학의 문화성 요소를 반영한 다문화수학교육은 문화적 접촉을 통해 학생들의 수학적 경험의 폭을 확장시킬 수 있고, 다양한 교육적 주체들과의 원활한 의사소통을 통해 다른 사람들의 논리와 사고방식을 이해하며 지식을 구성해 나갈 수 있다는 측면에서 강점을 가지고 있다. 또한 Bishop(1988)은 문화성을 반영한 수학 교수-학습이 수학적 개념들 간의 관계를 구성하면서 지식을 확장시킬 수 있고 자신의 경험을 반영하여 자신이 알고 있는 것을 분명하게 표현하는 것을 통해 수학적 지식을 자신의 것으로 만들 수 있으며 궁극적으로 학생의 수학적 소양을 발달시킬 수 있다고 주장하였다. 즉, 다문화수학교육은 다양한 공동체에서 발달한 수학적 산물을 접촉하게 하고 그들 간의 관계를 탐색하게 하는 것을 통해 수학적 지식 및 소양을 풍부하게 함양할 수 있도록 한다.

그러나 최근까지도 수학의 문화성 요소는 수학 교육과정에서 중요하게 다루어지지 않았고 유럽에서 발달한 수학을 중심으로 교육과정이 구성되다보니 다양한 집단의 수학적 지식은 소외되어온 경향이 있다. 점차 다원화, 세계화된 사회를 살아갈 학생들이 유럽중심의 수학적 지식만이 유일한 존재인 것처럼 교육받는다면 타문화를 존중하고 포용할 수 있는 문화적 다양성을 이해하는데 제한된 시각을 갖게 될 것이다. 따라서 다양한 집단에서 의미 있게 발달한 수학의 문화성에 대하여 접하고 이해하는 과정은 단일 지배 문화적 규범으로부터 벗어나 자유를 향한 교육을 경험하도록 할 것이다 (D’Ambrosio, 1994).

2.3. 다문화수학교육을 통한 교육적 공평성의 실천

앞서 논의한 바와 같이 수학의 문화성을 이해하고 포용하는 다문화수학교육은 수학적 지식에 대하여 건강한 정체성을 확립하도록 하고 궁극적으로는 자유를 위한 교육을 지향한다. 그리고 수학의 문화성에 대한 교육은 학생들이 다양한 수학적 사고방식, 문제해결 방법 등을 탐구할 수 있도록 독려한다.

한편, 다문화수학교육은 교육적 공평성을 실천하는 구체적인 방안이 될 수 있다. 수학교실에서 인종, 민족, 언어, 경제적 위치, 성별, 성취도 등이 다양한 학생들의 문화적 배경을 존중하고 이를 교육에 적극적으로 반영하는 교육은 모든 학생들에게 양질의 교육을 제공하고 그것의 접근성을 공정하게 보장한다는 측면에서 NCTM(2000)에서 제안하는 수학교육의 ‘공평성 원리’를 실천하는 한 방편이 될 수 있다. 교육적 공평성의 관점에서 다문화수학교육은 교사가 모든 학생에 대한 공정하고 긍정적인 신념을 기반으로 학생 개개인이 가지고 있는 다양한 배경을 교육에 적극적으로 활용함으로써 교육의 효과가 극대화 되도록 한다. 이때 중요하게 다루어야 하는 두 가지 요소는 ‘모든 학생에 대한 교사의 공정하고 긍정적인 신념’과 ‘다양한 문화적 자산을 활용하는 교수법’이다. ‘교사의 학생에 대한 공정하고 긍정적인 신념’은 성취도가 높은 학생뿐만 아니라 낮은 학생들에게도 양질의 수학교육을 제공하도록 하는 원동력이 되며, 이것은 또한 학생들의 학업성취도에 직접적인 영향을 미치게 된다(Woolley, Strutchens, Gilbert, & Martin, 2010). 나아가 학생들의 ‘다양한 문화적 자산을 활용하는 교수법’

은 학생들에게 친숙한 문화적 자산을 교수-학습에 활용하기 때문에 학생들이 학습 개념을 잘 이해하도록 도와주고, 친숙한 문화적 배경으로 인해 그동안 수학교실에서 소외되어온 학생들의 학습 참여율을 높이는 등의 교육적 효과를 나타낸다(Gay, 2000; Ladson-Billings, 1995).

Sells(1980)에 따르면 수학교과는 학생들이 진학을 하거나 미래에 좋은 직업을 선택할 때 핵심적으로 고려되는 교과이기 때문에 사회경제적 위치를 결정하는 문지기 혹은 필터와 같은 역할을 한다고 하였다. 실제 우리나라의 상황을 떠올려 보면, 좋은 대학에 진학하거나 사회경제적으로 높은 지위에 속하는 직업을 선택하기 위해서는 수학에서의 높은 성취도가 중요한 요소로 작용한다. 따라서 수학교실에서 성취도가 낮은 학생들 그리고 다양한 문화적 배경으로 인해 소외되어온 학생들이 양질의 교육을 제공받을 수 있도록 공정한 접근성을 보장하고, 적극적인 학습 참여자가 되도록 교육의 장을 제공하는 것은 교육적 공평성을 실천하도록 할 뿐만 아니라 공정한 사회를 이루어가기 위한 첫걸음이 될 수 있다.

2.4. 다문화수학교육을 통한 비판적 사고의 발달과 사회개혁

앞서 살펴 본바와 같이 다문화수학교육은 문화적 지식으로서의 수학을 경험하도록 하고 이를 교수-학습에 반영함으로써 학생들이 수학적 지식에 대한 정체성을 균형 있게 형성하도록 하며 다양한 수학적 사고방식, 문제해결 방법 등을 탐구할 수 있도록 한다. 또한 교육적 공평성의 관점에서 다문화수학교육은 수학교실에서 소외되어온 학생들에게 양질의 교육을 제공하기 위한 공정한 접근성을 보장하고 다양한 문화적 자산을 교수-학습에 활용함으로써 학습 참여도 및 성취도를 향상하도록 한다.

한편, 다문화수학교육은 우리 세계에 존재하는 불평등, 부조리, 모순 등을 비판적인 시각으로 바라보고 이를 개혁하기 위한 역량을 갖출 수 있도록 교육하는 것을 지향한다. 수학교육을 통한 비판적 사고력의 발달은 좁게는 수학이라는 지식체계에 대한 비판적 사고로부터 사회적, 경제적, 정치적으로 존재하는 부조리와 모순 등을 비판하는 것으로 확장될 수 있다(Ladson-Billings, 2000; Nieto & Bode, 2008). 수학교과는 참인 명제로부터 출발하여 논리적 연역의 과정을 거쳐 다양한 수학적 개념을 형성해 왔다. 이때 학생들은 수학적 추상화, 수학화 등을 경험하며 비판적인 수학적 사고능력을 발달시키게 되는데, 이와 같은 비판적 사고 역량은 단순히 수학적 이론 안에만 머무는 것이 아니라 유럽수학을 중심으로 구조화된 편향된 관점의 수학적 지식체계 및 수학교육과정, 더 나아가 우리가 속한 공동체, 다양한 사회적, 정치적 문제 등에 대하여 비판적으로 사고하고 분석하여 문제점을 발견하고 이를 개선하기 위한 방안을 마련해내는 것으로 확장될 수 있다(Bohl, 1998).

예를 들어, Gutstein(2012)은 수학교육을 통해 비판적 사고를 발달시킬 수 있는 방안으로 다양한 사회적 이슈를 다루는 문제 상황이나 교수-학습 자료를 활용할 것을 제안하였다. 교과서에 제시되어 있는 실생활 맥락의 문제들은 주로 주류집단의 문화와 가치만을 담은 문제 상황이거나 사회적, 정치적 가치가 배제된 소재를 활용하는 경우가 많다. 그러나 우리 사회에 존재하는 모순, 부조리 등에 대하여 비판적으로 생각해볼 수 있는 다양한 사회, 정치적 소재를 수학 학습 맥락으로 제시함으로써 이를 비판적인 관점으로 분석하고 문제점을 발견하며 이것에 대한 개선 방안을 강구하는 교육적 경험은 학생들에게 수학적 힘을 가진 역량 있는 세계 민주시민으로 성장할 수 있는 기회를 제공할 것이다.

3. 우리나라 교육과정 및 수학교과서에 나타난 다문화교육

3.1. 우리나라 2009 개정 교육과정을 통해 본 다문화교육

빠르게 다양화, 세계화되는 현 시대의 사회적 상황을 고려할 때, 나와 다른 사람들을 이해하고 존중하는 태도를 갖춘 세계 민주시민을 양성하는 것은 교육의 핵심적인 목표 중 하나일 것이다. 이러한 사회적 요구는 우리나라 교육과정에서도 잘 나타나 있는데 구체적으로, 2009 개정 교육과정 총론에서는 '문화적 소양과 다원적 가치에 대한 이해를 바탕으로 품격 있는 삶을 영위하는 사람', '세계와 소통하는 시민으로서 배려와 나눔의 정신으로 공동체 발전에 참여하는 사람'을 지향하는 인간상으로 제시하고 있다. 또한 학교교육의 목표를 초등학교 교육과정에서는 '타인과 공감하고 협동하는 태도, 배려하는 마음', 중학교 교육과정에서는 '다양한 문화와 가치에 대한 이해, 타인과 공감하고 소통하는 능력', '배려하는 마음, 민주 시민으로서의 자질과 태도', 고등학교 교육과정에서는 '새로운 이해와 가치를 창출할 수 있는 비판적, 창의적 사고력과 태도', '국가 공동체의 발전을 위해 노력하고, 더불어 살아가며 협동하는 세계 시민으로서의 자질과 태도' 등으로 서술하며 다문화교육의 가치를 비교적 명시적인 형태로 제시하고 있다(교육과학기술부, 2012a).

각 교과의 교육과정 각론이 총론에서 제시하는 인간상과 교육목표 등을 기반으로 교과의 특성에 따라 구체화된다는 점을 고려할 때, 수학과 교육과정에서 제시하는 목표를 고찰하는 것은 총론에서 강조하는 다문화교육에 대한 가치가 수학교과에 어떻게 반영되고 있는지 알아볼 수 있는 방법이 될 수 있을 것이다. 2009 개정 수학과 교육과정에 따르면 수학교과는 '수학의 개념, 원리, 법칙을 이해하고 기능을 습득하여 주변의 여러 가지 현상을 수학적으로 관찰하고 해석하는 능력을 기르며 수학적 문제 상황을 수리·논리적 사고를 통하여 합리적으로 해결하는 능력과 태도를 기르는 교과'라고 교과의 특성을 규정하고 있다. 또한 '수학적 과정을 통해 길러진 핵심 역량은 타 교과의 성공적인 학습에 기반이 될 뿐 아니라, 나아가 개인의 전문적 능력의 증진과 창의·인성 중심의 21세기 지식 기반 사회의 민주 시민에게 필요한 소양과 경쟁력을 갖추는 데에도 토대가 된다.'고 설명한다. 이와 같은 수학교과에 대한 이해를 바탕으로 제시하고 있는 구체적인 교육 목표는 다음 [표 1]과 같다(교육과학기술부, 2012b).

[표 1]에서 알 수 있듯이 초·중·고 수학 교과에서 제시하는 첫 번째 목표는 수학적 기능과 개념, 원리, 법칙과 이들 사이의 관계를 이해하고 이를 활용할 수 있는 능력을 기르는 것이다. 또한 모든 학교급에서 '수학적 의사소통능력', '사회 및 자연의 수학적 현상을 합리적, 창의적으로 해결하는 능력', '수학에 대한 관심과 흥미, 수학의 가치에 대한 이해, 수학 학습자로서의 바람직한 인성과 태도 함양'을 목표로 제시함을 알 수 있다.

그러나 제시된 수학 교과의 목표들을 다문화교육의 측면에서 고찰해보면 첫째, 문화적 소양과 다원적 가치에 대한 이해와 관련된 내용이 명시되어 있지 않음을 알 수 있다. 이것은 앞서 수학과 교육과정에서 제시된 수학교과의 성격에서도 알 수 있었듯이, 수학적 지식에 대한 절대주의적 철학의 관점이 수학교과 전반에 반영되어 있기 때

[표 1] 2009 개정 수학과 교육과정 교육 목표(교육과학기술부, 2012b)

초·중등	가. 생활 주변이나 사회 및 자연현상을 수학적으로 관찰, 분석, 조직, 표현하는 경험을 통하여 수학의 기본적인 기능과 개념, 원리, 법칙과 이들 사이의 관계를 이해하는 능력을 기른다. 나. 수학적으로 사고하고 의사소통하는 능력을 길러 생활 주변이나 사회 및 자연의 수학적 현상에서 파악된 문제를 합리적이고 창의적으로 해결하는 능력을 기른다. 다. 수학에 대하여 관심과 흥미를 가지고 수학의 가치를 이해하며, 수학 학습자로서 바람직한 인성과 태도를 기른다.
고등	가-기초수학. 수와 식의 계산, 방정식과 함수, 피타고라스 정리와 삼각비에 관련된 계산능력을 기르고, 개념, 원리, 법칙과 이들 사이의 관계를 이해하는 능력을 기른다. 가-수학Ⅰ. 다항식, 방정식과 부등식, 도형의 방정식에 관련된 개념, 원리, 법칙과 이들 사이의 관계를 이해하는 능력을 기른다. 가-수학Ⅱ. 집합과 명제, 함수, 수열, 지수와 로그에 관련된 개념, 원리, 법칙과 이들 사이의 관계를 이해하는 능력을 기른다. 가-확률과 통계. 순열과 조합, 확률, 통계에 관련된 개념, 원리, 법칙과 이들 사이의 관계를 이해하는 능력을 기른다. 가-미적분Ⅰ. 수열의 극한, 함수의 극한과 연속, 다항함수의 미분법, 다항함수의 적분법에 관련된 개념, 원리, 법칙과 이들 사이의 관계를 이해하는 능력을 기른다. 가-미적분Ⅱ. 지수함수와 로그함수, 삼각함수, 미분법, 적분법에 관련된 개념, 원리, 법칙과 이들 사이의 관계를 이해하는 능력을 기른다. 가-기하와 벡터. 평면 곡선, 평면벡터, 공간도형과 공간벡터에 관련된 개념, 원리, 법칙과 이들 사이의 관계를 이해하는 능력을 기른다. 가-고급수학Ⅰ. 벡터와 행렬, 일차변환, 그래프에 관련된 개념, 원리, 법칙과 이들 사이의 관계를 이해하고, 이를 활용하는 능력을 기른다. 가-고급수학Ⅱ. 복소수와 극좌표, 미적분의 활용, 편미분에 관련된 개념, 원리, 법칙과 이들 사이의 관계를 이해하고, 이를 활용하는 능력을 기른다. 나. 수학적으로 사고하고 의사소통하는 능력을 기른다. 다. 사회 및 자연의 수학적 현상에서 파악된 문제를 합리적이고 창의적으로 해결하는 능력을 기른다. 라. 수학에 대하여 관심과 흥미를 가지고, 수학의 가치를 이해하며, 수학 학습자로서 바람직한 인성과 태도를 기른다.

문에 수학교과의 목표로써 문화적 다양성을 구체적으로 제시하고 있지 않는 것으로 분석된다. 그러나 수학을 사회문화적 관점에서 연구하는 많은 학자들은 수학적 지식이 가지고 있는 다양한 문화성에 주목하며, 이들 수학적 지식의 다양성이 오랜 기간 학교 교육 과정과 같은 공적 지식에서 소외되고 간과되어 왔음을 문제점으로 지적한다. 수학이란 이성적 사유에 의해 구성된 절대불변적인 지식의 특징만을 갖는 것이 아니라

여러 집단 사이의 수학적 의사소통과 협업을 통해 다양하게 구성되어온 사회문화적 특징도 가지고 있기 때문에 수학적 지식이 가지고 있는 다양한 모습을 수학 교과에서 공정하게 제시하는 것은 학생들에게 수학적 지식에 대한 올바른 정체성을 형성할 수 있도록 한다. 또한 수학의 다양한 문화성을 반영한 교육은 학생들이 수학을 접하고 배울 때 추상화, 탈맥락화된 지식을 은행 저축식으로 습득하는 것이 아니라 풍부한 시대, 사회적 맥락을 이해하고 다양한 방식의 수학적 사고와 의사소통을 존중하며 지식을 구성해 나갈 수 있도록 한다.

둘째, 인종, 민족, 언어, 사회경제적 계층, 지위, 성별 등의 다양한 배경의 학생들이 학교 수학교육 과정에 공평한 접근성을 보장받을 수 있으며 양질의 수월성 교육을 지향해야 한다는 교육적 공평성의 개념을 수학교과 목표에서 찾아볼 수 없었다. 학생의 다양한 배경에 대한 고려는 점차 인종, 민족적 다양성이 증가하는 우리나라 수학교실 상황을 고려할 때 중요하게 논의되어야 하는 요소이다. 미국의 경우 Principles and Standards for School Mathematics(NCTM, 2000)에서 모든 학생, 특히, 사회경제적으로 낮은 위치에 있는 학생, 영어가 모국어가 아닌 학생, 장애가 있는 학생, 여학생 등 문화적으로 소외집단에 속한 학생 모두에게 높은 기대를 바탕으로 양질의 교육을 공정하게 제공해야 한다고 명시하고 있다. 앞서 논의한 바와 같이, 수학교육에서 모든 학생에 대하여 높은 수준의 양질의 교육을 공정하게 제시하는 것이 중요하게 다루어져야 하는 이유 중 하나는 대학 혹은 그 이상의 학업을 위해 진학을 하거나, 과학자, 금융인, 공학자 등과 같이 높은 임금을 보장받는 직업을 선택할 때 수학교과가 핵심적인 역할을 하기 때문이다. 따라서 수학교과에서 모든 학생에게 수월성을 기반으로 하는 양질의 교육을 제공하고 공평한 접근성을 보장하는 것은 우리 수학교육에서도 심도 있게 다루어져야 하는 문제이다.

마지막으로, 우리나라 수학교과 목표에서는 우리가 속한 국가, 사회, 공동체에서 발생하는 다양한 현상에 대하여 비판적으로 분석하고 문제를 개선함으로써 공동체의 발전에 수학교육이 어떠한 역할을 해야 하는지에 대한 관점이 잘 드러나 있지 않았다. 흔히 수학교과에서 논의되는 비판적인 수학적 사고능력은 어떤 상황을 수학적으로 해결할 때, 추상화된 논리적 요소에 대한 반성적인 분석을 통해 이루어진다고 생각한다. 그러나 수학교과를 통해 도야한 비판적인 사고능력은 단지 수학문제해결뿐만 아니라 우리 사회 주변에 존재하는 다양한 불평등과 모순의 문제들, 그러나 때로는 그것을 운명으로 받아들여 이를 개선하기 보다는 타협하고 순응해 왔던 문제들에 대하여 비판적으로 분석함으로써 개선방안을 도출하여 공동체의 발전에 기여하는데 중요한 역할을 할 수 있다.

특히 비판적인 사고 역량은 과학기술 사회에서 민주시민으로 살아가기 위해 갖추어야 하는 핵심적인 역량 요소라고 할 수 있다(Keitel, 1993; NCTM, 2000; Romberg, 1992; Skovsmose, 2012). 최근의 과학기술 분야의 발전은 혁명과도 같은 과정이었다. 그러나 이러한 과학기술 역량이 사회의 모든 구성원들에게 공평하게 분배되지 않고 몇몇의 전문가들에게 독점되고 있다는 것에 문제점이 있다. 즉, 대다수의 사람들은 과학기술 지식과 관련하여 그것의 내용과 활용 등에 대한 전반을 거의 이해하지 못하기 때문에 소수의 전문가들에 의하여 지배되는 결과를 초래하였다(Davis, 1993). 소수의 전문가 집단에 의한 지식의 독점은 민주사회에서 심각한 문제를 유발할 수 있다. 왜냐하면 민주시민으로서 모든 사람들은 수학·과학기술에 대한 기본적인 지식과 힘을 가지고 모든 일에 대하여 관리, 감독, 비판할 수 있는 역량이 있어야 하는데 지식에 대한 독점이 발생하는 순간 지배자와 피지배자가 존재하는 비민주적인 사회가 될 수밖에 없기 때문이다(Apple, 1992; Bohl, 1998). 이와 같은 관점에서 우리사회에 존재하는 문제점과 모순들을 발견하고 과학기술 기반 사회를 관리, 감독할 수 있는 '수학적 힘'과 '비판적 사고 역량'은 우리 수학교육에서 좀 더 구체적이고 비중 있게 다루어져야 하는 핵심 논제 중 하나일 것이다.

2009 개정 교육과정을 중심으로 고찰한 결과 우리나라의 교육과정 총론에서는 다문화교육에 대한 관점이 비교적 명시적으로 제시되어 있음을 알 수 있었다. 그러나 수학과 교육과정에서는 수학적 지식의 다양성에 대한 관점, 다양한 학생들에게 양질의 수월성 교육을 제공하며 교육 접근의 기회를 공정하게 보장하는 것을 목표로 삼는 교육적 공평성의 관점, 우리 사회에 다양하게 존재하는 모순과 문제들에 대하여 비판적으로 분석하고 이를 관리, 감독하며 문제점을 발견하였을 때 개선할 수 있는 비판적 사고 및 역량 함양에 대한 관점은 잘 드러나 있지 않다는 것을 확인할 수 있었다.

하지만 '수학적 기능과 개념, 원리, 법칙, 관계의 이해 및 활용', '수학적 의사소통능력', '사회 및 자연적 현상에 대한 문제해결 능력', '수학의 가치에 대한 이해', '수학 학습자로서의 바람직한 인성과 태도' 등의 수학교과 목표는 수학교과서 혹은 수학 교수-학습 실천에서 그 내용을 어떻게 구체화하는가에 따라 다문화교육의 관점이 다양한 수준과 방식으로 구현될 수 있는 실마리를 제공한다. 따라서 본 고에서는 2009 개정 수학교과서를 중심으로 우리나라 수학교과서에 나타난 다문화교육의 형태와 특징을 알아봄으로써 수학교실 현장과 밀접한 위치에서 다문화교육이 어떻게 다루어지고 있는지 알아보고자 한다. 또한 이와 같은 분석을 통해 향후 우리나라 수학과 교육과정 및 수학교과서가 지향해야 하는 다문화교육의 방향은 무엇인지 논의할 것이다.

3.2. 우리나라 수학교과서를 통해 본 다문화교육

앞서 살펴본 바와 같이, 다문화교육의 관점은 2009 개정 교육과정의 총론에 제시된 교육목표에 비교적 잘 나타나있다. 그러나 수학교과에서는 총론에서 제시된 다문화교육의 관점이 명시적으로 반영되고 있지 않는 것으로 분석되었다. 하지만 '수학적 기능과 개념, 원리, 법칙, 관계의 이해 및 활용', '수학적 의사소통능력', '사회 및 자연적 현상에 대한 문제해결 능력', '수학의 가치에 대한 이해', '수학학습자로서의 바람직한 인성과 태도' 등의 수학교과 목표가 다문화교육의 관점에서 교과서에 어떻게 구체화되고 있는지 알아보는 것은 현재 우리 수학교과서가 반영하고 있는 다문화교육의 특징은 무엇이며 또한 향후 지향해야 하는 방향은 어떠한지 탐색할 수 있는 기회가 될 것이다. 이에 본 장에서는 다문화수학교육의 다양한 개념 및 관점을 종합하여 첫째, '수학교과서에 나타난 수학적 지식의 다양성' 둘째, '수학교과서에 나타난 수학자' 셋째, '수학교과서에 나타난 문화성' 넷째, '수학교과서에 나타난 사회적 문제' 등 네 개의 범주를 중심으로 우리나라 수학교과서에 나타난 다문화교육은 어떤 특징을 가지고 있는지 고찰할 것이다.

(1) 수학교과서에 나타난 수학적 지식의 다양성

수학교과서에 수학적 지식의 다양성이 어떠한 모습으로 제시되고 있는지 탐색하기 위한 한 방법은 교과서에 제시된 수학사의 형태를 고찰해 보는 것이다. 왜냐하면 수학사는 오랜 시간 여러 집단에서 축적해온 다양한 수학적 사고방식, 개념, 문제해결 등의 수학적 지식을 담고 있기 때문이다. 또한 수학사를 고찰함으로써 특정 수학적 지식이 탄생하기까지 그 당시 사회적 필요와 관심 그리고 정치, 문화적 맥락 등이 어떠했는지 알 수 있기 때문이다(Ernest, 2010).

우리나라 수학교과서는 수학사를 활발하게 활용하고 있다. 특히, 특정 수학적 개념이나 법칙을 처음 소개할 때 수학사적으로 의미 있는 일화를 소개하거나 문제해결 방법을 탐색할 때 특정 수학자의 방법을 소개하기도 한다. Ju, Moon, & Song(2016)의 연구에 따르면, 우리나라 수학교과서는 수학사 활용 시 특정 수학자의 일화나 사건, 널리 알려진 문제 등을 소개하는 유형이 가장 높은 빈도(77.75%)로 나타나는 특징을 가지고 있다고 분석하였다. 예를 들면, 〈사례 1〉과 같이 방정식의 역사를 소개하는 경우이다.

수학사 속의 재미있는 일화나 특별한 문제 등은 학생들에게 수학에 대한 흥미와 관심을 갖도록 하는 장점이 있다. 그러나 이러한 수학사 활용 사례는 수학적 법칙, 개념 등이 왜 필요하였으며 기존의 수학적 성과들이 특정 수학적 법칙, 개념 등을 어떻게 탄생하도록 하였는지에 대한 역사적 맥락이 생략된 채 단편적으로 제시되고 있다는 점에서 아쉬움이 남는다. 이와 같은 수학사 제시 형태의 단점은 수학적 개념이나 법칙은 수학적 능력이 탁월한 수학자들만이 가질 수 있는 특별한 능력, 독특한 일화 정도로 생각하게 하며 수학사를 교육적으로 활용하고자 하는 주 목적 즉, 학생들이 수학의

사례 1　수학사적으로 특별한 일화나 널리 알려진 문제를 제시한 경우

역사 속의 방정식

방정식의 개념은 문자가 사용되기 훨씬 이전에 생겼다. 기원전 1650년경에 쓰인 고대 이집트의 "린드 파피루스"에 실려 있는 문제가 가장 오래된 방정식으로 알려져 있으며, 이 문제는 문자가 아닌 글로 표현되어 있다.

한편 문자를 처음 도입하여 사용한 고대 그리스의 수학자 디오판토스의 묘비에는 그의 일생을 글로 새겨 놓았는데, 문자를 이용하여 묘비의 글을 해석하면 방정식과 관계가 있으며, 방정식의 풀이를 이용하면 디오판토스가 죽은 시기를 알 수 있다.

이와 같이 방정식은 우리의 실생활이나 자연 과학 등에서 필요한 정보를 찾아내는 데 유용하게 사용된다.

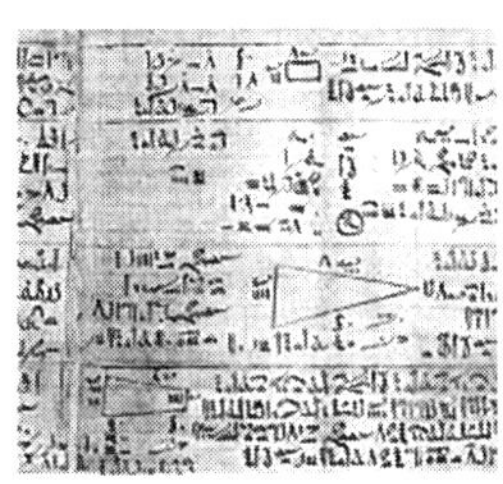

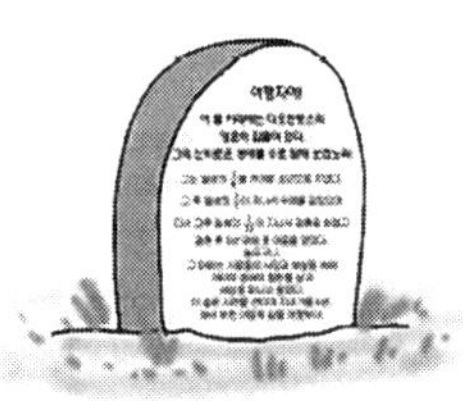

발생과정을 다양한 맥락에서 이해하도록 교육하는데 한계가 있다는 점이다(Ju, Moon, & Song, 2016).

수학사를 제시하는 우리나라 수학교과서의 또 다른 특징은 대부분 유럽중심의 수학사를 소개하고 있다는 것이다. Ju, Moon, & Song(2016)에 따르면 우리나라 중학교 1학년 수학교과서에서 다루고 있는 수학사 중 약 67.02%가 유럽중심의 수학사, 21.75%는 비유럽의 수학사 그리고 나머지 11.22%가 여러 집단의 수학사를 연계하고 있다고 조사하였다. 학교수학이 유럽의 수학을 근간으로 구성되었다는 점을 고려할 때 유럽의 수학사가 상대적으로 많이 제시되는 것으로 생각할 수 있을 것이다. 그러나 유럽이 아닌 다른 집단의 수학사를 포함시키는 것은 학생들에게 수학적 지식의 다양성, 즉, 다양한 수학적 사고방법, 창의적인 문제해결 방법 등을 경험하도록 한다는 교육적 장점을 생각할 때, 비유럽의 민속수학을 적극적으로 활용하는 것을 고려할 필요가 있을 것이다.

우리나라 교과서가 수학사 활용에 있어서 보이는 세 번째 특징은 점차 비유럽 지역의 수학사를 포함시키고자 하는 노력이 증가하고 있다는 점이다. 그러나 비유럽의 수학사를 포함하는 빈도가 증가하고 있음에도 불구하고 비유럽의 수학사를 기존의 유럽중심 수학사와 공정한 관점에서 인식하는 데에는 한계가 있음을 나타냈다(Ju, Moon, & Song, 2016). 예를 들면, 〈사례 2〉와 같이 '구장산술'에 제시된 연립일차방정식을 활용한 문제이다.

〈사례 2〉는 '구장산술'에 실린 연립일차방정식을 사진과 함께 소개하고 있으나 그 풀이 방법은 '문자를 사용한 식'을 활용하여 해결하도록 요구하고 있다. '문자'와 '기호'를 사용한 풀이방법은 '구장산술'을 집필할 당시의 중국 사람들이 문제를 이해하고 해결하였던 수학적 사고 및 문제해결 방법과 차이가 있다. 이것은 교과서에서 당시 중국인들이 어떻게 연립방정식을 이해하고 풀이하였는지를 탐구하기 보다는 유럽이 아닌 다른 집단의 수학적 산물을 맥락으로 제시하고 다시 유럽중심으로 발달해온 '문자'와 '기호'를 이용한 풀이방법을 제시함으로써 모든 수학을 유럽중심의 관점으로 인식하고 이해하도록 요구하는 것으로 분석된다(Ju, Moon, & Song, 2016).

이와 같이, 우리나라 수학교과서는 유럽의 수학사 뿐 아니라 다양한 집단의 수학사를 포함하기 위한 노력을 하고 있으나 유럽수학과의 차이를 다양성의 관점에서 조망하기 보다는 비유럽의 수학을 '보여주기 식'으로 제시하거나 '유럽수학의 강점을 부각

사례 2 '구장산술'에 제시된 연립일차방정식 문제와 '문자'와 '기호'를 사용한 풀이법

[연립일차방정식을 활용하여 문제를 어떻게 해결할까?]

생각열기

중국에서 가장 오래된 수학책 중의 하나인 "구장산술"은 중국 수학책의 모델이 되었을 뿐만 아니라 고대 사회의 생활상을 들여볼 수 있는 중요한 자료이다. "구장산술"에는 다음과 같은 문제가 실려 있다.

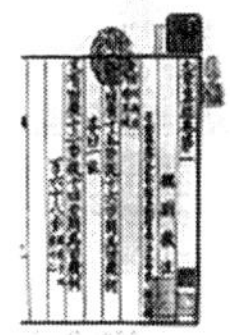

> 소 5마리와 양 2마리의 값은 금 10냥이고, 소 2마리와 양 5마리의 값은 금 8냥이다. 소와 양 한 마리의 값은 각각 얼마인가?

생각열기의 문제를 연립방정식을 활용하여 다음과 같은 순서로 풀어 보자.

무엇을 미지수 x, y로 나타낼 것인가를 정한다. → x, y를 사용하여 문제의 뜻에 맞는 연립방정식을 세운다. → 연립방정식을 푼다. → 연립방정식의 해를 올바르게 구하였는지 확인한다.

미지수 정하기 소와 양 한 마리의 값을 각각 금 x냥, y냥이라고 하자.

방정식 세우기 주어진 조건을 방정식으로 나타내면 연립방정식

$$\begin{cases} 5x+2y=10 & \cdots\cdots ① \\ 2x+5y=8 & \cdots\cdots ② \end{cases}$$

을 얻는다.

방정식 풀기 ①×5−②×2를 하면

$$\begin{array}{rr} & 25x+10y=50 \\ -) & 4x+10y=16 \\ \hline & 21x \quad\quad =34 \end{array}$$

즉, $x=\frac{34}{21}$

$x=\frac{34}{21}$를 ②에 대입하면 $y=\frac{20}{21}$

확인하기 소 한 마리에 금 $\frac{34}{21}$냥, 양 한 마리에 금 $\frac{20}{21}$냥이면

소 5마리와 양 2마리의 값은 $5\times\frac{34}{21}+2\times\frac{20}{21}=10$

소 2마리와 양 5마리의 값은 $2\times\frac{34}{21}+5\times\frac{20}{21}=8$

이므로 구한 해는 문제의 조건을 만족한다.

시키기'위한 방법으로 활용하는 특징을 보였다.

(2) 수학교과서에 나타난 수학자

앞서 논의한 바와 같이 우리나라 수학교과서는 수학사적 일화나 수학자들의 생애 및 업적, 수학사적으로 의미 있는 일화나 문제풀이 방법 등을 제시하는 방식으로 수학사를 적극 활용하고 있다. 그러나 학생들이 수학사를 통해 수학적 개념 및 문제풀이 방법 등이 어떻게 등장하게 되었는지 시대적, 사회적 맥락에 대하여 이해하고 탐구할 수 있도록 안내하기 보다는 특별한 수학사적 사건, 사실 등을 단편적으로 제시하는 특징을 보였다. 또한 다른 여러 집단의 수학사를 제시하는 사례가 증가하고 있으나 여전히 유럽수학과 다른 여러 민속수학을 대등한 관점에서 조망하지 못하는 한계를 보

였다.

우리나라 수학교과서를 다문화교육의 관점에서 분석하기 위한 또 다른 방법은 교과서에 등장하는 수학자들에 대하여 다양한 견지에서 조망해 보는 것이다. Grant & Sleeter(2011)에 따르면 교육과정에 누구의 지식이 포함되었는지를 알아볼 수 있는 방법 중 하나는 교과서에 등장하는 사람들을 인종, 민족, 성별 등을 기준으로 횟수를 세어보는 것이라고 하였다. 이와 같은 관점에서, 우리나라 수학교과서에서는 누구의 지식을 포함하고 있는지 알아보기 위해 정수용, 주미경, 송륜진(2014)은 2009 개정 중학교 1학년 수학교과서 13종에 등장하는 수학자들의 출신을 분석하였다. 그 결과 유럽 지역 출신이 86.5%로 대다수를 이루고 아시아 10.6%, 북아메리카 1.6%, 아프리카 1.3%, 남아메리카 0%, 오세아니아 0%의 비율로 소개되고 있다고 조사하였다. 또한 북아메리카(1.6%) 대륙에서는 미국과 캐나다의 수학자가 소개되었고 아프리카(1.3%) 대륙의 경우는 이집트의 수학자만 소개되었다. 이에 대하여 연구자들은 미국과 캐나다는 사회·문화적으로 유럽의 영향을 많이 받은 국가이고 이집트의 경우는 지리적으로 유럽과 근접하였다는 점을 고려할 때 유럽을 중심으로 활동하였던 수학자들이 공적 지식으로 인정되는 학교수학 대부분을 주도하고 있다고 분석하였다(정수용, 주미경, 송륜진, 2014). 유럽의 수학자를 소개하고 있는 대표적인 사례는 다음 〈사례 3〉과 같다.

앞서 살펴본 우리나라 수학교과서에 등장하는 수학사의 특징과 마찬가지로, 수학적 지식이 유럽지역을 중심으로 형성되어 왔고 공적 지식으로서 그 위치를 인정받으며 학교수학의 근간을 이루어 왔다는 사실을 고려할 때 우리나라 수학교과서에서 유럽지역 출신의 수학자가 주로 등장하는 것은 당연한 결과로 생각될 수 있다. 그러나 수학사에 대한 심도 있는 고찰을 통해 여러 시대, 지역, 민족, 인종의 수학자들을 다양하게 소개하는 것은 수학적 지식이 단순히 한명의 천재 수학자의 탈맥락적이고 논리적인 수학적 사고만으로 등장한 것이 아니라 다양한 사회문화적 맥락 안에서 여러 수학자들 간의 협업을 통해 이루어진 것이라는 것을 깨달을 수 있도록 한다. 다음 〈사례 4〉를 살펴보도록 하자.

〈사례 4〉는 원주율이 오랜 역사를 통해 여러 집단에서 어떻게 발달하고 점차 체계화 되었는지를 다양한 관점에서 소개하고 있다. 이와 같이 하나의 수학적 이론이나 개념을 다양하고 공평한 관점에서 소개하는 것은 학생들이 풍부한 수학적 사고방식을 경험할 수 있다는 측면에서 의미가 있다. 또한 그동안 소외되어 왔던 여러 집단의 수

사례 3 교과서에 제시된 유럽의 수학자

사례 4 다양한 집단에서 발달시킨 원주율(정수용, 주미경, 송륜진, 2014)

원주율의 정확한 값을 찾기 위한 노력은 인류 문명의 역사와 함께 계속되어 왔다.

서양에서는 고대 그리스의 아르키메데스(Archimedes : B.C. 287~B.C. 212)가 역사상 최초로 원주율의 값을 소수점 아래 둘째 자리까지 정확하게 구했고, 동양에서도 중국 위나라의 유휘(劉徽 : ?220~?)가 "구장산술"의 주해본을 통하여 π의 값을 3.14로 계산한 바 있다.

이후 송나라의 조충지(祖沖之 : 429~500)는 원에 접하는 정 12288각형을 이용하여 π의 값을 대략 3.141592로 계산하였는데, 이 값을 이용하여 지구 둘레의 길이를 계산하면 원래의 길이와 오차가 1m밖에 나지 않을 정도로 정확한 값이다. 이 값은 이후 800년 가까이 가장 정확한 값이었다.

학적 지식 및 수학자를 교과서에 제시하는 것은 그들의 수학적 성과를 인정하고 존중하는 것으로써 중요한 의미를 지닌다(D'Ambrosio, 2010; Swetz, 2000).

교과서는 학생들에게 교과 지식만 전달하는 것이 아니라 다양한 사회문화적 가치를 전달한다. 따라서 특정 인종이나 민족을 명시적 혹은 암묵적으로 우수하거나 열등한 것으로 묘사하는 것은 학생들에게 잘못된 편견을 심어줄 수 있다. Grant & Grant (1981)는 교과서에 등장하는 인물들이 어떠한 인종으로 묘사되고 있는지 조사한 결과 미국사회의 주류를 형성하고 있는 백인 중심으로 이루어져 있음을 발견하고 이를 문제로 지적하였다. 또한 교과서에서 특정 인종을 주된 역할을 하는 것으로 묘사하고 있는 경우, 다양한 다른 학습 자료를 활용하여 학생들의 편견을 제거하고 이를 재규정할 수 있도록 도와야 한다고 주장하였다. 즉, 교과서에서 모든 인종, 민족, 집단에 대하여 다양한 관점을 공정하게 제시할 때 학생들이 잘못된 편견을 형성하지 않게 될 것이다. 이와 같은 측면에서 다양한 인종, 민족, 국가의 수학자 및 그들의 성과를 균형 있게 소개하는 것은 학생들이 가질 수 있는 왜곡된 시각을 방지하고 수학적 지식의 형성 과정에 대한 올바른 관점을 가질 수 있도록 한다는 측면에서 중요한 교육적 함의를 지닌다.

그렇다면 수학의 역사 속에서 또 다른 소외집단이라고 할 수 있는 여성은 수학교과서에 어떻게 나타나고 있을까? 김혜미(2013)와 조문주(2011)의 연구에 따르면 2007 개정 수학교과서와 2009 개정 수학교과서를 분석한 결과 성별에 따른 고정관념, 편견을 형성하도록 하는 이야기 상황이나 삽화 등이 발견되었다고 하였다. 예를 들어, 남학생과 여학생이 수학적 대화를 하는 상황에서 여학생이 어려운 문제를 해결하지 못해 어려움을 겪는 이야기가 제시되거나 스포츠와 관련한 삽화에서는 대부분 남성의 사진을 사용하는 등의 경우로, 이는 양성평등의 개념에 역행하는 것이라고 지적하였다.

또한 정수용, 주미경, 송륜진(2014)은 2009 개정 중학교 1학년 수학교과서 13종을 대상으로 교과서에 등장하는 수학자의 성별을 분석한 결과 남성수학자는 96.7%를 차지하는 반면 여성수학자는 3.3%에 불과한 것으로 조사하였다. 또한 남성수학자의 경우, 13종의 모든 수학교과서에서 적게는 13회에서 많게는 47회에 걸쳐 등장하는 반면 여성수학자는 5개의 수학교과서에서만 적게는 1회에서 많게는 5회 등장하는 것으로 조사되었다. 여성수학자가 등장한 사례를 살펴보면 〈사례 5〉와 같다.

수학교과서에서 여성수학자가 등장하는 사례가 적은 것은 오랜 수학의 역사동안 여

사례 5 여성 통계, 수학자 나이팅게일

나이팅게일(Nightingale, F.: 1820~1910) 크림 전쟁 당시 부상병을 치료하면서 여러 가지 자료를 수집하였다. 수집한 자료를 토대로 여러 가지 통계적 연구를 하고, 철저하게 기록한 통계 수치를 활용하여 사망률을 크게 줄였다.

성들의 사회적, 학문적 참여가 활발하지 못했고 그들의 수학적 성과들이 공식적인 지식으로 인정받지 못한 이유가 클 것이다. 그러나 여성수학자들의 성과와 그들의 업적을 교과서에서 소개하는 것은 여학생들에게 수학을 탐구하고 학습할 때 이상적인 모델이 될 수 있다는 측면에서 중요한 의미를 갖는다.

권오남(2000)의 수학교육에서 양성평등에 대한 연구에 따르면, 높은 인지단계를 요구하는 수학내용을 학습할 때 남학생에 비하여 여학생들이 열세를 보이는데 이것은 자신감, 유용성, 남성과 여성의 성향, 성공과 실패의 요인 분석 방식 등의 내적동기로부터 기인한다고 하였다. 즉, 여학생들은 남학생들 보다 자신감이 부족하고 수학의 유용성에 대해 부정적인 견해를 가지고 있으며 수학은 남성적인 것이라는 편견으로 인해 뛰어난 수학적 재능을 발휘하는 것과 여성성 사이의 선택에서 갈등한다는 것이다. 또한 때때로 부모, 교사, 사회적 분위기 등이 수학을 남성의 전유물처럼 묘사하기 때문에 내적동기의 차이가 강화된다고 설명하였다. 수학교과에서 양성평등의 문제가 심도 있게 논의되어야 하는 원인 중 하나는 수학성취도에서 우리나라 남학생과 여학생의 차이가 높게 나타났다는 점이다. PISA 2012 주요결과보고에 따르면 수학에서 남학생이 여학생보다 18점이 더 높게 측정되었으며 이와 같은 성차는 PISA 2003 이후 9년만에 다시 발생한 것으로 OECD 평균 성차인 11점보다도 큰 차이인 것으로 분석하였다(한국교육과정평가원, 2014).

이와 같이 수학 성취도에서 나타나는 성차를 극복하기 위한 한 방안으로 교과서에서 여성을 어떻게 묘사할 것인지에 대한 문제는 앞으로 심도 있게 논의되어야 할 과제이다. 즉, 다양한 여성수학자의 수학자로서의 삶과 그들의 업적 그리고 위대한 업적을 이루기 위해 선행되었던 노력 등을 교과서에 적극적으로 제시하는 것은 여학생들에게 좋은 역할모델로서 기능을 할 수 있을 것이다. 또한 암묵적으로 수학을 남성들의 전유물처럼 생각하도록 묘사하는 이야기, 삽화, 사진 등을 양성평등의 관점으로 조망하는 것은 여학생들을 포함한 모든 학생들이 건강한 내적동기를 형성하도록 하는데 도움을 줄 수 있을 것이다.

(3) 수학교과서에 나타난 문화성

우리나라 수학교과서는 다양한 사회·자연적 현상을 맥락으로 수학 개념 및 문제상황을 제시하고 있다. 이와 같은 특징은 수학적 지식을 탈맥락적으로 제시하기 보다는 학습자가 살아가는 사회적, 자연적 현상 안에서 수학적으로 사고하고 문제를 해결하도록 하는 것으로, 우리나라 교육과정 총론 및 수학과 교육과정에서 제시하고 있는 목표가 적절히 구현되고 있음을 보여주는 것이다. 특히, 수학교과서에서 다양한 문화적 맥락을 제시하는 것은 인종, 민족적으로 다양해지는 우리나라 수학교실 상황을 고려할 때 사회적 변화를 적절하게 반영하고 있는 것으로 보여진다.

그렇다면 수학교과서에서 제시하는 사회·문화적 맥락은 어떠한 특징을 보이는가? 대체로 우리나라 수학교과서에는 우리 전통문화를 소개하거나 학생들이 쉽게 접하는 다양한 실생활 문화가 다수 포함되어 있다. 김혜미(2013)의 연구에 따르면, 우리나라 수학교과서에서 가장 높은 빈도로 제시되고 있는 다문화적 요소는 '우리나라 문화에 대한 소개' 항목이었다. 구체적으로, 2007 개정 중학교 1학년 19종의 수학교과서에서 총합 212개(평균 11개)가 우리나라 문화를 다양한 맥락에서 제시하고 있었으며 교과서에 따라 적게는 5개에서 많게는 16개가 등장하는 것으로 분석하였다. 반면 '세계문화에 대한 소개' 항목은 총합 154개(평균 8개)로 우리나라 문화보다 낮은 빈도로 제시되고 있으며 교과서에 따라 3개에서 22개를 포함하고 있다고 밝혔다. 또한 2009 개정 중학교 1학년 13종의 수학교과서 역시 '우리나라 문화에 대한 소개'가 총합 190개(평균 14.6개)로 가장 많이 등장하고 있으며 교과서에 따라 6개에서 25개가 포함되어 있다고 분석하였다. 이와 비교하여 '세계문화에 대한 소개'는 124개(평균 9.5개)가 등장하였으며 교과서에 따라 4개에서 24개를 포함하는 것으로 분석하였다. 이를 통해 우리나라 수학교과서는 세계 여러 문화보다는 우리나라 문화가 좀 더 높은 빈도로 교과서에 나타나고 있음을 알 수 있다. 구체적으로, 우리나라의 문화를 맥락으로 교과서를

사례 6　우리나라 문화를 맥락으로 구성된 과제

논리적 사고　**우리 문화유산에서 찾을 수 있는 비**

우리나라의 옛 건축물 중에는 어떤 특정한 비를 이루는 건축물이 많이 있다. 청동기 및 초기 철기 시대에 지어진 움집터, 고구려 사찰인 금강사터, 부석사의 무량수전 등이 그 예이다. [그림 1]에서 볼 수 있듯이 조선 시대 왕이 신하들의 조하*를 받거나 사신을 맞이하던 경복궁의 근정전 앞마당 역시 이 비를 이룬다.

[무량수전]　[근정전]　[그림 1]

우리나라의 전통 장(欌)인 오른쪽 자개장의 크기도 이 특정한 비를 이룬다. 두 단으로 이루어진 자개장에서 한 단의 가로의 길이와 세로의 길이의 비는 장 전체의 세로의 길이와 가로의 길이의 비와 같다. 자개장에서 이 비를 구하여 보자.

관찰하기

자개장의 가로의 길이와 세로의 길이를 비교하며 이 특정한 비를 추측하여 보자.

표현하기

한 단의 가로의 길이를 a, 세로의 길이를 b라고 할 때, 비율이 같은 두 비를 찾아 비례식으로 나타내어 보자.

논리적으로 쓰기

위에서 구한 비례식을 이용하여 이 특정한 비를 구하여 보자.

* 조하(朝賀): 경축일에 신하들이 조정에 나아가 임금에게 하례하던 일.

구성한 사례는 다음 〈사례 6〉과 같다.

〈사례 6〉에서 보여주듯이 우리나라 문화를 중심으로 교과서를 구성하는 것은 우리나라 전통문화에 대한 이해를 확대할 수 있고 학생들에게 친숙한 자문화의 맥락을 통해 수학적 문제 상황을 쉽게 이해할 수 있도록 한다는 장점이 있다. 그러나 좀 더 많은 세계문화를 소개하는 것은 문화적 다양성을 경험할 수 있고 이를 통해 문화적 소양이 풍부해질 수 있다는 측면에서 유익하다. 특히 우리가 살고 있는 세계는 점차 하나의 지구촌을 이루어가고 있으므로 우리문화뿐 아니라 다양한 문화에 대한 이해와 경험은 학생들에게 훌륭한 문화적 자산이 될 수 있을 것이다(김수환, 1998; 정은실, 2007). 예를 들어, 세계문화를 맥락으로 교과서를 구성하면 다음 〈사례 7〉과 같다.

〈사례 7〉은 세계문화 맥락을 활용하고 있는 사례로, '도형의 작도' 단원에서 고대 그리스 건축물 중 하나인 '파르테논 신전'을 소개하고 있다. 이와 같은 사례는 다양한

사례 7 세계 다른 나라의 문화를 맥락으로 구성된 과제

기원전 5세기 고대 그리스 아테네에 세워진 파르테논 신전은 현존하는 고대 그리스 건축물 가운데 가장 중요하며 도리스식 신전의 극치를 나타내는 걸작이다.

또, 파르테논 신전은 안정된 비례와 장중함으로 완벽한 건축물이라는 평가를 받고 있는데, 자와 컴퍼스만을 사용하여 간단히 그 설계를 짐작할 수 있다.

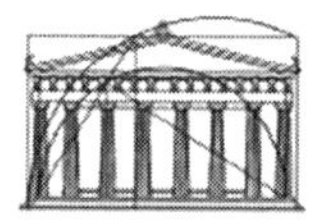

시대, 지역의 역사적 유물을 수학 학습을 위한 소재로 삼아 학생들의 흥미유발과 함께 문화적 소양을 풍부하게 한다는 장점이 있다. 그러나 '파르테논 신전'을 건축할 때 사용된 대표적인 '작도'는 무엇이 있으며 어떠한 수학적, 과학적 원리가 숨어있는지에 대한 탐구의 과정이 생략되어 있어 다양한 문화적 맥락을 통해 학습 내용을 좀 더 풍부하게 이해할 수 있도록 교육하고자하는 본래의 목적을 잘 구현하지 못하는 한계를 발견할 수 있다. 이와 같이 다양한 문화적 맥락이 수학적 개념이나 문제 상황과 관련하여 제시되지 않을 경우, 문화적 맥락은 단순한 이야기 소재로 전락하게 된다. 그런데 우리나라 수학교과서는 여러 문화적 맥락이 학습단원 및 문제해결과 직접적으로 관련되는 경우보다는 학습단원만 부분적으로 관련이 있고 구체적인 문제해결과는 관련이 없거나, 학습단원과 문제해결 모두와 관련 없이 단편적인 문화적 소재로 활용되는 경우가 더 많아 아쉬움이 남는다(김혜미, 2013).

지금까지 살펴본 바와 같이 우리나라 수학교과서는 다양한 문화적 맥락의 이야기, 사진, 그림 등을 제시함으로써 학생들에게 문화적 다양성을 경험하도록 하지만 사회문화적 지식으로서의 수학을 경험하게 하는 것에는 제한적인 측면이 있었다. 따라서 문화적 맥락을 기반으로 수학교과서를 구성할 때, 학습단원, 개념, 과제, 문제해결 등과의 관련성을 제시할 수 있도록 심도 있는 연구가 지속되어야 할 것이다.

(4) 수학교과서에 나타난 사회적 문제

우리나라 수학교과서는 사회, 자연적 현상을 수학적으로 해석하고 해결할 수 있도록 다양한 맥락을 제시하고 있다. 다문화교육의 관점에서 다양한 사회적 맥락을 제시

사례 8 온실가스 문제와 통계 학습

온실가스 배출량을 줄이려면 어떻게 해야 할까?

최근에 지구 온난화 등의 기후 변화 문제가 세계적인 이슈가 되고 있습니다. 과학자들은 기후 변화의 원인을 인간이 인위적으로 발생시킨 온실가스 때문이라고 말하고 있습니다.

인간이 발생시키는 대표적인 온실가스는 이산화탄소로서, 이것은 집, 공장, 발전소에서 화석연료를 태우는 과정에서 발생합니다. 이 외에 메탄이나 아산화질소 등의 온실가스가 있는데 이것들은 이산화탄소보다는 적은 양이 배출되지만 영향력은 훨씬 커서 결코 무시할 수 없습니다.

이에 국제사회는 기후변화 협약 등 온실가스를 줄이기 위한 실천 방안을 마련하기 위해 노력하고 있습니다. 우리나라도 기후변화 협약의 당사국으로서 2010년부터 저탄소 녹색 성장 기본법을 시행하는 등 많은 노력을 기울이고 있습니다.

다음은 G20 국가들의 국가별 인구, 국내총생산(GDP), 온실가스 배출량(GHG) 등을 나타낸 표입니다.

(EU 제외)

국가	인구(천명)	GDP(10억 $)	온실가스 배출량 (100만 tCO_2e)	1인당 온실가스 배출량 (100만 tCO_2e)	온실가스 배출 집약도 (GHG/GDP)
남아공	45150	468	505	0.0112	1.0791
대한민국	48080	906	527	0.0110	0.5817
독일	82500	2146	1015	0.0123	0.4730
러시아	143850	1309	1938	0.0135	1.4805
멕시코	104000	935	520	0.0050	0.5561
미국	293950	10708	7065	0.0240	0.6598
브라질	183910	1385	983	0.0053	0.7097
사우디아라비아	23950	304	371	0.0155	1.2204
아르헨티나	38730	469	316	0.0082	0.6738
영국	59840	1696	656	0.0110	0.3868
이탈리아	58130	1491	583	0.0100	0.3910
인도	1079720	3115	1744	0.0016	0.5599
인도네시아	217590	722	470	0.0022	0.6510
일본	127690	3435	1355	0.0106	0.3945
중국	1303040	7219	6467	0.0050	0.8958
캐나다	31950	919	758	0.0237	0.8248
터키	71790	511	304	0.0042	0.5949
프랑스	62180	1626	563	0.0091	0.3462
호주	20210	561	529	0.0024	0.9430

1 G20 국가들의 온실가스 배출량의 평균과 중앙값을 각각 구하여 보고, 어떤 값이 대푯값으로 적절한지 생각하여 보자. (단, 소수점 아래 셋째 자리에서 반올림한다.)

2 유엔 기후 변화 협약 당사국 총회에서 국가별로 다음과 같은 주장을 제시하였다고 가정하고 앞의 표를 이용하여 그 주장의 근거에 대하여 생각하여 보자.

A 국가 대표: 온실가스 배출량이 많은 국가일수록 온실가스 배출 감축을 위해 더 많은 책임 의식을 가져야 합니다.
B 국가 대표: 인구가 많으면 온실가스 배출량이 많아질 수밖에 없습니다. 1인당 온실가스 배출량을 고려하는 것이 공평합니다.
C 국가 대표: 국내총생산이 많은 국가일수록 온실가스 배출량이 많아질 수밖에 없습니다. 온실가스를 얼마나 효율적으로 절감하고 있는지, 즉 온실가스 배출 집약도를 고려하는 것이 공평합니다.

(1) 온실가스 배출량 상위 5개 국가와 1인당 온실가스 배출량 상위 5개 국가를 각각 구하여 보고, 어떤 차이가 있는지 말하여 보자.
(2) 온실가스 배출 집약도는 온실가스 배출량을 국내총생산(GDP)으로 나눈 값이다. 온실가스 배출 집약도 상위 5개 국가를 구하여 보고, 이 값이 의미하는 바가 무엇인지 생각하여 보자.

3 우리나라의 온실가스 배출량, 1인당 온실가스 배출량, 온실가스 배출 집약도를 살펴보고, 우리나라의 온실가스 배출량을 G20 국가들과 비교하여 보자.

4 위의 질문들을 바탕으로 온실가스를 줄이기 위해 국제사회 및 우리나라가 노력해야 할 방안에 대한 나의 생각을 써 보자.

하는 것은 학생들에게 사회적 문제를 인식하도록 하고 비판적으로 생각할 수 있는 기회를 제공한다는 측면에서 유의미하다. 그렇다면 우리나라 수학교과서에 사회·정치적 맥락은 어떻게 구성되어 있는지 알아보도록 하겠다. 먼저, 김혜미(2013)에 따르면 우리나라 수학교과서는 '소외국에 대한 배려', '장애인 문화의 이해', '불우이웃의 배려', '지구 보존' 등 크게 4개의 주제를 포함하고 있다고 분석하였다. 구체적으로 이들 4개의 주제가 2007 개정 중학교 1학년 수학교과서 19종에서 84회, 2009 개정 중학교 1학년 수학교과서 13종에서는 88회 등장하는 것으로 조사되었는데 그 대표적인 예를 살펴보면 다음 〈사례 8〉과 같다.

위의 〈사례 8〉에서와 같이 수학교과에서 다양한 사회·정치적 문제들을 다루는 것은 학생들에게 자신이 속한 사회에 대하여 비판적으로 바라보도록 하고 문제점들을 발견할 수 있는 기회를 제공한다. 2009 개정 교육과정의 총론에서 제시하고 있는 교육 목표 '민주 시민으로서의 자질과 태도', '새로운 이해와 가치를 창출할 수 있는 비판적, 창의적 사고력과 태도', '국가 공동체의 발전을 위해 노력하고, 더불어 살아가며 협동하는 세계 시민으로서의 자질과 태도' 등과 수학교육 목표에서 '사회 및 자연의 수학적 현상을 합리적, 창의적으로 해결하는 능력' 등을 고려할 때, 사회·정치적 문제들을 수학교과에서 다루는 것은 이와 같은 교육목표들을 실천하기 위한 구체적인 방법이 될 수 있을 것이다.

그런데 사회·정치적 문제들을 교과서에서 다룰 때 학생들의 관심과 문제의식을 기반으로 하고 있는가는 중요한 요인으로 작용한다. 왜냐하면 다양한 사회·정치적 이슈들이 소재로 등장할 수 있으나 사회를 이해하고 인식하는 학생의 능력 수준이 고려되지 않은 주제들은 이상적인 구호에 지나지 않기 때문이다. 또한 학생들에 의해 주체적으로 생성된 주제들은 단순히 수학학습을 위한 소재로 활용되는 것이 아니라 주제중심 접근(thematic approach)과 프로젝트교육(project organization) 방법 등으로 실천될 수 있다는 강점이 있다. 주제중심 접근이란 특정한 주제를 중심으로 교과 간 구분을 없애고 통합적으로 교육하는 것을 뜻하고 프로젝트교육은 프로젝트를 실행해가며 실제 그 결과가 문제의 해결 및 개선에 영향을 줄 수 있도록 교육하는 것을 의미한다(Skovsmose, 1985).

그런데 우리나라 2009 개정 수학교과서의 경우, 학습단원과 관련한 사회적 문제를 단편적인 소재로 활용하거나, 사회적 이슈에 대한 맥락을 제시하지만 결국 수학문제를 해결하도록 요구하는 유형이 주를 이루고 있다는 한계를 보였다(김혜미, 2013). 따라서 향후 교과서 개발 시에는 학생들의 관점과 수준에서 사회·정치적 문제들을 비판적으로 조망하고 문제점을 발견하여 이를 개선할 수 있도록 해결책을 찾아나가는 형식의 다양한 프로젝트나 여러 교과와의 융합 교육을 통해 특정 주제를 중심으로 문제를 해결해나가는 주제중심 융합교육 과제들이 포함되어야 할 것이다.

또한 우리나라 수학교과서에서 제시하고 있는 사회문제들은 주로 '환경보호'나 '소외집단에 대한 이해'가 주를 이루고 있어 좀 더 다양한 사회적, 정치적 문제를 제시할 필요가 있다(김혜미, 2013). 우리 사회를 '불평등'과 '모순'의 관점으로 조망하면 우리 주변의 모든 것 즉, 경제체제, 정치적 구조, TV, SNS 등의 미디어, 과학기술, 복지정책, 정보의 독과점 등의 다양한 사회, 정치적 주제가 포함될 수 있을 것이다(Gutstein, 2012). 다문화수학교육의 관점에서 수학 교수-학습은 수학을 학습하는 학습자가 배제된 수학적 지식만을 습득하는 것이 아니라 학습자를 둘러싼 모든 사회적, 정치적 맥락을 함께 고려하여 수학을 학습하는 것과 동시에 자신이 속한 사회의 문제점을 발견하고 이를 개선하기 위한 비판적인 역량을 함께 함양하는 것이기 때문이다.

4. 우리나라 수학교과서에 나타난 다문화교육의 한계 및 시사점

본 고에서는 우리나라 수학교과서에 등장하는 다문화교육의 특징을 알아보기 위해 먼저 2009 개정 교육과정 및 수학과 교육과정에 나타난 인간상 및 교육목표를 분석하였다. 또한 2009 개정 수학과 교과서를 중심으로 첫째, '수학교과서에 나타난 수학적 지식의 다양성' 둘째, '수학교과서에 나타난 수학자' 셋째, '수학교과서에 나타난 문화성' 넷째, '수학교과서에 나타난 사회적 문제' 등의 범주에 따라 다문화교육의 특징을 살펴보았다. 앞서 논의한 결과들을 종합하여 우리나라 수학교과서에 나타난 다문화교육의 특징 및 향후 교과서 개발 시 유의해야 하는 시사점은 다음과 같다.

첫째, 우리나라 수학교과서는 교육과정 총론에서 제시하고 있는 다문화적 가치 즉, '문화적 소양', '다양한 문화와 가치에 대한 이해', '배려와 나눔', '민주시민' '비판적 태도' 등을 다양한 방법과 수준으로 구현하고 있음을 확인할 수 있었다. 구체적으로, '수학교과서에 나타난 문화성' 범주에서 논의하였듯이 우리나라를 포함한 세계 여러 나라의 문화를 수학교과서 안에 제시함으로써 '문화적 소양'을 함양하도록 하였다. 또한 '수학교과서에 나타난 수학적 지식의 다양성' 범주와 '수학교과서에 나타난 수학자' 범주에서 살펴보았듯이 유럽의 수학적 지식뿐만 아니라 다른 여러 국가, 인종, 민족 집단의 수학적 지식을 수학교과서에 제시하여 '다양한 문화와 가치에 대한 이해'를 도모하고자 하였다. 마지막으로, '수학교과서에 나타난 사회적 문제' 범주에서 고찰한 바와 같이 우리 주변의 여러 사회적 문제들을 제시하고 이를 통해 사회적 현상을 이해하고 동시에 수학학습을 할 수 있도록 교과서에 제시함으로써 '배려와 나눔', '민주시민', '비판적 태도'의 가치를 함양하도록 하였다.

둘째, 우리나라 수학교과서는 다문화교육의 가치를 반영하고자 하였으나 몇몇 한계점이 드러나기도 하였다. 예를 들어, 다양한 문화적 맥락을 '보여주기'식으로 제시하여 사회문화적 지식으로서 수학을 경험하는데 한계가 있었고, 여러 집단의 수학사를 활용하여 수학적 지식의 다양성을 경험하도록 의도하였으나 비유럽의 민속수학을 유럽중심의 수학적 인식론에 따라 규정하고 재단하는 한계를 보이기도 하였다. 그리고 비유럽의 수학자, 여성수학자에 대한 소개가 부족하다는 것을 발견할 수 있었다. 이와 같은 한계점들은 향후 교과서 개발 시 유의해야 하는 점들을 시사한다. 즉, 다양한 문화적 맥락을 단순한 소재로 활용하기 보다는 풍부한 문화적 맥락과 수학적 지식 사이의 관련성을 제시하여 문화적 맥락이 단순한 소재로 전락하지 않도록 하는 노력이 이어져야 할 것이다. 또한 여러 집단의 수학적 지식을 유럽의 수학적 지식과 공정한 관점에서 조망할 수 있도록 제시해야 하며 수학자를 소개할 때에도 여성 수학자나 유럽이 아닌 다른 여러 지역의 수학자들을 교과서에서 제시함으로써 수학적 지식이 다양한 시대, 집단, 인종의 수학자들의 끊임없는 협업과 노력을 통해 이루어낸 결과라는 것을 알 수 있도록 해야 할 것이다.

셋째, 학생 개인의 다양한 배경을 학습을 위한 자산으로 활용하여 모든 학생들이 높은 학업적 성취를 이룰 수 있도록 교육하는 교육적 공평성의 관점은 우리나라 수학교과서에서 발견하기 어려웠다. 특히, 다양한 문화적 배경의 학생들을 고려하여 여러 인종, 민족, 언어 집단의 문화를 수학 학습을 위한 자원으로 활용한 사례를 발견하기 어려웠다. 예를 들어, 새터민 학생들을 위해 수학용어 풀이를 제시하거나, 다른 국가에서 일상적으로 사용되는 다양한 측정 단위를 지속적으로 포함하여 제시하는 것 등이 다양한 문화적 배경을 고려한 교과서 구성 사례가 될 수 있을 것이다. 현재 우리나라 수학교실에서는 인종, 민족, 언어적 다양성이 증가하는 변화를 경험하고 있으며, 다양한 문화적 배경을 가진 학생들이 학교생활, 언어, 사고방식 등에서 문화적 차이를 경험하고 있다. 학생의 문화와 학교의 주류문화 사이에서 발행하는 이와 같은 차이가 학업성취도에 직접적인 영향을 미친다는 선행연구 결과들을 고려할 때, 문화적인 교수법을 실천하기 위한 교과서 연구가 시급히 이루어져야 할 것이다(장윤영, 고상숙, 2009; 조영미, 이옥영, 2010).

넷째, 우리나라 수학교과서는 사회적 문제들을 제시하고 있었지만 그 주제가 매우 제한적이었으며 사회적 문제와 수학적 문제해결 사이의 연관성이 좀 더 깊이 있게 수행될 수 있는 '프로젝트형 과제'나 '융합형 과제'가 부족하였다. 예를 들어, 학습자가 살고 있는 지역의 자연환경과 관련한 문제나 학습자가 속한 공동체의 사회적 문제 등을 스스로 탐색하여 주제를 정하고 이를 해결해 나가는 '학습자 맞춤형 프로젝트 과제'를 제시하는 것이 한 방안이 될 수 있을 것이다.

다섯째, 학생들이 성별에 대한 편견을 갖지 않도록 교과서에 등장하는 사진, 삽화,

만화, 이야기 설정 등을 신중하게 선택해야 한다는 것을 알 수 있었다. 예를 들어, 우리나라 교과서에 등장하는 스포츠와 관련한 사진은 주로 남성 선수의 사진을 포함하고 있어 스포츠가 마치 남성의 전유물인 것 같은 편견을 암묵적으로 나타내고 있었다. 또는 남성수학자에 비해 여성수학자는 등장하지 않거나 매우 낮은 빈도로 등장하였는데 이것은 여성이 수학의 발전에 거의 공헌하지 않았다거나, 남성에 비해 수학적 능력이 부족하다는 등의 편견을 갖도록 할 수 있다. 교과서는 학생들에게 학습해야 하는 지식을 전달하는 기능만 담당하지 않고 다양한 사회·문화적 가치와 사고방식, 이념 등을 암묵적 혹은 명시적으로 전달한다는 점을 고려할 때, 학생들이 성평등과 관련한 왜곡된 편견을 형성하지 않도록 교과서에 제시되는 학습자료 선택 시 주의가 요구된다.

참 고 문 헌

강옥기, 권언근, 이형주, 우희정, 윤상혁, 김태희, 김수철, 유승연, 윤혜미 (2013). **중학교 수학3**. 서울: 두산동아.

고호경, 김응환, 양순열, 권세화, 권순학, 정낙영, 장인선, 임유원, 최수영, 이성재, 노솔, 백형윤, 홍창섭 (2013). **중학교 수학1**. 서울: 교학사

교육과학기술부 (2009). **초·중등 교육과정 및 교과서의 다문화적 요소분석을 통한 개정방안 연구**. 서울: 서울대학교 중앙다문화교육센터.

교육과학기술부 (2012a). **교육과정 총론: 교육과학기술부 고시 제 2012-31호**. 서울: 교육과학기술부.

교육과학기술부 (2012b). **수학과 교육과정: 교육과학기술부 고시 제 2011-361호 [별책 8]**. 서울: 교육과학기술부.

권오남 (2000). 양성평등을 위한 수학교육의 과제와 전망. **수학교육논문집**, 10 417-440.

김수환 (1998). 수학 문화 형성을 위한 민속수학 탐구 자료의 개발. **수학교육**, 7, 231-256.

김혜미 (2013). **수학교과서의 다문화적 요소 비교 연구-2007, 2009 개정 중학교 1학년 교과서를 중심으로.** 이화여자대학교 교육대학원 석사학위논문.

모경환 (2009). 다문화교사교육의 현황과 과제. **한국교원교육연구**, 26 (4), 245-270.

신준국, 권오남, 윤갑진, 박종률, 김인수, 김부윤, 김용찬, 성덕현, 홍인숙, 김영우, 이영배, 이준희, 이주미 (2013). **중학교 수학1**. 서울: 두배의 느낌.

우정호, 박교식, 이종희, 박경미, 김남희, 임재훈, 남진영, 권석일, 김진환, 강현영, 조차미, 허선희, 전지영, 고현주, 이정연, 최은자, 김준식 (2013). **중학교 수학1**. 서울: 두산동아.

우정호, 박교식, 이종희, 박경미, 김남희, 임재훈, 남진영, 권석일, 김진환, 강현영, 조차미, 최은자, 김준식, 허선희, 전지영, 고현주, 이정연 (2013). **중학교 수학3**. 서

울: 두산동아.

이준열, 최부림, 김동재, 한대희, 이미라, 신송임, 이애경, 강해기 (2013). **중학교 수학1**. 서울: 천재교육

장윤영, 고상숙 (2009). 다문화권 학생들의 초등수학 학습과정에 관한 사례연구. **수학교육**, 48(4), 419-442.

정상권, 이재학, 박혜숙, 홍진곤, 박부성, 강은주, 오화평 (2013). **중학교 수학2**. 서울: 금성출판사.

정수용, 주미경, 송륜진 (2014). 수학교과서 속 수학자들에 대한 비판적 분석-융합적 협업으로서 다문화교육 관점에서. **교과교육학연구**, 18(2), 441-470.

정은실 (2007). 다문화 이해를 위한 초등학교 수학과 학습 자료의 개발과 적용. **초등교육연구**, 18, 57-89.

조문주 (2011). 한국과 핀란드 수학교과서 삽화의 다문화적 내용 비교분석. **다문화교육**, 2(1), 57-78.

조영미, 이옥영 (2010). 다문화 가정 학생 대상 언어·인지 진단 도구 적용 결과 분석-초등학교 1·2학년수학. **수학교육연구**, 20(2), 103-119.

한국교육과정평가원 (2014). **PISA 2012 주요 결과: 수학·읽기·과학·문제해결력**. 서울: 한국교육과정평가원.

허민, 김선희, 도종훈, 조혜정, 조숙영, 이경은, 양서윤, 이규희, 김소연 (2013). **중학교 수학1**. 서울: 대교.

홍원표 (2011). 다문화적 관점으로 보는 교과서의 기능과 구성. **교과서연구**, 65, 56-60.

Apple, M. W. (1992). Do the standards go far enough? Power, policy, and practice in mathematics education. *Journal for research in mathematics education, 23*(5), 412-431.

Ascher, M. (1991). *Ethnomathematics: A multicultural view of mathematical ideas*. New York, NY: Chapman & Hall.

Banks, J. (2008). *Introduction to multicultural education*(4th Ed.). Boston, MA: Pearson Education Inc.

Bennett, C. I. (2007). *Comprehensive multicultural education*(6th Ed.). Boston, MA: Pearson Education Inc.

Bishop, A. J. (1988). Mathematics education in its cultural context. *Educational Studies in Mathematics, 19*(2), 179-191.

Bohl, J. V. (1998). *Critical mathematics education: An exploration of existing curricular materials*. Unpublished Master Thesis, University of Wisconsin, Madison, WI.

D'Ambrosio, U. (1994). Diversity, equity and peace: From dream to reality. In Trentacosta., J. & Kenney, M. J. (Eds.), *Multicultural and gender equity in the mathematics classroom: The gift of diversity* (pp. 243- 248). Reston, VA: NCTM.

D'Ambrosio, U. (1997). Ethnomathematics and its place in history and pedagogy of mathematics. In Powell, A. B. & Frankenstein, M. (Eds.), *Ethnomathematics: Challenging Eurocentrism in mathematics education* (pp.13-24). New York, NY: SUNY Press.

D'Ambrosio, U. (2010). *Ethnomathematics: Link between traditions and modernity.* Rotterdam, The Netherlands: Sense Publishers.

Davis, P. J. (1993). Applied mathematics as social contract. In S. Restivo, J. P. Van Bendegem, & R. Fischer (Eds.), *Math worlds: Philosophical and social studies of mathematics and mathematics education* (pp. 183-194). New York, NY: Free Press.

Ernest, P. (2010). The scope and limits of critical mathematics education, *Philosophy of Mathematics Education Journal*, 25.

Gay, G. (2000). *Culturally responsive teaching: Theory, practice and research.* New York, NY: Teachers College Press.

Grant, C. A., & Grant, G. W. (1981). The multicultural evaluation of some second and third grade textbook readers- A survey analysis. *Journal of Negro Education, 50*(1), 63-74.

Grant, C. A., & Sleeter, C. E. (2011). *Doing multicultural education for achievement and equity (2nd Ed.).* New York, NY: Routledge.

Gutstein, E. (2012). Reflections on teaching and learning mathematics for social justice in urban school. In A. A. Wager & D. W. Stinson (Eds.), *Teaching mathematics for social justice: Conversations with educators* (pp. 63-78). Reston, VA: NCTM.

Ju, M. K., Moon, J. E., & Song, R. J. (2016). History of mathematics in Korean mathematics textbooks: Implication for using ethnomathematics in culturally diverse school. *International Journal of Science and Mathematics Education, 14*(7), 1321-1338.

Keitel, C. (1993). Implicit mathematical models in social practice and explicit mathematics teaching by applications. In J. de Lange, C. Keitel, I. Huntley, & M. Niss (Eds.), *Innovation in maths education by modelling and applications* (pp. 19-30). West Sussex, England: Ellis Horwood.

Ladson-Billings, G. (1995). Toward a theory of culturally relevant pedagogy. *American Educational Research Journal, 32*(3), 465-491.

Ladson-Billings, G. (2000). Fighting for our lives: Preparing teachers to teach African American students. *Journal of Teacher Education, 51*(3), 206-214.

National Council of Teachers of Mathematics (2000). *Principles and standards for school mathematics.* Reston, VA: The author.

Nieto, S. (2000). Placing equity front and center: Some thought on transforming teacher education for a new century. *Journal of Teacher Education, 51*(3), 180-187.

Nieto, S. & Bode, P. (2008). *Affirming diversity: The sociopolitical context of multicultural education(5th Ed.).* Boston, MA: Pearson Education, Inc.

Romberg, T. A. (1992). Further thoughts on the standards: A reaction to Apple. *Journal for Research in Mathematics Education, 23*(5), 432-437.

Sells, L. W. (1980). Mathematics: The invisible filter. *Engineering Education, 70*(4), 340-341.

Skovsmose, O. (1985). *Toward a philosophy of critical mathematical education.* Dordrecht, Netherlands: Kluwer.

Skovsmose, O. (2012). Critical mathematics education: A dialogical journey. In A.

A. Wager & D. W. Stinson (Eds.), *Teaching mathematics for social justice: Conversations with educators* (pp. 35-47). Reston, VA: NCTM.

Swetz, F. (2000). Mathematical pedagogy: An historical perspective. In V. Katz (Eds.), *Using history to teach mathematics: An international perspective* (pp. 11-16). Washington, DC: MMA.

Woolley, M. E., Strutchens, M. E., Gilbert, M. C., & Martin, W. G. (2010). Mathematics success of Black Middle School students: Direct and indirect effects of teacher expectations and reform practices. *Negro Educational Review, 61*(1-4), 41-59.

PART 2

새로운 수학교과서 개발

제3장

스토리텔링 수학교과서[1)]

조형미(서울대학교 대학원), 권오남(서울대학교), 박정숙(양재고등학교)
주미경(한양대학교), 박지현(반포고등학교)

스토리텔링 수학교과서 개발은 정책 추진과정 중 도입된 아이디어이다. 2012년 교육과학기술부는 수학교육선진화 방안을 발표하여 '쉽고 재미있게 배우는' 수학을 위해 기존의 설명, 공식, 문제 위주로 구성된 교과서가 아니라 수학적 의미, 역사적 맥락 및 실생활 사례 등을 유기적으로 연계한 스토리텔링 수학교과서 개발을 순차적으로 진행할 것을 공표하였다. 2009 개정 수학과 교육과정을 기반으로 한 초등학교 수학교과서는 2013년 1-2학년군을 시작으로 스토리텔링 수학교과서를 도입하였다. 2016년 현재 초등학교 전 과정에서 스토리텔링 교과서를 국정교과서로 사용하고 있다. 중·고등학교 스토리텔링 수학교과서는 2013년 모델교과서 형태로 개발되었다(권오남, 박규홍, 이상구, 박제남, 주미경 외 12인, 2013; 이재학, 고호경, 권영철, 김선희, 김영진 외 14인, 2013). 그러나 2016년 현재 중·고등학교 수학교과서를 스토리텔링 교과서로 개발하지는 않고 교과서를 집필하는 과정에 스토리텔링 요소를 반영하도록 하고 있다. 그 이유는 중·고등학교에서는 학습내용과 유기적으로 관련된 이야기 내용을 구성하는 것이 어렵고, 교육과정과 스토리텔링 교과서의 학습내용과의 불일치성을 문제로 스토리텔링 교과서 개발이 어렵기 때문이다. 현재, 2009 개정 교육과정을 기반으로 한 중·고등 수학교과서에 스토리텔링 요소를 교과서마다 다양한 형태로 반영하려는 시

1) 이 글은 권오남, 박규홍, 이상구, 박제남, 주미경, 외 12인(2013)의 '고등학교 스토리텔링 모델교과서 개발'연구의 최종보고서 3장을 재조직하여 서술하였음.

도를 찾아볼 수 있다.

수학이 쉽게 학습할 수 있는 성격의 학문인지에 대해 논란이 있을 수 있겠으나, 스토리텔링 교과서는 학생들의 수학에 대한 흥미와 긍정적인 인식을 높이기 위한 정책적 시도라 할 수 있다. 원래 스토리텔링 기법은 교과서 개발이 아니라 먼저 교수학습 방법면에서 주목을 받았다(Egan, 2005; Hauscarriague, 2008; Balakrishnan, 2008). 스토리텔링은 학생들 스스로 자신만의 '내러티브[2)]'를 만들어 자신이 학습하고 있는 학습 주제를 더 잘 기억하고 의미 있게 학습하는 것을 목적으로 하기 때문에 개인이 학습하는 과정에서 만들어 내는 서로 다른 내러티브를 인정하고, 교실 안에서 학생들의 의미 있는 내러티브가 일어날 수 있도록 하는 교사의 교수학습방법이 관심의 대상이 된 것이다. 이러한 교수 학습방법을 교과서에 어떻게 녹여낼 수 있을까? 스토리텔링을 활용한 교과서를 개발하기 위해서는 어떤 기본 원리가 필요한가? 스토리텔링 교과서가 교사와 학생들에게 어떤 의미가 있을까?

이 글은 고등학교 스토리텔링 모델 수학교과서 개발과정에서 도출된 원리와 방법을 중심으로 스토리텔링을 활용한 교과서 개발 사례를 기술하고, 스토리텔링 수학교과서의 의미를 탐색할 것이다.

1. 스토리텔링과 내러티브

스토리텔링은 '스토리를 들려주는 것' 혹은 '구전을 말하는 것'으로 사건과 사물에 대한 물리적 속성이나 사실에 대한 전달이 아니라 사물이나 인물이 가져다주는 개인적 의미로서의 스토리를 만들어 전하는 것이다(송정란, 2007). 스토리텔링은 인류의 오랜 역사를 통해 존속되어온 행위이며, 인류는 경험을 통해 축적한 지적 자산을 스토

2) 내러티브는 짧은 이야기보다 훨씬 더 길고 광범위하면서 포괄적인 일종의 삶에 대한 이야기로, 인간 자신에 대해 끊임없이 말하고 다시 말함으로써 경험에 대한 의미를 구성하는 방법이라 할 수 있음(Connelly & Clandinin, 1988, p. 24).

리를 통해 후대에 전달해왔다. 이는 스토리텔링이 지식의 소통방식으로서 다른 방식이 대체할 수 없는 고유의 힘을 가지고 있다는 것을 의미한다.

교육적 상황에서 스토리텔링은 여러가지 방식으로 작용한다. 사건 또는 개념을 인식하거나 이해하는 방식으로 작용한다. 또한 상황에 대한 스토리를 통해 일련의 사건을 구조화하여 설명하는 방식 및 소통하는 방식으로 작용한다. 구체적으로 수학학습에서 스토리텔링은 학습자의 인지적 측면 뿐 아니라 정서적 측면에 영향을 주는 활동으로 적용 가능하다. 서보억(2013)은 수학교육에서 스토리텔링 효과를 다음과 같이 서술하였다. 스토리텔링은 학습자의 흥미와 관심을 높이고, 능동적 수업참여를 가능하게 한다. 또한 수학적 개념, 원리, 법칙에 대해 쉽게 접근할 수 있도록 하고, 수학적 내용에 대한 효과적 전달과 기억을 가능하게 한다. 문제를 해결하는 과정에 도움을 줄 수도 있으며, 수학적 창의성을 기르는데 도움을 줄 수도 있다. 마지막으로 수학에 대한 막연한 두려움을 없애, 수학불안감을 해소할 가능성도 있다.

Bruner(1991)는 인간 경험에 패턴과 지속성을 부여해주는 것이 스토리이며, 따라서 스토리는 학습을 위한 강력한 도구라고 말한다. 그는 스토리와 내러티브를 동일한 개념으로 간주했고, 내러티브를 문화에서 삶의 많은 부분을 지배하는 의미를 구성하기 위한 도구이자 인간에게 질서를 부여하기 위한 틀이 된다고 보았다. 스토리텔링은 이야기를 듣고, 만들고, 전달하는 지식의 소통방식이며, 내러티브는 스토리텔링을 가능하게 하는 이야기 또는 경험의 의미구성 방법이라 할 수 있다.

내러티브 사고는 학습을 이해하는 새로운 인식론적 입장을 제시한다. 내용이 서로 연결될 수 있는 유의미한 맥락을 제공하여 기존의 파편화된 지식 교육에서 탈피할 수 있는 방법에 대한 탐구 가능성을 연다. 내러티브 사고에 기초한 교육은 학습자의 주관적 입장에서 교과 내용을 재구성하도록 함으로써 학습자를 능동적 참여자로서의 인성과 역량을 함양시키는 데 기여할 수 있다.

내러티브 사고의 핵심은 해석적 과정에 있다(Bruner, 1986). 내러티브 사고를 기반으로 하는 스토리텔링 교과서를 개발하기 위해 교과서를 진술할 때, 해석을 풍부하게 포함해야 하며, 학생들에게 결과적 지식을 제시하여 수용하도록 하는 것보다는 텍스트나 지식을 특정 맥락과 연결 지어 제시하여 학생들이 주관적인 견해와 의견 주장 등을 능동적으로 표현하고 경청하면서 수학을 구성해가도록 해야 한다. 학생들에게 다양한 해석을 요구하는 여러 유형의 자료를 적극적으로 도입하여 제시하고 학생들이 제시된 다양한 자료를 활용하고 그것을 비판적으로 분석할 수 있는 경험과 훈련이 수반될 수 있도록 구성되어야 한다.

종합하여 볼 때, 스토리텔링 교과서를 통한 학습은 학습자의 수학적 경험에 대한 지속적인 해석 활동에 기반 하여 학습자의 수학적 경험을 구조화하고 소통하고, 궁극적으로 "수학 만들기"에 이르는 탐구지향적인 구성을 목표로 한다.

2. 스토리텔링 교과서 개발 원리와 개발 단계

스토리텔링 교과서가 집필되기 위해서는 먼저 수학학습의 내용이 설정되어야 한다. 그 후 내용에 대한 교수학적 분석과 함께 적합한 교과서 유형을 선정한다. 그 후 플롯의 구체화 단계를 거치는데, 이때, 스토리텔링 교과서 구현 요소를 함께 검토해야 한다. 이 과정에서는 아래에서 설명할 스토리텔링 교과서 개발 원리가 작용하게 되고, 그 원리들은 교과서 개발 과정에서도 지속적으로 고려되어야 한다. [그림 1]은 이러한 스토리텔링 교과서 개발 과정을 도식화한 것이다.

개발의 과정의 각 단계(1단계, 2단계, 3단계) 안에 있는 요소들은 동시에 일어난다

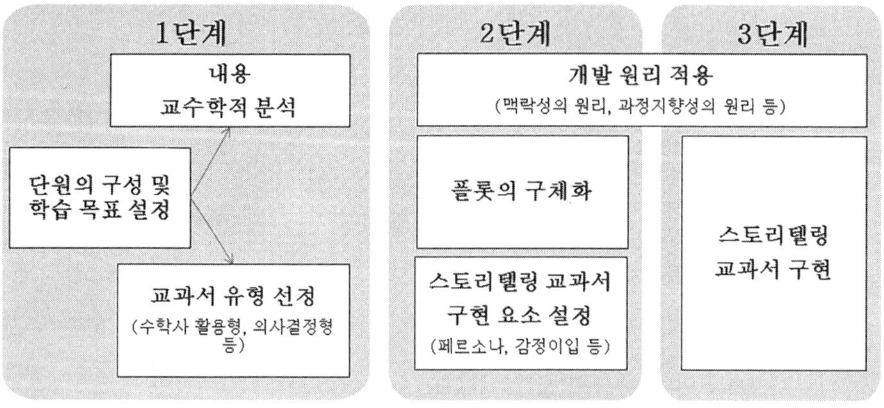

[그림 1] 스토리텔링 교과서 개발 단계

고 할 수 있다. 교육 내용을 선정하는 것은 사실상 개발되는 교과서 유형,[3)] 예를 들어, 수학사를 큰 소재로 활용할 것인지, 의사결정 상황으로 단원을 구성할 것인지를 결정하는 것과 동시에 일어난다. 적합한 교육 내용을 구현하기 위해 가장 효율적인 방법이 동시에 고려되기 때문이다. 1단계에서 단원의 학습 목표를 설정 하고 교수학적 내용을 분석할 때, 인지적 목표 외에 수학의 가치와 규범에 관련된 목표를 함께 고려할 수 있다.

2단계에서는 플롯이 구체화되면서, 스토리텔링 교과서 구현 요소를 함께 고려하게 된다. 플롯은 교과서를 구성하는 이야기의 흐름으로 학생들이 흥미로워 하는 맥락을 구성하는 것이 중요하므로, 교과서 구현 요소를 복합적으로 고려하여 구성할 필요가 있다. 스토리텔링 교과서 구현 요소는 페르소나, 감정이입, 비유, 플롯, 수학적 경험, 시간성이다. 구체적인 설명은 [표 1]과 같다. 이때, 중요한 점은 학생들에게 익숙하고 그들의 수학적 수준에 적합한 상황에서 출발해야 한다는 것이다. 플롯을 구성하는 과정에서 학생들의 학습동기와 상상력 자극을 위하여 상반된 쌍, 실생활 문맥, 판타지적 맥락, 유머 등을 적극적으로 활용할 수 있다. 마지막 3단계인 교과서를 전개하는 과정에서는 학생이 능동적으로 자신에게 의미 있는 방식으로 문제를 이해하고 해결의 아이디어를 표출할 수 있는 기회를 제공할 수 있도록 해야 한다. 또한 학생들의 수학적 수준, 인지적 스타일, 문화적 배경 등에 따라 다양한 소재를 활용해야 한다.

교과서 개발 원리(맥락성의 원리, 과정지향성의 원리 등)는 2단계와 3단계에서 지속적으로 고려되어야 한다. 권오남, 주미경, 박정숙, 박지현, 오혜미, 조형미(2013)는 강현석, 이순옥(2007)이 제시한 내러티브를 활용한 교과서 진술 방식에 대한 연구와 Bruner(1996)의 내러티브 사고에 대한 연구를 토대로 스토리텔링 수학교과서 개발 원리를 맥락성의 원리, 과제지향성의 원리, 소통의 원리, 다양성의 원리로 제시하였다. 각 원리에 대한 설명은 [표 2]와 같다. 수학적 과제는 진행되는 스토리 안에서 등장하고, 같은 맥락 안에서 이야기가 진행될 수 있도록 하며, 가르치려는 내용이 그대로 확인 가능한 스토리가 아니라, 수학적 내용이 스토리를 통하여 분명해지며 스토리 내에서 직접 확인되지 않고 스토리에 섞여 전개될 수 있도록 교과서 개발 원리를 지속적으로 검토하며 집필하여야 한다.

---

3) 스토리텔링 교과서 유형에 대한 자세한 설명은 권오남, 주미경, 박정숙, 박지현, 오혜미, 조형미(2013)을 참고하여라. 이 연구에서는 스토리텔링 교과서 유형을 '수학사탐구형', '의사결정형', '실생활 활용형', '도구 활용형' 그리고 '학문 융합형' 총 다섯 가지를 제안한다.

[표 1] 스토리텔링 교과서 구현 요소

요소	설명	설계 활용
페르소나	학습자에게 대입되는 인물, 성격 또는 패턴에 의해 주어진 역할이나 캐릭터	1. 인물/캐릭터 성격 2. 선정 인물의 행동, 성격 제공 3. 상황 제공
감정이입	학습자에게 투사하여 자신의 경험, 상상에 기초하여 동질감을 유발하도록 가동된 감정 경험	1. 핵심내용 선정 2. 위기감, 갈등, 연민 등의 정서의 종류 결정 3. 전달방법/매체 결정
비유	주요 학습 내용의 메시지를 함의하고 있는 유사한 대상이나 아이디어가 상상, 연상될 수 있도록 시각화하는 속성	1. 유사한 속성이나 의도의 비유물 선정/가공 2. 전달방법/매체 결정
플롯	주요한 내용을 문제, 갈등으로 제시하여 이를 해결하는 과정으로 전환한 내용 진행상의 구조	1. 내용에 맞는 플롯의 패턴 선정 2. 핵심사건(갈등) 설정 3. 문제 제시
수학적 경험	수학학습이 제공하는 물리적, 사회적, 문화적 환경요소를 학습자 맥락에서 재가공, 창출하는 학습 활동	1. 교육내용 중 학습자 참여 활동 부분 선정 2. 활동유형 선정-놀이, 연습, 게임 체험 활동 3. 활동 제시
시간성	주요 학습 내용을 과거, 현재, 미래 시간과 연결하여 맥락을 도입한 학습 상황	1. 학습 내용 선정 2. 연결할 시간성 결정 3. 소재 선정 4. 가정, 추론, 추측 도입

[표 2] 스토리텔링 교과서 개발 원리(권오남, 주미경, 박정숙, 박지현, 오혜미, 조형미, 2013)

스토리텔링 교과서 개발 원리	설명
맥락성의 원리	추상적인 지식을 구체적인 상황에 맥락화된 방식으로 구현하여, 학습자가 의미 있게 경험할 수 있도록 함.
과제지향성의 원리	수학지식을 학습의 결과물이 아니라, 탐구와 소통을 통해 공유된 의미체계로 구성해가는 과정에 초점을 둠.
소통의 원리	자신의 생각을 표현하고, 타인의 생각을 이해할 수 있는 기회를 제공함.
다양성의 원리	이야기나 과제를 학습자의 심리적, 수학적, 문화적 배경의 다양성을 고려하여, 다양한 소재를 선택하여 내용을 전개함.

3. 스토리텔링 수학 모델 교과서 개발 사례[4)]

권오남, 박규홍, 이상구, 박제남, 주미경, 외 12인(2013)은 고등학교 스토리텔링 모델 교과서 유형으로 '수학사탐구형', '의사결정형', '실생활 활용형', '도구 활용형' 그리고 '학문 융합형' 총 다섯 가지를 제안하고 각각을 모델 교과서로 구현하였다. 이 절은 그 중 두 개의 유형에 집중하여 스토리텔링 교과서 개발의 지침을 제공하고자 한다. 두 개의 유형은 수학사탐구형으로 개발된 '복소수와 이차방정식' 단원과 의사결정형으로 개발된 '조건부 확률' 단원이다.

3.1. 교육과정 분석과 교육 목표 설정(1단계)

이미 문서화된 교육과정에서는 학생들이 학습해야 하는 내용과 성취 기준들이 상정되어 있다. 스토리텔링 교과서는 교육과정상의 목표를 최대한 포함할 수 있도록 플롯을 개발하고, 다양한 개발 장치를 넣지만, 교육과정을 그대로 따르지 못할 수 있다. 왜냐하면 학생들에게 탐구의 맥락을 제공하고 그 안에서 자연스럽게 발생할 수 있는 의미 있는 탐구과제들이 등장하게 되며, 이것이 교육목적으로 설정되기 때문이다. 따라서 스토리텔링 교과서를 개발하는 것은 적절한 탐구 질문의 생성과 함께 교육의 목표와 내용이 교육과정과는 다르게 나타날 수 있다.

[표 3]과 [표 4]는 수학사탐구형으로 개발된 '복소수와 이차방정식' 단원과 의사결정형으로 개발된 '조건부 확률' 단원에서 나타는 교육 내용과 목표를 서술한 것이다. 교육 내용을 선정하는 것은 사실상 개발되는 교과서 유형, 즉 수학사탐구형, 의사결정형, 실생활 활용형, 도구활용형, 학문융합형을 결정하는 것과 동시에 일어난다. 그것은 적합한 교육 내용을 구현하기 위해 가장 효율적인 방법이 동시에 고려되기 때문이다. '복소수와 이차방정식' 단원의 개발은 학생들이 복소수라는 것을 개념화해야 하는 이

4) 이 절은 권오남, 박지현, 조형미, 김미주(2013)의 연구와 주미경, 박정숙, 오혜미, 김영기, 박윤근(2013)의 연구를 재조직한 것이다.

[표 3] 교육과정상의 목표와 수학사탐구형 교과서에서의 교육 목표 비교

	2009 개정 교육과정	관계	스토리텔링 교과서
개발내용	(나) 방정식과 부등식 1 복소수와 이차방정식[5] ① 복소수의 뜻을 알고, 그 성질을 이해하고, 사칙계산을 할 수 있다. ② 이차방정식의 실근과 허근의 뜻을 안다. ③ 이차방정식에서 판별식의 의미를 이해하고, 이를 설명할 수 있다. ④ 이차방정식에서 근과 계수의 관계를 이해한다.		복소수와 이차방정식 1 이차방정식(1, 2차시) **① 수학기호의 중요성을 이해할 수 있다.** **② 음수의 제곱근을 표현할 수 있다.** ③ 이차방정식에서 판별식의 의미를 이해하고, 이를 설명할 수 있다. ④ 이차방정식에서 근과 계수의 관계를 이해한다.
	2 이차방정식과 이차함수 ① 이차함수와 이차방정식의 관계를 이해한다. ② 이차함수의 그래프와 직선의 위치 관계를 이해한다. ③ 이차함수의 최대, 최소를 이해하고, 이를 활용할 수 있다.		2 이차방정식과 이차함수(3차시) ① 이차함수와 이차방정식의 관계를 이해한다. ② 이차함수의 그래프와 직선의 위치 관계를 이해한다.
			3 복소수(4, 5차시) **① 복소수의 발생 배경을 알고, 그 의미를 안다.** ② 복소수의 성질을 이해하고, 사칙계산을 할 수 있다. ③ 이차방정식의 실근과 허근의 뜻을 안다.
			4 이차방정식의 활용(6, 7차시) ① 이차함수의 최대, 최소를 이해하고, 이를 활용할 수 있다.
개발외	3 여러 가지 방정식 4 여러 가지 부등식		

* 화살표(→)는 교육과정상의 목표의 변화를 표시하며, 밑줄(__)은 스토리텔링 교과서에서 추가된 목표를 표시한 것이다.

5) 2015 개정 수학과 교육과정에서 '복소수와 이차방정식', '이차방정식과 이차함수'의 성취기준은 2009 개정 수학과 교육과정과 동일하며, 2009 개정 교육과정의 '여러 가지 방정식'과 '여러 가지 부등식'이 2015 개정 교육과정에서는 '여러 가지 방정식과 부등식'으로 통합되었다.

[표 4] 교육과정상의 목표와 의사결정형 모델 교과서에서의 교육 목표 비교

	2009 개정 교육과정	관계	스토리텔링 교과서
개발내용	(나) 확률 2 조건부확률 ① 조건부확률의 뜻을 알고, 이를 구할 수 있다.[6] ② 사건의 종속과 독립의 의미를 이해하고, 이를 설명할 수 있다. ③ 확률의 곱셈정리를 이해하고, 이를 활용할 수 있다.		(나) 확률 1 조건부확률(1, 2차시) ① 조건부확률의 뜻을 알고, 이를 구할 수 있다. ② **메릴린 사반트와 폴 에어디시 사이의 확률적 논쟁을 이해하고 토론할 수 있다.** ③ **선물을 선택할 수 있는 경우의 수에 따라 각각의 확률을 구할 수 있다.**
			2 확률의 곱셈정리(3, 4차시) ① 확률의 곱셈정리를 이해하고, 이를 활용할 수 있다. ② **두 사건의 교집합의 확률이 조건부확률로 구할 수 있다.** ③ **실생활 소재에서 경우의 수에 따라 확률의 곱셈정리를 활용할 수 있다.**
			3 독립과 종속(5차시) ① 사건의 종속과 독립의 의미를 이해하고, 이를 설명할 수 있다. ② **통계자료에 대한 분석을 바탕으로 확률을 계산하여 종속과 독립을 활용할 수 있다.** ③ **통계적 확률과 수학적 확률을 이해할 수 있다.**
			4 독립시행의 확률(6차시) ① **독립시행의 확률을 이해할 수 있다.** ② **실생활 소재에서 단계에 따라 확률이 일정한 규칙으로 변해감을 이해할 수 있다.**

* 화살표(→)는 교육과정상의 목표의 변화를 표시하며, 밑줄(__)은 스토리텔링 교과서에서 추가된 목표를 표시한 것이다.

6) 2015 개정 수학과 교육과정에서 "조건부 확률의 의미를 이해하고, 이를 구할 수 있다."로 성취기준의 서술이 변경되었으며, 조건부 확률의 나머지 부분의 성취기준은 동일하다.

유, 그리고 그것을 표현하는 과정에서의 어려움 등을 직간접적으로 체험하도록 하여 학생들 자신만의 내러티브를 개발할 수 있다고 보았다. 그 과정에서 복소수의 역사 발생적인 상황이 적용가능하다고 판단하여 수학사 활용형으로 구현할 것을 정하고 교육 내용을 개발하였다. '조건부 확률' 단원의 개발은 확률이 의사를 결정하는 과정에서 유용하게 사용될 수 있다는 것을 이해하고, 학생들에게 의사결정을 해야 하는 상황을 통해 조건부 확률과 확률의 곱셈공식 등과 같은 수학적 개념과 원리, 방법 등을 적용하여 합리적인 결정을 내리고 의사결정의 근거를 민주적으로 소통하는 경험을 제공하는 것이 가장 적합할 것이라 판단하여 의사결정형으로 교육 내용을 개발하였다.

다음의 표를 보면 개발된 '복소수와 이차방정식' 단원과 '조건부 확률'은 2009 개정 교육과정 상에서 순서와 차이가 있음을 확인할 수 있다. 2009 개정 교육과정에서는 복소수의 개념을 먼저 제공하고 이차방정식의 판별식의 의미를 이해하는 순서로 진행된다. 2015 개정 교육과정에서 동단원에서 제시하는 성취기준은 순서와 내용면에서 동일하다. 그러나 개발된 스토리텔링 교과서는 교육과정 상에 제시된 학습 목표와 순서와 다르게, 먼저 이차방정식의 판별식의 의미를 이해하고 그 뒤에 복소수의 개념을 학습하게 된다. 1차시 음수의 제곱근을 표현해야 하는 당황스러운 상황을 학생들이 직접 맞닥뜨리게 하고, 그 과정에서 기호의 중요성과 추후 학습하게 될 복소수가 갑자기 등장하는 것이 아니라, 그러한 당황스러운 상황을 극복하기 위한 인간의 역사적인 노력의 산물이라는 학생들의 내러티브를 개발 할 수 있도록 하기 위해 의도적으로 변형된 결과이다. 순서상의 변화는 '조건부 확률' 교과서에서도 일어난다. 2009 개정 교육과정과 2015 개정 교육과정에서는 '확률의 곱셈정리'보다 '독립과 종속'을 먼저 학습한다. 그러나 개발된 교과서에는 몬티홀 스토리에서 선물을 받을 수 있는 여러 가지 경우의 수에 대한 확률 계산과 직접적으로 연결될 수 있는 '확률의 곱셈정리'를 '독립과 종속'보다 먼저 도입하여, 의사결정형 소재에서 자연스럽게 이해할 수 있도록 구성하였다. 반복적인 소재를 통해 확률에 대한 정의와 활용문제를 연습하는 것이 아니라, 일상생활에서 의사결정이 필요한 스토리를 통해 도입하고 전개를 위한 장치를 교육내용 면에서 찾아볼 수 있을 것이다.

3.2 스토리텔링 교과서 구현요소 설정 및 플롯의 구체화(2단계)

교육 내용과 교과서 유형이 선정된 이후, 스토리텔링 구현 요소를 설정하고 플롯을 구체화 한다. 다음은 고등학교 스토리텔링 모델 교과서에서 요소를 어떻게 구현하였는지 그리고 플롯이 어떻게 구체화 되었는지를 보여준다. 먼저 수학사탐구형으로 개발된 '복소수와 이차방정식' 단원에 대해서 살펴보자. 다음 [표 5]와 [표 6]은 '복소수와 이차방정식' 단원에서 스토리텔링 구현요소를 어떻게 구현하였는지, 교과서의 전체 플롯이 어떻게 구체화 되었는지를 보여준다.

[표 5] 수학사탐구형 '복소수와 이차방정식' 스토리텔링 교과서 구현 요소

요소	예시
페르소나	상훈, 서영, 봄벨리, 카르다노
감정이입	단원 초 상훈은 자신과 카르다노의 관계에 대한 호기심을 갖게 되며, 수학적 탐구를 진행하면서 궁금증을 해결하게 됨. 수학자들이 문제해결과정에서 겪는 갈등상황을 제공하여 수학자들의 고민을 함께 경험하도록 함
비유	i의 의미를 탐구하는 과정을 상훈이 자신의 존재, 즉 I를 찾아가는 과정에 비유
플롯	단원 전반에 적용되는 문제 설정, 각 소단원 초에 이전 단원과 연계 되 새로운 이야기(문제상황) 소개, 수학적 갈등과 등장인물 간의 갈등 제공
수학적 경험	디도 공주의 문제(등주문제) 해결을 통한 이차방정식과 이차함수 활용
시간성	그 당시 수학자들이 실제로 겼었던 수학적 가정, 추론, 추측의 과정 경험

[표 6] 수학사탐구형 '복소수와 이차방정식' 플롯의 구체화

1.1~1.2	카르다노의 편지를 통한 **이차방정식의 해와 판별식**에 대한 학습
↓	
1.3~1.4	카르다노와 함께 **이차방정식의 근과 계수와의 관계** 학습
↓	
2.1~2.2	공학 도구 이용방법을 배우고, **이차함수와 이차방정식의 판별식과의 관계** 학습 공학 도구를 이용해 **이차함수와 직선의 관계** 학습
↓	
3.1	복소수를 연산의 대상으로 삼은 봄벨리의 설명으로 **복소수의 개념**에 대해 학습
↓	
3.2~3.3	복소수를 연산의 대상으로 삼은 봄벨리의 아이디어로 **복소수의 연산**에 대해 학습
↓	
4	디도 공주의 문제를 **이차방정식, 이차함수를 활용**하여 해결

김상훈

같은 반 서영을 좋아하는 남학생. 서영의 관심사가 중세 수학인 것을 알고 이에 대해 관심을 가지게 된다. 자신의 방식으로 수학을 해결하려는 의지가 강하고, 궁금한 것이 해결되지 않으면 다음으로 넘어가지 못하는 성격. 그래서 제한시간에 해결을 못해 자신이 수학을 못한다고 생각한다. 서영과 가까워지면서 여러 가지 믿을 수 없는 신비로운 경험을 하게 되고 수학에 차차 눈을 뜨게 되는데…

이서영

상훈의 반으로 전학 온 여학생. 혼자 생각하기를 좋아하고 다른 사람들에게 차갑다는 인상을 주는 신비스러운 아이이다.
수학을 좋아하고 고대 서적에 관심이 많다. 카르다노와 친분이 있고 상훈과 카르다노를 연결시켜주는 중간 역할을 한다.

16세기의 사람으로 원래 의사였으나 천문학, 물리학, 수학 문제 등에 흥미를 많이 가지고 있었으며, 당시 3차방정식의 근의 공식을 찾아낸 타르탈리아에게 그 공식을 가르쳐 달라고 집요하게 부탁한 끝에 풀이에 대해 알아내고, 이를 자신의 방식으로 연구하여 정리한 『위대한 방법(Ars Magna)』 (1545)를 집필하였다.
서영을 찾아온 상훈과 만나 그에게 많은 수학적 영감을 제공한다.

카르다노
(Cardano,
1501~1576)

카르다노가 발표한 3차방정식의 근의 공식에서 나타난 음수의 제곱근에 대해 깊이 연구하였고, 1572년 그 이상한 수에 연산을 정의한 최초의 인물. 서영에 의해 현재로 소환되어 상훈과 만나게 된다.

봄벨리
(Bombelli,
1526~1572)

[그림 2] '복소수와 이차방정식'에서의 페르소나

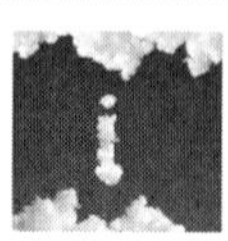

새로운 존재를 찾아가는 여행에
당신을 초대 합니다.

내 이름은 김상훈. 나는 대한민국 서울에 사는 열일곱 살 소년이다. 난 어릴 때부터 수학이 싫었다. 특별히 싫은 이유는 없었다. 그냥 싫었다. 그나마 관심이 가는 과목은 과학이었다. 하지만 사람들은 과학을 잘하려면 수학은 필수라고들 말한다. 대체 스마트폰을 설계하는데 이차방정식이 무슨 소용이며, 디스플레이의 화질을 높이는데 세제곱근이 왜 필요하다는 걸까?

이런 질문을 하면 주변 사람들은 한결같이 "좋은 대학에 가야 공학자든 뭐든 될 거 아니야.", "꼭 공부 못하는 애들이 쓸데없는 질문을 해."라면서 핀잔을 준다. 단지 시험을 보고 평가를 받기 위해서라면 수학이 아닌 다른 방법도 있지 않을까? 수학을 하는 이유도 모르면서 문제 풀이에 몰두하는 것은 어디로 가는지도 모르면서 가고 있는 것과 같다. 생각해보라. 망망대해 한가운데에서 어디로 가야 할지 모르는 뗏목에 타고 있다면, 노를 저을 마음은 눈곱만큼도 생기지 않을 것이다. 이것이 수학을 싫어하는 학생들의 공통된 마음이 아닐까? 나는 그렇게 가고 싶지 않았다. 결국 난 성적도 그저 그렇고, 특별히 잘 하는 것도 없는 아이로 자라게 됐고, 이작저작 나이가 들어 어느새 고등학교 1학년이 되고 말았다.

그러나 지금은 달라졌다. 삼 개월 전, 게릴라성 폭우가 막 지나간 그때, 그를 만나고 난 후부터였다. 그는 이탈리아에서 온 '카르다노'이다. 그는 내가 가지고 있던 모든 고민을 한방에 날려주었다.

'수학을 왜 해야 할까?'

[그림 3] '복소수와 이차방정식'에서의 비유

유럽 르네상스 시대의 문화적 흐름은 수학적 아이디어와 표현 방식의 변화를 야기하였다. 그 당시 수학은 상업과 무역의 급격한 발달로 실용성이 강조되었고, 14세기경 사회 경제적으로 그리고 교육 환경적으로 새로운 그룹인 수판기술자가 등장하게 된다. 이들은 계산에 능한 사람으로 상업학교 교사로 상인이나 그들의 자녀들에게 십진법 자릿값 체계나 그것을 사용할 수 있는 알고리즘을 가르쳐 주면서 생활을 했다(야마모토 요시타, 2010). 이때, 복잡한 수치 문제를 반복적으로 풀이하는 과정에서 문자를 사용하거나 축약을 사용하는 등 점진적 기호화 과정이 나타나기 시작했다. 허수는 이즈음 수판 기술에 능한 사람들의 관심의 대상이 된 3차 방정식의 근의 공식을 찾아내는 과정에서 나타나게 되었고, 그 중심에는 카르다노 타르탈리아, 봄벨리라는 역사적 인물들이 등장하게 된다.

역사적인 배경에서 알 수 있듯이 복소수는 한 수학자에 의해 맥락 없이 독자적으로 탄생한 것이 아니라, 방정식의 해결 과정에서 여러 수학자가 오랜 세월에 걸쳐 고민하여 탄생되었고 그 연산이 정의되었다. 스토리텔링 교과서는 학생들이 이러한 과정을 이해하고, 허수가 곧바로 받아들여지지 않았던 과정을 함께 느끼는 경험을 하도록 판타지적 이야기를 구성한다. 판타지적 요소를 지니고 있지만, 그 이야기는 사실적인 수학사에 기반을 두고 재구성되었기 때문에 사실과 허구의 결합인 팩션(faction)이라고 할 수 있다.

다음은 의사결정형 스토리텔링 교과서로 개발된 '조건부 확률'의 단원을 구성하는 플롯이 구체화된 사례와 교과서 구현 요소를 보여준다.

[표 7] 의사결정형 '조건부 확률' 스토리텔링 교과서 구현 요소

요소	예시
페르소나	홍바오트낭, 해리, 수학선생님, 루이
감정이입	다문화가정의 주인공 '홍'의 심리 상태를 서술하고, 같은 반 친구 해리와의 갈등을 극복하는 과정
비유	주인공의 자신감 획득의 과정은 수학적 문제의 해결력 상승과 비유
플롯	각 문제마다 문제제기, 수학적 개념탐구, 문제해결, 판단과 정당화, 성찰의 단계로 진행되도록 하며, 수학적 문제해결이 끝나가면서 홍과 해리의 관계도 회복될 수 있도록 구성
수학적 경험	의사결정이 필요한 스토리에서 학생이 주인공이 될 수 있도록 과제를 제시하여 스스로 의사결정의 주체가 될 수 있도록 함.
시간성	주요 학습내용은 현재의 시점에 맞춰져 있으며, 다문화 가정의 학생을 주인공으로 하여 한국의 소수 민족 상황을 이해하는데 도움을 줄 수 있도록 하고, 학생들이 현재 관심을 두는 팬픽, 방송, 연예인을 소재로 활용하고, 실생활 문제를 활용함.

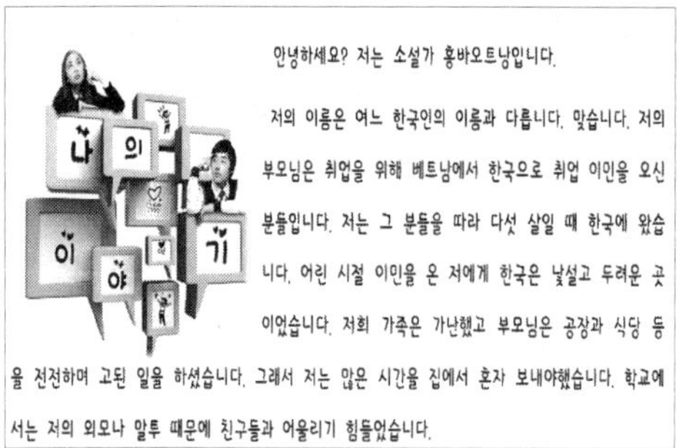

[그림 4] '조건부 확률' 단원 감정이입

[그림 5] '조건부 확률' 단원 페르소나

조건부 확률 단원의 주인공은 베트남에서 온 여학생 홍바오트낭이다. 다섯 살이 되던 해 부모님을 따라 한국에 온 다문화 가정의 여학생으로 내성적인 성격을 가지고 있지만, 레인이라는 보컬 그룹의 팬으로 팬 사이트에 '레인과 보우의 사랑'이라는 인기 글을 연재할 만큼 뛰어난 상상력과 표현력을 가지고 있는 학생으로 설정하였다. 주인공인 우연찮게 레인이라는 그룹의 보컬 루이를 만나면서 자연스럽게 수학적 문제에 빠져들게 되면서 수학에 대한 거부감을 줄이고자 하였으며, 간염예방접종 상황과 같이

[표 8] 의사결정형 '조건부 확률' 플롯의 구체화

1.1~1.2	몬티홀 딜레마를 통해 일어날 수 있는 각 경우의 수를 살펴보고, 선택이 가능한 상황들을 이해하여 **조건부 확률의 정의**를 학습
	↓
1.3	몬티홀 딜레마에서 선택이 가능한 각 경우의 수에 따라 확률을 계산하는 **의사결정 상황을 통해 조건부 확률의 정의**를 학습
	↓
2.1~2.3	B형 간염 접종이라는 의사결정적 소재에서 B형 간염 절차에 따라 **확률의 곱셈정리**가 성립되는 스토리를 통해 학습
	↓
3.1~3.3	A형 간염과 지역, 내·외국인 노동자 직업분포라는 의사결정적 소재에서 지역에 따라 A형 간염의 감염자수를 통해 통계적으로 접근하여 **확률의 독립과 종속**에 대하여 학습
	↓
4.1~4.2	학생들이 여러 단계의 기둥을 만났을 때 방향을 선택하는 확률이 변하는 의사결정적 소재를 통해 **독립시행의 확률**이 달라짐을 이해하고, 겔톤 보드의 시뮬레이션을 통해 독립시행의 확률에 대하여 학습

실생활 속에 녹아있는 조건부 확률의 문제를 해결하는 상황을 제공한다.

조건부 확률이 적용되는 몬티홀 스토리의 여러 가지 경우를 이해하고 각 상황의 선택에 따라 발생할 수 있는 확률을 계산함으로써 조건부 확률의 정의를 학습 할 수 있도록 학생의 수준에 맞게 구성하였다. 2009 개정 교육과정에서는 '확률의 곱셈정리' 보다 '독립과 종속'을 먼저 학습하지만, 몬티홀 스토리에서 선물을 받을 수 있는 여러 가지 경우에 대한 확률 계산과 직접적으로 연결될 수 있는 '확률의 곱셈정리'를 '독립과 종속'보다 먼저 도입하였다. 이는 학생의 수준 및 스토리의 플롯을 고려하여 두 사건이 동시에 일어날 확률을 조건부확률로 구해질 수 있는 과정을 자연스럽게 도입하는데 목적이 있다.

또한 '확률의 곱셈정리'가 단순히 공식으로 도입될 수 있는 학습상황을 탈피하고자 B형 간염접종이라는 의사결정이 필요한 소재를 활용하였다. 심화 문제로 해외 이주민들의 직업군을 조건부 확률을 이용하여 탐구함으로써 현재 한국에서 소수민족의 상황을 이해하는데 도움이 되고자 하였다. 마지막으로 과제로 갤톤보드(Galton board)를 제시하는데, 앞서 학습한 이항정리의 개념을 독립시행과 연결시키고 시뮬레이션 과정을 통해 독립시행의 규칙을 탐구할 수 있도록 구성하였다. 수학적인 모든 해결이 끝나면서 홍과 갈등 관계에 있었던 해리와의 관계도 회복될 수 있도록 이야기를 구성하였으며, 홍이 스스로 자신감을 회복하며 글은 마무리 된다.

3.3. 스토리텔링 교과서 개발(3단계)

기존 교과서는 '개념 제시 → 정의 → 예제 제시 → 풀이 → 문제 연습'의 순서로 접근했으나, 스토리텔링 교과서에서는 '문제 제기→ 과제 탐구→ 추론과 토론 → 개념 정립→심화'의 순서로 그 형태를 달리하였다.

대단원의 말미에는 대단원의 단순 연습문제가 아닌, 스토리텔링으로 학습한 내용과 관련한 대단원 정리 문제를 제시한다. 문항의 형태는 스토리텔링 교과서에서 추구하였던 학습자 탐구의 방식에 일관성을 유지하여 〈생각정리하기〉, 〈생각다지기〉, 〈생각연결하기〉, 〈생각 글로 표현하기〉 등의 심화 문제를 제시하였다.

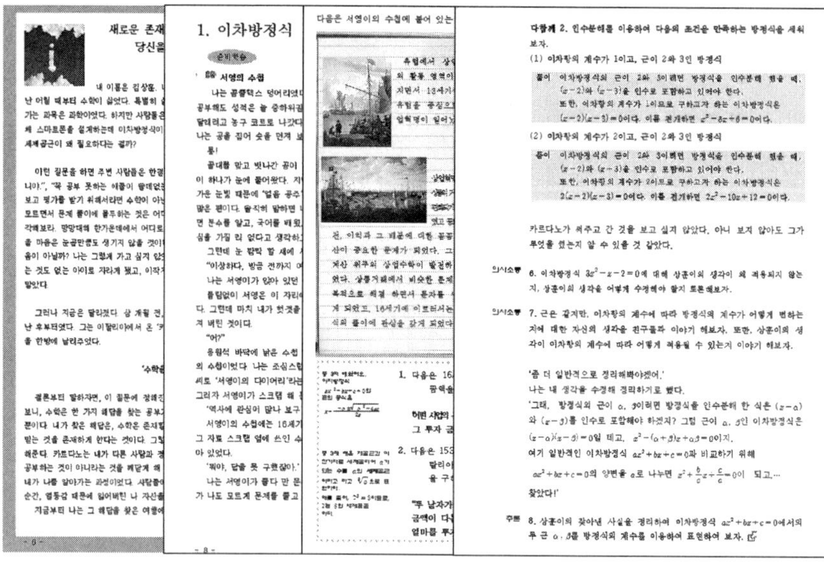

[그림 6] 수학사탐구형 '복소수와 이차방정식' 단원 구성: 대단원 도입-중단원 도입-본문 예시

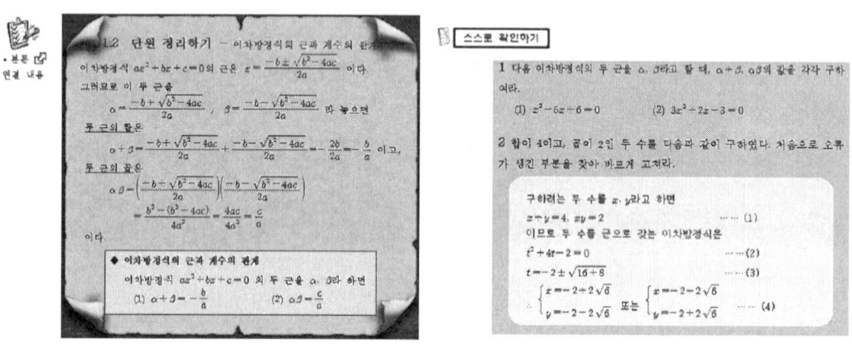

[그림 7] 수학사탐구형 '복소수와 이차방정식' <단원정리하기>와 <스스로 확인하기> 문제 예시

생각연결하기	1. 이 단원의 각 장에서 제시된 전략을 이용하면 효과적으로 해결할 수 있는 실생활 문제를 개인적 경험을 바탕으로 제시하여 보자. 2. 복소수의 탄생을 전후로 방정식의 근에 대한 생각이 어떻게 변화했는지 정리해보자.
생각 글로 표현하기	1. 이 단원에서 가장 흥미로운 부분이나 놀란 부분을 소재로 짧은 수필을 작성하여라. 이때, 왜 그 소재를 선택하였는지 설명하고, 이 단원에서 알게 된 아이디어와 그에 포함된 수학적 아름다움에 대해 서술하여보자.

[그림 8] 수학사탐구형 '복소수와 이차방정식' <대단원마무리> 문항 예시

과제를 개발하고 상정된 플롯에 따라 이야기를 구현하는 과정에서도 교과서 개발 원리는 항상 고려되어야 한다. [표 9]는 개발된 교과서에서 각각의 개발 원리들이 어떻게 구현되었는지를 서술한 것이다.

[표 9] 수학사탐구형 스토리텔링 교과서 개발원리

개발 원리	구현 사례
맥락성의 원리	역사적으로 복소수가 나타난 13세기부터 16세기까지의 시대 상황을 반영한 문제에서 출발하여 이를 시대를 초월한 현재에서 탐구하도록 함. 시대를 초월하여 지식의 탐구과정을 경험하고 수학 개념 및 원리를 재조직하여 구성하도록 함. 이를 위해 단원 전체가 하나의 플롯으로 전개됨.
과제지향성의 원리	복소수가 한 수학자의 천재적인 아이디어로 인해 독자적으로 탄생한 것이 아니라 방정식을 해결하기 위해 여러 수학자가 수십 년 또는 수백 년을 거쳐 함께 고민한 결과임을 이해하고, 허수가 곧바로 받아들여지지 않았던 과정을 함께 느끼는 경험을 하도록 구성함.
소통의 원리	스토리의 참여자로서 참여하기 위한 '나'라는 1인칭 시점을 차용. 복소수의 i의 의미를 은유를 이용하여 중의적으로 활용하여 i를 탐구하여 알아가는 것이 곧 자기 자신의 I를 찾아가는 과정으로 활용함.
다양성의 원리	다양한 문제와 입장을 가진 시대가 다른 수학자가 등장하여 복소수를 보는 입장을 드러냄. 또한 학생들의 다양한 의견을 존중하는 과제로 내용을 전개함.

기존의 교과서에서 $x^2=-1$을 만족하는 수로 맥락 없이 허수의 단위 i가 등장한다. 수 체계를 확장하기 위해 복소수를 형식적으로 도입하는 것은 학생들에게 의미 있게 인식되기 쉽지 않다. 수학내용의 형식적 전개 방식이 아니라 복소수 발명의 맥락에 있었던 궤변적인 상황을 학습에 도입하였다. 또한 복소수 단위를 일방적으로 제시하는 것이 아니라 학생 자신이 역사적인 상황 속에 있다는 가정 하에서 복소수 단위의 필요성을 직접 인식하고 스스로 정의하게 하였다. 수학사를 업적이나 짧은 에피소드를 중심으로 도입하는 것이 아니라 학습의 전체 맥락에 적용한다. 방정식의 해 중 실수의 해가 발견되지 않은 것을 문제 삼아 이를 연구한 16세기 카르다노의 문제에서 출발한다. 그후, 이차방정식의 여러 가지 특성과 함께 허수의 발견을 암시한다. 이후 봄벨리가 허수를 발견하고, 그 표현법과 연산을 정의하는 역사적 과정에 맞추어 단원을 전개하여, 수학사적 발달 과정에서 발견되는 논리를 과제 개발과 배열에 적용하였다.

허수의 존재를 제기한 '카르다노의 문제'를 단원 전체의 문제제기의 출발점으로 하였으며, 이차방정식과 이차함수의 활용에서 '디도 문제' 활용하였다. 즉 이차방정식의 실근을 구하는 문제를 근의 공식을 이용하여 해결하는 것이 아니라 한 변의 길이를 구하는 것으로 해석하여, 카르다노가 실제 해결한 방법을 제시하였다. 그 과정에서 이차방정식의 근이 변의 길이가 될 수 없는 근호 안이 음수가 되는 경우를 발견하게 된다. 허수의 존재에 대하여 카르다노와 봄벨리 등의 수학자들이 이전 개념과의 충돌하여 갈등하는 상황을 제시하여 학생들과 함께 수학적 재발명이 이루어지도록 하였다. 즉, 복소수의 연산을 생각한 봄벨리의 생각을 가상적으로 제시하여 학생들이 그 고뇌에 함께 빠져들 수 있도록 유도하였다. 현재 학습하는 수학의 내용이 역사적으로 추측과 증명, 반박을 통해 구성되어 왔음을 학생들이 인식할 수 있게 하기 위해 카르다노가 꿈속에 등장하여 이러한 과정을 학습자가 학습할 수 있도록 이야기를 전개하였다.

다음은 의사결정형으로 개발된 '조건부 확률' 교과서 사례를 살펴보자.

수학적 모델링을 포함한 의사결정 과정은 학생이 직면한 문제 상황을 인식하고 그 상황을 조직화하는 데 유용한 수학적 개념을 탐구하는 단계를 거친다. 그리고 문제를 해결한 결과에 기초하여 판단하고 판단에 대한 근거를 제시하는 과정을 통해 의사결정 과정이 이루어진다. 이에 주미경 외(2013)은 의사결정 모형에 대한 기존의 연구(Hurst, Kinneym, Weiss, 1983; Banks, 1990)에서 수학교과의 특성을 살려, 수학교과의 의사결정 모형을 (1) 문제 제기, (2) 수학적 개념 탐구, (3) 문제해결, (4) 판단과 정당화 그리고 (5) 성찰의 다섯 단계로 구성하였으며, 의사결정형 스토리텔링 교과서를 집필하였다.

(1) 문제 제기

조건부 확률의 개념을 도입하기 위하여 몬티홀 문제를 활용하였다. 스토리에서 주인공이 좋아하는 가수가 한 방송에 나가게 되면서 직면하는 과제로 등장한다. 이 딜레마 문제는 역사적으로 많은 논쟁을 포함한 소재이며, 현재 학생들이 가지고 있는 개념인 경우의 수를 이용한 수학적 확률로도 문제해결이 가능하여 다양한 방법으로 탐구할 수 있는 문제이다.

(2) 수학적 개념 탐구

수학적 개념을 탐구하기 위한 부분으로 다양한 방법을 제공한다. 예를 들어 조건부 확률의 개념을 탐구하기 위해 메릴린 사반트와 폴 에어디시의 해결책을 제시하고 이 두 사람의 해결 방법 중 어느 방법이 더 타당한지 탐구하도록 한다. 해법에 대한 학생들의 생각을 학생들의 언어로 기술하도록 하기도 하고, 혼자 탐구하는 것이 수직적 수학화를 더 진행시키지 못할 경우 '다함께'와 같은 예제 문제를 통해 교사와 학생들이 함께 탐구할 수 있는 문제를 구성하였다.

이것은 미국 NBC방송의 'Let's make a deal'이라는 프로그램에서 소개된 '몬티홀 딜레마'라는 매우 유명한 퀴즈이며 그 내용은 다음과 같다.

3개의 문이 있는데 하나의 문 뒤에는 고급 자동차가, 나머지 2개의 문 뒤에는 염소가 있다. 참가자가 3개의 문 중에서 하나를 선택하면 사회자는 나머지 2개의 문 중에서 염소가 있는 문 하나를 열어 보여준다. 이때, 사회자는 참가자가 최초에 선택한 문과 남은 하나의 문 중 다시 한 번 선택할 수 있는 기회를 준다.

예를 들어, 참가자가 2번 문을 선택한다면 사회자가 염소가 있는 1번 문을 열어 염소를 보여주고, 참가자에게 문을 바꿀 수 있는 기회를 한 번 더 제공한다. 이때, 참가자는 2가지의 선택을 할 수 있다. 처음에 선택한 문을 바꾸지 않고 그대로 유지하거나 처음에 선택한 문을 버리고 남아 있는 다른 하나의 문을 선택할 수가 있다. 그리고 참가자는 최종 선택한 문을 열어 그 문 뒤에 고급 자동차가 있으면 자동차를 상품으로 받고 염소가 있으면 상품을 받지 못한다.

[그림 9] 의사결정형 '조건부 확률' 문제제기

"자동차를 받고 싶다면 선택을 바꾸는 것이 2배로 유리하다. 처음의 선택을 바꾸지 않는다면 당첨될 확률이 $\frac{1}{3}$ 이지만, 다른 문으로 선택을 바꾸면 당첨될 확률이 두 배로 증가한다."

"나는 선택을 바꾸는 것만으로 고급 자동차를 받을 확률이 달라진다는 사실에 동의할 수 없다. 다른 문으로 옮기든 원래 문을 고집하든 확률은 $\frac{1}{2}$ 로 똑같을 테니까……."

생각해보기 위의 표를 보고 메릴린 사반트가 몬티홀 딜레마에서 자동차를 상품으로 타기 원한다면 '첫 번째 선택을 바꾸는 것이 유리하다'고 한 이유를 설명해보자.

다함께 1 홍은 다급히 팬 사이트에 접속해 루이에게 대화를 신청했다.

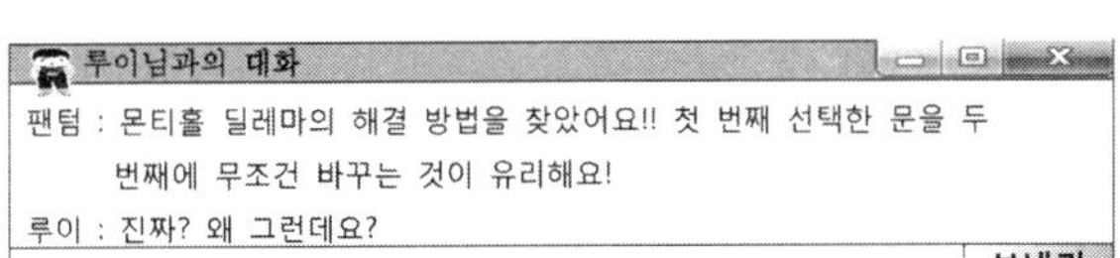

팬텀은 루이에게 첫 번째 선택한 문을 바꾸는 것이 자동차를 상품으로 타기에 유리하다고 한 이유를 어떻게 설명하였을까? 앞서 제시한 검색 자료를 참고하여 팬텀의 답변을 상상하고 아래에 기술해보자.

[그림 10] 메릴린 사반트와 폴 에어디시의 해결책 및 의사결정형 '조건부 확률' 수학적 탐구

(3) 문제해결

'생각정리' 문제는 앞 단계에서 탐구한 조건부확률의 개념을 이용하여 폴 에어디시와 메릴린 사번트의 주장을 설명하는 문제이다. 이처럼 문제해결 단계에서는 앞서 탐구한 수학적 개념을 적용하여 학생들이 스스로 문제를 해결할 수 있도록 구성하였다. 본문 내 문제들은 단일문제로 구성되지 않고 스토리와 함께 문제들도 연결되어 어느 한 문제만 보고 해결할 수 없다. 앞에서 탐구하고 해결한 개념과 문제들에 이어서 다음 문제를 해결할 수 있도록 하였다.

		자동차가 당첨되는 경우	자동차가 당첨되지 않는 경우
최초 자동차가 있는 문을 선택하는 경우	$\frac{1}{3}$	$\frac{1}{3}\times\frac{1}{2}=\frac{1}{6}$	$\frac{1}{3}\times\frac{1}{2}=\frac{1}{6}$
최초 염소가 있는 문을 선택하는 경우	$\frac{2}{3}$	$\frac{2}{3}\times\frac{1}{2}=\frac{1}{3}$	$\frac{2}{3}\times\frac{1}{2}=\frac{1}{3}$
최종 자동차가 당첨될 확률		$\frac{1}{2}$	$\frac{1}{2}$

루이 : 네!!

팬텀 : 이번에는 최종 당첨된 사람 중에 바꾼 경우와 바꾸지 않은 경우의 확률을 분리해서 정리한 일부를 같이 보여드릴게요.

당첨된 조건하에 바꾸지 않은 경우	당첨된 조건하에 바꾼 경우
$\dfrac{\frac{1}{6}}{\frac{1}{2}}=\dfrac{1}{3}$ …… ①	$\dfrac{\frac{1}{3}}{\frac{1}{2}}=\dfrac{2}{3}$ …… ②

루이 : 네. 보여요.

보내기

생각정리 위의 표를 보고 에어디시가 바꿀 필요가 없다고 말한 이유와 메릴린 사반트가 바꾸는 것이 유리하다고 한 이유를 조건부 확률을 이용하여 설명해보자.

[그림 11] 의사결정형 '조건부 확률' 문제해결

(4) 판단과 정당화

앞 단계에서의 문제해결 결과를 활용하여 최종적인 판단을 하고 판단의 근거를 조직화하여 제시하는 단계로, 데이터 수집, 실험하기, 모델링하기 그리고 컴퓨터 시뮬레이션 과정 등 다양한 수학적 활동을 포함한다. 또, 개념을 추가로 연습할 수 있도록 '생각다지기' 문제가 포함된다.

데이터수집 위의 방법대로 옆에 앉은 짝끼리 임무를 바꿔가며 각각 3회의 게임을 해보고 변경한 경우와 변경하지 않은 경우의 결과를 기록해보자. 게임이 끝난 후 교실 전체 학생들을 대상으로 인원수를 헤아려서 아래 표의 빈칸을 모두 채워보자.

당첨여부	최초 선택 변경여부	1회	2회	3회	계	총 횟수
당첨된 경우	변경 함					
	변경 안함					
당첨 되지 않은 경우	변경 함					
	변경 안함					
총 횟수						N

위의 표를 보고 다음 물음에 답하여 보자.

(1) 모든 경우 N가지 중 한 개를 선택했을 때, 당첨된 경우의 확률은?

(2) 모든 경우 N가지 중 한 개를 선택했을 때, 당첨되지 않은 경우의 확률은?

[그림 12] 의사결정형 '조건부 확률' 판단과 정당화

(5) 성찰

앞서 학습한 수학적 개념을 정리하여 다질 수 있는 코너를 마련함으로써, 학습의 마무리를 학생 스스로 할 수 있는 부분을 제공한다. 각 중단원 마지막에 '홍의 학습노트'를 두어 해당 단원에서 학습한 내용을 학생의 관점에서 정리할 수 있도록 하여 이야기를 듣는 역할과 더불어 이야기를 하는 주체로서 자신에게 의미 있는 수학을 만들어가는 경험을 제공한다.

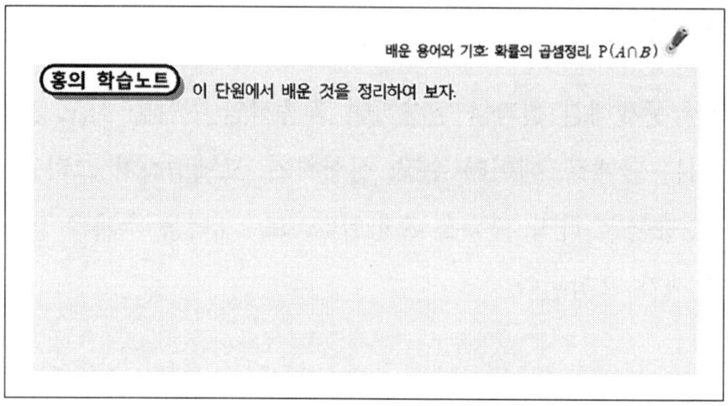

[그림 13] 의사결정형 '조건부 확률' 성찰

다음 표는 '조건부 확률' 교과서에서 각각의 개발 원리들이 어떻게 구현되었는지를 서술한 것이다.

[표 10] 의사결정형 스토리텔링 교과서 개발원리

개발 원리	구현 사례
맥락성의 원리	학생들이 관심을 가지고 흐름을 따라가면 문제를 해결해 나가며 개념을 이해할 수 있도록 연예인과 그의 팬, 방송, 온라인상의 대화를 소재로 전체 이야기를 구성함.
과제지향성의 원리	확률의 곱셈정리를 공식으로 바로 접근하여 학습하는 것이 아니라 스토리의 맥락에 기반 하여 녹화상황, 간염예방 접종 등의 특정한 상황을 확률로 나타내는 과정을 통해 자연스럽게 공식을 터득할 수 있도록 구성함.
소통의 원리	스토리의 참여자로서 참여하기 위한 '나' 라는 1인칭 시점을 차용. 다문화가정의 주인공 '홍'을 통해 국적을 초월하여 사회에 적응하며 갈등하고 소통하는 내용을 다룸.
다양성의 원리	다문화 수학교육을 접목하여 다문화교육의 다양성과 평등성을 학생들이 수학을 배우면서 함께 배울 수 있도록 의도적으로 스토리의 주인공을 결정, 그와 관련하여 수학을 통해 다문화성을 느낄 수 있도록 본문 내용과 문제에 그 소재를 녹임.

4. 스토리텔링 수학교과서의 의미

4.1. 의미 중심의 수학교과서

교과서에서 새로운 수학적 대상을 정의할 때, 일반적으로 취하고 있는 학습 순서를 보면 다음과 같다. 학생들의 흥미를 이끌어 내기 위한 도입부에서 읽을거리 또는 간단한 활동을 하게하고, 학생들에게 개념을 제시한다. 그 후 엄밀한 정의를 제시하고 그 정의를 적용한 예시 문제와 그 풀이가 진행된다. 마지막으로 정의와 문제 풀이를 숙달할 수 있도록 반복적인 연습문제 풀이가 진행된다. 즉 '개념 제시 → 정의 → 예제 제시 → 풀이 → 문제 연습'의 순서로 학생들은 기능을 효과적으로 습득할 수 있도록 구성되어 있다. 이러한 단계의 수학교과서는 교과지식을 위계적으로 나열하는 방식을 취하여 학습자의 사고의 흐름이나 탐구의 단계 등은 고려하지 않은 채 사실, 원리들의 집합체를 제시하고 있다. 또한 개별적 개념적 지식들이 낱낱이 단편적으로 학습하게 하며, 학습자의 심리적 특성은 간과한 채로 논리·형식적 체계만을 강조하게 된다. 지식이 발생하는 현상적 맥락이나 학습자의 심리적 맥락과 유리된 방식으로 제시되고 있는 것이다.

그러나 스토리텔링 교과서에서는 그 흐름에 반한다. 학생들이 정의를 해야만 하는 문제 상황을 탐구하고, 추론과 토론을 통해 합의된 정의를 찾아 나갈 수 있도록 구성한다. 따라서 스토리텔링 교과서의 학습 순서는 '문제제기 → 과제 탐구 → 추론과 토론 → 개념 정립 → 심화'의 순서를 따르며 개념중심의 수업이 될 수 있도록 기술 된다. 스토리가 학습을 촉진하기 위한 소재로 활용하여, 학습 전반의 연결·통합하는 수준에서 학습될 수 있도록 하고, 학습자의 학습과정이나 탐구를 강조하며, 인간의 다양한 사고 양식에 대해 관심을 갖는다. 학습 흥미 유발에 대한 적극적 장치를 마련하고, 학습에 대한 통합적 관점에서 학습이 의미 있게 이루어 질 수 있도록 한다.

이야기를 소재로 활용하는 것이 스토리텔링 교과서를 구성하는 충분조건이 되는 것은 아니다. 왜냐하면 학생들의 학습 동기를 유발하기 위하여 장치한 이야기나 활동들이 학생들의 수학적 탐구와 추론과정에서는 관여하지 못하고, 이야기나 활동은 그것대로 다시 학습해야 할 내용은 그것대로 분리되기 십상이기 때문이다. 스토리텔링 교과서는 학습해야 할 내용 자체가 단원이 지속되는 긴 이야기 속에 녹아 있어 학생들의 흥미를 붙잡아 둘 수 있도록 시도한다. 그 맥락 안에서 자신만의 의미 있는 내러티브를 만들어 가도록 돕는다는 점에 초점이 있다.

4.2. 정의적 태도 변화를 위한 교과서

'복소수와 이차방정식'으로 개발된 교과서가 취하고 있는 학습 순서는 2009 개정 교육과정에서 문서화된 순서와는 다소 차이가 있다. 개발된 교과서는 먼저 이차방정식의 판별식의 의미를 먼저 이해하고 그 뒤에 복소수의 개념을 학습하게 된다. 이차방정식의 판별식을 이해하면서 음수의 제곱근을 표현해야 하는 당황스러운 상황을 학생들이 직접 맞닥뜨리게 하고, 그 과정에서 기호의 중요성과 함께 추후 학습하게 될 복소수의 개념을 간접적으로 체험하게 한다. 복소수가 갑자기 등장하는 것이 아니라, 그러한 당황스러운 상황을 극복하기 위한 인간의 역사적인 노력의 산물이라는 학생들의 내러티브를 개발할 수 있도록 하기 위해 의도적으로 변형된 결과이다.

'조건부 확률'로 개발된 교과서 역시 학습 순서면에서 2009 개정 교육과정에서 제시하는 것과는 차이를 보인다. 몬티홀 스토리에서 선물을 받을 수 있는 여러 가지 경우의 수에 대한 확률 계산과 직접적으로 연결될 수 있는 '확률의 곱셈정리'를 '독립과 종속'보다 먼저 도입하여, 의사결정형 소재에서 자연스럽게 이해할 수 있도록 구성한다. 또한 이 교과서는 의도적으로 다문화 가정의 학생을 주인공으로 하며, 수학 탐구 문제의 소재역시 다원성을 기를 수 있는 소재로 선택한다. 이 과정에서 학생들은 수학적으로 합리적인 의사결정을 내리고 민주적으로 소통하는 경험을 제공한다.

스토리텔링 교과서에서는 이미 문서화된 교육과정에서 제시하고 있는 학습의 순서가 바뀔 수 있고, 새로운 내용이 추가될 수 있다. 학습의 순서는 학생들이 수학적 탐구의 맥락 안에서 자연스럽게 발생할 수 있는 의미 있는 탐구의 맥락을 따르기 때문에, 문서화된 교육과정을 그대로 따르지 않을 수 있다. 또한 새로 추가된 교육목적은 비단 인지적인 내용에만 국한되어 있는 것은 아니다. 예를 들어, '복소수와 이차방정식' 단원에서 '수학적 기호의 중요성을 안다.'와 같은 학습내용은 수학적 기호표현이 완전히 결정된 불변의 표현이 아님을 이해하는 것 그리고 그 안에서 인간의 노력에 대한 경외감을 함께 느끼는 것을 포함하고 있는 것이다.

4.3. 내러티브 교육과정의 가능성과 한계로서의 스토리텔링 교과서

스토리텔링 교과서는 이야기를 통해 학습을 진행하려고 했다는 점에서 내러티브 교육과정의 일부분을 구현하려는 시도라고 볼 수 있다. 내러티브 교육과정은 학습을 자연스럽게 조직하는 교육과정에 혁명적인 아디이어인데, 이야기로부터 교육과정을 설계하여 학습의 세계를 보다 통합적이고 총체적인 방식으로 진행 시키려는 시도를 한다. 이 과정에서 학습 내용의 목표보다 포괄적인 교육목표에서 출발하며, 이야기 안에서 탐구 질문을 생성하고, 의미 있는 맥락을 추구하려고 시도한다(Lauritizen, Jaeger, 2007). 스토리텔링 교과서는 학생들을 맥락 안에서 자연스럽게 탐구의 과제로 안내하고 있다는 점에서 그리고, 이야기를 통한 학습을 가능성을 구현하고 있다는 점에서 내러티브 교육과정의 가능성을 보여주는 한 예가 될 수 있다.

한편 스토리텔링 교과서에서 이야기 안에서 자연스러운 탐구과제를 제시하지만, 그 탐구과제는 학습의 목표에 맞추어 집필진의 의도에 따라 개발된 것이다. 학생이 이야기 안에서 탐구 질문으로 생성하여 그것을 탐구하도록 하는 포괄적인 교육 목표를 가지고 있지 않고, 문서상의 교육과정에서 제시하는 학습내용을 구현해야 한다는 제한점을 가지고 있다. 이야기를 수업에 직접 적용하는 방식으로 활용하는 것이 학습에 타당하고 강력한 도구가 될 수 있으나, 이야기를 교육과정의 틀로서 활용하려는 내러티브 교육과정의 완벽한 구현이라고 할 수는 없는 한계를 가진다.

참고문헌

강현석, 이순옥 (2007). 내러티브를 활용한 교과서 진술 방식의 탐구. **초등교육연구**, 20(3), 177-207.

권오남, 박규홍, 이상구, 박제남, 주미경, 외 12인. (2013). **고등학교 스토리텔링 모델 교과서 개발.** 한국과학창의재단: 2013-8.

권오남, 박지현, 조형미, 김미주. (2013). 수학사탐구형 고등학교 스토리텔링 모델 교과서 개발 사례. **수학교육논문집**, 27(3), 221-248.

권오남, 주미경, 박정숙, 박지현, 오혜미, 조형미 (2013). 스토리텔링 수학 모델 교과서의 개발 원리와 현장적용 가능성에 대한 연구. **수학교육논문집**, 27(3), 249-266.

서보억 (2013). 수학교육에서 스토리텔링에 대한 문헌 분석 연구. **수학교육**, 52(1), 65-82.

송정란 (2007). **스토리텔링의 이해와 실제**. 서울: 문학아카데미.

야마모토 요시타카 (2010). **16세기 문화혁명** (남윤호 역). 서울: 동아시아. (원저 2003 출판)

이재학, 고호경, 권영철, 김선희, 김영진, 외 14인. (2013). **중학교 스토리텔링 모델 교과서 개발 최종 보고서.** 한국과학창의재단: 2013-7.

주미경, 박정숙, 오혜미, 김영기, 박윤근 (2013). 의사결정형 스토리텔링 수학 모델 교과서 개발 원리: 조건부 확률 단원을 중심으로. **수학교육논문집**, 27(3), 205-220.

Balakrishnan, C. (2008). *Teaching secondary school mathematics through storytelling.* Unpublished MSc thesis. Simon Fraser University.

Banks, J. A., & Clegg, Jr. A. A. (1990). *Teaching strategies for the social studies: Inquiry, valuing, and decision-making.* New York: Longman.

Bruner, J. (1991). *Acts of meaning*. Cambridge: Harvard University Press.

Bruner, J. (1996). *The culture of education.* Cambridge, MA: Harvard University

Press.

Connelly, E. M., & Clandinin, D. J. (1998). *Teachers as curriculum planners: Natives of experience.* New York: Teachers College Press.

Egan, K. (2005). *An imaginative approach to teaching*. San Francisco: Jossey-Bass.

Hauscarriague, A. (2008). *Teaching mathematics through stories in high school and community college.* Unpublished doctoral dissertation, Claremont Graduate University, California.

Hurst, J., Kinney, M., & Weiss, S. (1983). The decision marking process. In National Council for the Social Studies & College and University Faculty Assemble, *Theory and research in social studies.* East Lansing: Michigan State University Press.

Lauritizen, C., & Jaeger, M. (2007). **내러티브 교육과정의 이론과 실제: 이야기를 통한 학습 통합** (강현석, 소경희, 박창언, 박민정, 최윤경, 이자현 역.). 서울: 학이당. (원저 1997 출판)

Zazkis, R., & Liljedahl, P. (2013). **스토리텔링으로 수학 가르치기** (박은경, 조호윤 역.). 서울: 경문사. (원저 2008 출판)

고등학교 스토리텔링 모델 교과서 개발에 참여해 주신 박규홍 교수님, 이상구 교수님, 박제남 교수님, 주미경 교수님, 신준국 교수님 김영록 교수님, 이재성 교수님, 장훈 교수님, 김지선 교수님, 박정숙 선생님, 박지현 선생님, 오혜미 선생님, 김영혜 선생님, 박윤근 선생님, 박상의 선생님, 전철 선생님께 감사드립니다.

제4장

주제 중심 초등학교 수학교과서 모형 개발[1)]

박만구(서울교육대학교) · 조두경(서울신상도초등학교)

1. 도입

교육의 궁극적인 목적은 사회 속에서 타인과 원만한 관계를 맺으면서 예상치 못한 상황 속의 문제들을 효과적으로 대응할 수 있는 역량을 길러 주는 것이라고 할 수 있다. 현대사회는 빠른 변화 속에서 여러 분야의 학문과 다양한 지식을 통합하거나 융합하면서 새로운 영역으로 확장하거나 창조해야 하는 지식정보화 시대이다. 미래사회에서 직면하게 되는 다양하고 복잡한 문제를 단편적인 지식이나 정보의 재생으로는 효과적으로 해결하기 어려울 것이다. 지금 초등학교를 다니고 있는 학생들은 그런 사회에서 삶을 살아가야 하기 때문에 여러 분야의 지식을 통합하고 융합하면서 새로운 가치를 창출하고 종합적이고 통합적인 문제해결 능력이 더욱 필요하게 되었다.

이를 위한 수학교육으로 미국수학교사협의회(National Council of Teachers of Mathematics [NCTM], 2000)에서는 수학과 교수학습 과정에서 연결성(Connections)

1) 본 원고는 주제 중심의 초등 수학교과서 모형을 연보에 소개하도록 요청 받은 것으로, 2014년 한국과학창의재단의 지원으로 수행된 연구의 내용을 기반으로 박만구 외(2014, 2015) 논문의 많은 내용을 그대로 요약·정리한 것임을 밝혀 둠.

에 중점을 두어 수학 내에서의 연결성, 수학과 타 교과와의 연결성, 우리의 일상생활과의 연결성을 강조하였다. 또한, 교육과학기술부(2012)가 제시한 수학교육 선진화 방안의 하나인 '생각하는 힘을 키우는 수학'에서 기본 개념원리의 충실한 이해를 위해 수학과 타 교과간 통합 교수학습의 시도할 것을 권고하였다. 그 방안 중의 하나인 주제 중심 접근 방법은 학생들로 하여금 수학 교과와 타교과의 내용에 녹아있는 수학개념과 원리들을 자연스럽게 탐색하고 이해함으로써 수학의 유용성을 인식하도록 하는 것이다. 또한, 이 접근 방법은 학생들은 물론 교사들에게도 통합적이고 입체적인 관점에서 실생활에서의 문제해결능력을 기르도록 하여 수학과 타학문간의 통합과 융합의 시도를 하도록 한다(박만구, 2013, p. 247).

교육부(2015a)는 2015 개정 교육과정에서 급변하는 사회에서 요구하는 핵심역량을 갖춘 '창의융합형 인재'를 인간상으로 제시하였다. 이 교육과정에서 창의융합형 인재란 "인문학적 상상력, 과학기술 창조력을 갖추고 바른 인성을 겸비하여 새로운 지식을 창조하고 다양한 지식을 융합하여 새로운 가치를 창출할 수 있는 사람"으로 정의하고 있다. 이를 위해 수학관련 분야에서는 수학과 연계성이 높은 과학, 공학, 경제, 소프트웨어 분야부터 연계성이 낮은 인문, 사회, 예술, 체육 등의 분야까지 폭넓게 아우르면서 연계 폭을 넓혀 '융합 분야의 다양화'를 추진하고 있다. 이는 수학 기반의 융합교육을 강화해 수학적 문제해결력 향상과 창의적이고 융복합적인 문제해결 역량을 함양하기 위한 것이라 할 수 있다.

또한, 학생의 개별적 적성과 특성인 흥미, 경험, 수준, 요구 등을 고려한 수학 기반 콘텐츠를 개발하여 수학 분야간 상관관계, 타 분야에서의 수학의 쓰임 등 수학의 가치와 유용성을 인식할 수 있는 주제 중심의 콘텐츠의 개발을 추진해 가고 있다(교육부, 2015a).

미래사회에 유연하게 대처할 창의융합형 과학기술 인재를 육성하기 위한 교육 방법 중의 하나는 통합적이고 융합적인 사고를 신장시킬 수 있는 새로운 형태의 교육 자료의 개발일 것이다. 그 중에서 가장 기초가 되는 것은 학교 현장에서 가장 널리 활용되고 있는 교과서의 개발이라고 할 수 있다.

박만구와 김진호는(2006)는 전통적인 교과서 양식의 수업활동과는 다르게 내용을 재구성하여 다른 형태의 수업을 하여야 학습자 중심 수업이 이루어진다고 하였다. 그러나 실제 교육현장에서의 일반적인 수학수업은 교과서에 제시되어 있는 순서와 활동

내용을 그대로 가르치며 배우고 있다고 지적하였다. 이는 교사들이 사용하는 교과서의 내용이나 접근 방법에 변화를 줌으로써 수학수업의 변화를 가져올 수 있다는 좋은 반증일 것이다.

본 연구에서는 박만구 외(2014b)가 수행한 주제 중심 초등학교 수학교과서 모형 연구를 중심으로, 초등학교 수학교육에 주는 의미를 고찰해 보고자 하였다. 이 연구에서 주제 중심 초등학교 수학교과서의 모형을 개발하기 위하여 통합교육의 방법 중의 하나인 주제 중심 통합 방법을 선택하였다. 이를 위해 주제 중심 교과서의 샘플 단원을 개발하고 학교 현장에 적용하여 그 효과성을 검증하였다. 그리고 수학 수업에 적용한 교과서의 모형 및 특징을 제시하여 차후 수학교과서 개발에 시사점을 제시하였다.

2. 이론적 배경

2.1. 통합 교육

(1) 통합, 융합, 통섭

함승환 외(2013)와 문종은(2014)은 융복합교육과 연관지어 혼용되고 있는 다양한 용어인 '통합', '융합', '통섭'이라는 용어들의 의미를 교육적 맥락에서 함의하고 있는 핵심 개념을 정리하였다. 이와 관련된 내용은 다음과 같다(문종은, 2014, pp. 29-32).

첫째, 통합(integration)의 사전적 의미 중 교육과 관련된 뜻은 '아동 및 학생의 생활 경험을 중심으로 학습을 종합하고 통일' 하는 것이다. 교육과정의 측면에서 보면, 과목 내 또는 과목간의 내용 요소의 연계, 지식과 지식 또는 학제간의 통합 등 학생들에게 지도할 내용에서의 통합을 일컫는다. 일반적으로 통합이란 교육 내용에 있어서의 통합과 함께 교수 학습 과정에서 학습자의 경험과 지식의 통합, 그리고 교사나 전문가의 관점에서의 학생들의 교수를 염두해 준 통합을 생각해 볼 수 있다(강충렬, 1998; 이인식, 2010; Brodeur, 1998; Drake, 1993; Fogarty, 1998, 2009; Ingram, 1979; Jacobs,

1989, Lonning, Thomas, & Thomas, 1998). 특히, 교육 내용의 통합은 내용을 연계하는 정도나 방식에 따라 다학문적, 간학문적, 초학문적 통합으로 구분(Drake & Burns, 2004)할 수 있다.

둘째, 융합(convergence, fusion)의 사전적 의미는 '서로 다른 종류의 것들이 녹아 섞여 서로 구별이 없게 하나로 합하여지는 것'이다. 교육이라는 관점에서 생각해 보면, 인식론적으로 서로 전혀 공통점이 없어 보이는 학문이나 교과들이라고 구분지었던 경계를 허물어 서로 섞어 연계시키는 과정에서 새로운 지식을 창출하는 것을 생각해 볼 수 있다. 그리고 이 과정을 통하여 이전과 조금이라도 다른 새로운 결과물이 생성되었다면, 융합교육은 학문, 교과, 지식의 통합과 그것이 이루어지는 과정, 그리고 교수－학습 과정에서 창출되는 결과물을 포함하는 교육으로 볼 수 있다(Gibbons et al., 1994).

셋째, 통섭(consilience)은 사전적으로 '사물에 널리 통함 또는 서로 사귀어 통용되고 오감'을 의미한다. 영어 consilience의 어원적인 의미는 라틴어 'consiliere'로부터 유래한 것으로 '함께'라는 뜻의 'con-'과 '뛰어넘다'라는 의미를 가진 'salire'가 합성되어 '함께 뛰어넘음'을 뜻한다.

이와 관련하여 Wilson(2005)은 통섭을 '자연과학과 사회과학, 인문학 등 서로 다른 학문 분과들을 서로 넘나들고 가로지르면서 인과관계의 설명들을 아우르는 지식의 통합'을 나타내는 것으로 개념화하였다. 이는 교육과정의 맥락에서 보면 학생들이 배워야 할 교육 내용의 통합을 함의한 것으로 볼 수 있다. 사실 서로 다른 용어의 차이에 의하여 생기는 혼란을 주지하면서, 박만준(2010)은 융복합 교육과 관련된 다양한 용어들의 개념들은 엄밀하게 구분하여 사용하기보다는 유사한 용어들이 공통적으로 함의하고 있는 핵심적인 내용에 관심을 가질 필요가 있다고 주장하였다.

(2) 통합교육과정

주제 중심 교과서의 개발은 통합교육과정과도 밀접한 관련이 있다. 1890년대에 등장한 통합교육과정(Integrated Curriculum)중에 주요 내용을 정리하면 다음과 같다(문종은, 2014, pp. 22-28).

Ingram(1979)은 교육과정의 통합유형을 크게 구조적 유형과 기능적 유형으로 구분하였다. 그의 주장에 의하면, 구조적 유형은 교사가 중심이 되어 교육과정 안에서 지식을 재구조화하는 방법으로 지식이나 교과 또는 학문이 분절됨으로써 극복해야 하는 미흡한 점을 극복하기 위해 지식을 재조직하는 방법이다. 그리고 기능적 유형은 학생을 중심으로 한 통합방법으로 학생들이 학습을 하는 가운데 그들의 지식과 경험이 유리되는 것을 극복하기 위한 통합유형이라고 하였다.

Jacobs(1989)는 지식뿐만 아니라 학습자를 통합의 대상으로 보아 통합의 유형에 따라 학문중심(Discipline-based), 학문병렬(Parallel-discipline), 다학문(Multi-disciplinary), 간학문적 단원(Integrated-disciplinary units/courses), 통합의 날(Integrated day), 완전 프로그램(Complete program)으로 구분하였다. 그는 6가지의 통합 유형을 순위의 개념이 아닌 연속선상에 있는 것으로 보고, 각 교육 현장의 상황과 여건에 적절하게 활용할 것을 권장하였다.

Fogarty(1998)는 교육과정 통합의 유형을 크게 단일 교과 내의 통합, 교과 간의 연계 통합, 학습자 내부와 학습자 간의 연계를 통한 통합의 세 가지로 분류하였다. 또, 단일 학문 내의 유형은 분절형, 연결형, 동심원형으로 구분하고, 학문 간의 관계 유형을 계열형, 공유형, 거미줄형, 선형, 통합형의 다섯 유형으로 구분했으며, 학습자 내부 및 학습자 간의 연계를 통한 유형은 몰입형, 네트워크형의 두 유형으로 구분함으로써 보다 상세한 유형으로 분류하고 있다.

Drake와 Burns(2004)는 여러 학자들의 교육과정에 대한 통합의 유형을 분석한 후, 여러 학자들이 제시한 통합의 유형은 용어 등이 다소 다를 뿐이라고 주장하면서 다음의 다학문적(multidisciplinary) 통합, 간학문적(interdisciplinary) 통합, 그리고 탈학문적(extradisciplinary) 통합이라는 세 가지 범주로 정리하였는데, 이는 본 연구에서 기본 유형으로 차용한 것이다.

이 세 가지 통합 유형을 간단히 정리하면 다학문적 통합은 여러 학문 분야의 특성을 교사가 공통의 주제를 중심으로 다양한 교과의 내용을 선택하여 재구성하는 통합방법이다. 간학문적 통합은 각 학문의 고유한 특성은 인정하면서 여러 교과에 공통적으로 다룰 수 있는 내용을 중심으로 교육과정을 조직하는 통합방법이다. 그리고 탈학문적 통합은 학생들의 관심에 따라서 교육과정을 조직하는 것으로 일반적으로 프로젝트 학습 방법으로 특징지을 수 있는 통합방법이다.

(3) 통합의 형태

정광순(2010)은 통합의 형태를 통합의 변천에 따라서 3가지로 분석하였는데, 그 주요 내용을 보면 다음과 같다. 첫째, 제4차 교육과정기에서의 '교과서 내에서의 통합'이다. 이는 교육내용의 양적·질적 적정화를 추구하는 통합 방법이다. 둘째, 제5차와 제6차 교육과정은 교과간의 공통적인 사항 중심 통합 그리고 교사와 학생의 생활과의 통합으로 특징지을 수 있다. 이는 통합 교과의 성격을 규정하려는 가운데 초등학교 교과 교육 내용의 적합성을 확보하기 위한 과정에서 도출되었다. 셋째, 제7차 교육과정에서는 학생의 활동 주제 중심의 통합이고, 2007 개정 교육과정은 주제 중심의 통합이다. 결국 '주제' 중심은 통합교과가 지향하는 바와 맥을 같이하고 있다.

정광순(2010)의 연구 결과를 보면, 우리나라의 교육과정에서 1983년에 시행된 제4차 교육과정에서 통합이 이루어졌고, 이후 교육과정에서 통합의 방법에 다양한 논의를 통해 통합을 시도하는 교육과정을 개정하였다. 그리고 그 통합 교과의 지향점이 교과서에서의 통합에서 시작하여 교과와 학생들 주변 생활의 통합 혹은 교과 간의 공통점을 중심으로 하는 통합으로 발전하였다. 그리고 최근에는 주제 및 주제 중심의 통합이 주류를 이룬다. 그러한 변화와 발전이 추구하는 궁극적인 목표가 주제 중심 통합이라면 이는 시대의 변화에 따른 요구에 부합되는 통합방법이라고 할 수 있다.

2.2. 국내외 교과서 분석

(1) 2009 개정 교육과정에 의한 초등학교 수학교과서 분석

2009 개정 교육과정에 의한 초등학교 수학교과서는 이전 교육과정에서 제시된 교과서와는 다른 외형적 체제의 변화와 교과서의 구성과 내용면에서 많은 진전과 개선이 뚜렷하게 나타났다. 그럼에도 불구하고 2009 개정에 의한 초등학교 수학교과서는 지도 내용의 학년간 또는 학교급간 이동으로 발생하는 새로운 내용과 지도 방법의 도입이나 삭제 등에 대하여 지속적인 검토와 논의가 필요하다(강완, 2013).

교육부(2015a)는 제2차 수학교육 종합 계획에서 스트리텔링 방식을 가미한 초등 수학교과서 개발에서 스트로텔링 방식에 대한 충분한 연구와 공감대가 부족했다고 하였다. 박만구 외(2015)는 스토리텔링 방식의 초등 수학교과서가 학생들의 흥미와 재미를 주는 등의 여러 강점들에도 불구하고, 짧은 집필 기간 등으로 인하여 스토리텔링의 내용이 교육과정의 범위를 벗어나 만들어진 경우가 많거나 학습자의 흥미를 고려하지 않고 억지스러운 내용 구성 등의 한계점을 가진다고 지적하였다.

(2) 선진 외국 수학교과서 사례 분석

주요 선진 국가들에서는 초·중등 수학교과서를 다양한 관점 및 접근방법으로 개발하여 현장에 적용하고 문제점을 보완하면서 여러 수학교과서 프로젝트들을 수행하였다.

주요 국가에서는 다양한 장기적인 연구에 기반의 수학교과서들을 출판해 오고 있다. 그 대표적인 예를 몇 가지 살펴보면 다음과 같다. MiC(Mathematics in Context) 교과서는 현실적 수학교육(Realistic Mathematics Education, RME) 이론을 그 바탕에 두고, Freudenthal의 사상을 그 철학적 기반으로 하고 있으며, 학생들이 실생활 상황 속에서 문제해결의 실마리를 발견하고 문제를 해결하는 가운데 여러 교과의 지식을 활용하면서 최적의 의사결정을 해 갈 수 있는 비판적 사고능력을 기르도록 하고 있다. 이 교과서들에서는 학생간이나 학생과 교사간의 상호작용 속에서 학생들의 창의성과 비판적 사고를 함양하는 것을 강조한다.

CMP(Connected Mathematics Project)는 NCTM 규준을 기반하여 개발된 현실 생활과 연계성을 강조한 수학교과서이다. MiC 교과서와 마찬가지로 Freudenthal의 현실적 수학교육을 근간으로 주제 중심으로 전개하면서 실생활의 맥락 제시 및 전개라는 특징을 가지고 있다. CMP 교과서는 학생들에게 제공할 다양한 내용을 풍부하게 포함하고 있다는 특징이 있다. 이는 교사가 수학 수업을 위하여 재구성하여 사용할 것이라는 것을 전제로 구성하였기 때문이다. 또한, 수학과 타 교과 수학과 일상생활과의 수학외적 연결성을 강조하여 일반적으로 생활 속에서 접하는 문제를 해결하는 과정에서 수학의 지식을 이해하고 적절하게 활용할 수 있도록 하고 있다. 그리고 학생들이 다양한 맥락에서 수학적 개념을 탐구하고 수학의 유용성을 인식할 수 있도록 구성되어 있다(추재임, 이종학, 김원경, 2013).

비교적 장기간 연구의 결과로, University of Chicago School Mathematics Project에서 개발한 EM(Everyday Mathematics)은 미국의 많은 학교에서 사용하고 있는 교

과서로 실생활의 수학문제를 기반으로 하여 문제를 해결하도록 하고 있다. IMP (Interactive Mathematics Program)는 초등학교 고학년에서 중학교 수준의 문제가 중심인 수학 교육과정으로 각 단위학습은 핵심적인 문제나 주제를 포함한 프로젝트 관련 프로그램이다. 이 프로그램은 학생들 간의 의사소통을 기초로 하여 협력적 문제해결을 강조한 것이 특징이다. Core-Plus Mathematics 역시 통합교육과정으로 구성되어 있는데, 실세계의 적용을 중시하고 문제해결을 통한 수학 교수와 학습을 강조하였다(박만구 외, 2015).

이상에서 외국의 수학교과서의 내용과 형식을 분석해 본 결과를 정리하면, 대부분 실세계 상황 속에서의 문제의 제시한 후 다양한 맥락에서의 수학적 탐구하도록 하고 있다. 그리고 그 과정에서 학생의 경험을 중시하고 NCTM(2000)이나 우리나라의 수학과 교육과정(교육부, 2015b)에서 강조하는 추론, 의사소통, 연결성을 강조하고 더 나아가 학생의 반성적 사고 존중, 그리고 교육공학과 교구 사용 등을 중시하고 있음을 알 수 있다.

2.3. 주제 중심 교육 관련 연구

(1) 주제 중심 교육의 의의

주제 중심 교육이란 어떤 한 주제를 중심으로 다양한 학습 경험들을 교과의 요구, 학생의 흥미, 사회의 요구를 반영하여 선정·조직하고, 학생 주도의 활동을 통한 학습을 유도함으로써 전인적 발달을 도모하는 교육이다(권낙원, 1995). 또한, 아동이 흥미를 보이는 내용과 실생활의 문제 및 이슈를 주제로 선정하여 경험을 통합하고 학생 주도적인 학습활동을 실시하는 교육의 한 양식이라고 할 수 있다(강충열, 1998).

(2) 주제 중심 통합교육

강충열(1998)이 제시한 주제 중심 통합교육의 의의를 보면, 주제 중심 통합교육은 어떤 한 주제를 중심으로 학습자의 다양한 학습 경험이나 흥미를 중심으로 교과의 요구나 사회적인 요구를 반영하여 내용을 선정하며 조직하고 학습자의 자발적이고 주도적인 학습을 꾀하여 학습자의 전인적 발달을 위한 과정으로 지식교육 외에도 공부하는 방법에 대한 학습과 절차적 학습을 강조하는 과정 중심 교육으로 과정을 중시하는 교육의 접근 방법이다.

주제 중심 학습의 주 목적이 학생들의 능력과 태도의 발달이라는 다소 일반적이고 포괄적인 성격을 띠고 있기는 하지만, 어떤 특정한 주제를 보다 깊이 학습하는데 그 주제는 학생의 흥미와 능력 및 요구와 관련되어 있고 실생활의 문제와 연계되어 있다. 그 방법론으로는 다양한 재료를 활용하여 조사하고 탐구하며 문제를 해결하는 학생주도적 활동을 중심으로 교수·학습이 이루어지도록 한다(강충열, 1998, p.7).

김영수와 강충열(2008)은 주제 중심 통합학습은 학생 주도적인 학습의 한 형태로 학생들의 흥미나 관심을 가질만한 주제를 선정하여 학생들의 실생활 경험을 통합하는 학습의 방법이라고 주장하였다. 이들이 주장하는 주제 중심 통합학습은 학습자의 흥미에 따라서 주제를 선정하였기 때문에 학습자의 학습동기를 높이고 더불어 학업성취도의 향상을 가져 온다고 주장하였다. 이들은 학습자가 좋아하는 주제를 가지고 수업을 하게 되면 학습자는 몰입을 하게 되고, 오랫동안 지속할 수 있기 때문에 학습내용에 대한 이해도를 높일 수 있을 뿐만 아니라 이런 학습의 내용을 자연스럽게 내면화할 수 있다고 보았다.

이러한 주제 중심 통합 교육은 다양한 교수자원과 풍부한 자료 제공을 통해 인지적인 측면에서 효과적인 학습을 유도하며, 동시에 학습자의 흥미를 존중한다(박만구 외, 2015). 그리고 이를 바탕으로 학생들에게는 주도성과 협동심 등의 정의적 측면에서도 긍정적인 영향을 주게 되며, 교사에게도 다양하고 다차원적으로 개방되어 있는 교수방법과 융통성 있는 교육과정 운영을 통해 교육의 기회를 확대하도록 한다는 특징을 가지고 있다(박만구 외, 2014).

2.4. 관련 선행연구

이상에서 살펴본 바와 같이 주제 중심 통합적 접근은 다양한 효과가 있으므로, 수학교육에서도 타 교과 및 다른 학문 분야와의 연결성을 강조한 연구들이 있다. 수학교육에서는 '연결성'이라는 용어를 사용하여 일반적으로 교수학습에서 교과 내, 교과 간, 일상생활 속의 현상들과 연결을 강조하고 있다(NCTM, 2000).

최창우 외(2015)는 교육과정을 분석하여 수학교과를 중심으로 한 통합 수업 주제를 개발하고 적용하여 각 차시에서의 학습할 방법 및 그 결과를 나타나는 수업의 실제 사례를 연구하였다. 그들의 연구 결과 학생들의 정의적 측면의 반응에서 전반적으로 상승함을 보여줌으로써 융합중심 수학 수업이 학생들에게 상당한 효과가 있음을 알 수 있다고 주장하였다. 최소영 외(2010)는 초등학교 3, 4학년 교육과정을 주제를 중심으로 재구성하여 통합프로그램을 설계하여 적용한 실행연구를 하였다. 이들의 연구 결과, 학생들은 통합적 안목의 생성, 협동심의 증가 그리고 흥미도와 참여도의 증가를 보였으며 교사들에게도 학습에 대한 패러다임의 변화 및 교육과정 재구성 능력의 신장 등의 긍정적인 변화가 있었다.

김영지(2003)는 주제 통합을 다학문적인 접근 방법으로 구성하여 수업을 하였다. 이 다학문적 접근 방법은 각 교과 교육에서의 교과 특성을 충분히 살리면서도 각 교과의 단점인 중복이나 반복되는 내용을 보완하도록 한다. 그리고 다른 통합방식들과 비교하면 교사들이 재구성하여 수업에 적용하기 용이하다는 장점이 있다. 그리고 초등학교 고학년 아동의 학업성취도와 자기주도적 학습력에 어떤 영향을 미치는가를 알아보았던 한학범(2009)은 주제 중심 학습을 실시하면 학업성취도와 자기주도적 학습력의 향상에 도움이 된다고 주장하였다. 주제 중심 학습은 학생들을 자신들의 삶 속의 문제로부터 시작하여 이를 학습의 내용과 연계하여 생각하도록 하여 관심이 있는 문제를 따라가기 때문에 흥미를 가지고 수업에 임하도록 한다고 주장하였다.

Chronaki(2000)는 주제 중심의 수학 수업은 그 활동을 진해하면서 학생들로 하여금 의미 있는 맥락에 놓도록 하면서 학습활동을 하도록 한다고 설명하였다. 그리고 주제 중심 통합 교육은 학습의 측면에서 학생의 인지적 영역(문제해결력, 학업성취도)과 정의적 영역(협동심, 학습흥미도)에 긍정적인 영향을 미친다는 연구 결과들이 있다(윤영칠, 1999; Brodeur, 1998). 나아가, 학생의 다중지능 발달, 자기주도적 학습 능력과 종합적 사고 성향을 통한 학업성취도 향상 또한 기대할 수 있다(강충열, 2010; 박만구 외, 2015); 박정희, 2003; 이영준 외, 2006; 한학범, 2010).

박만구(2013)는 한국 초등학교 수학교과서와 미국의 Investigations 교과서의 소재 및 내용을 융합적인 관점에서 비교 분석하였다. 연구 결과, 융합을 '두 가지 이상의 이질적인 요소를 결합하고 융합하여 새로운 관점을 제시하고 있는가'라는 측면에서 볼 때, 두 나라의 수학교과서는 모두 이를 충분히 고려하지는 못한다고 주장하였다. 두 교과서는 여러 분야에서의 학생들이 흥미를 가질 만한 다양한 소재를 단순히 가져다

쓰는 경우가 많았다. 그러나 진정한 의미에서 내용 통합이나 융합적 접근은 많지 않았다고 주장하였다. 한국교과서의 경우 '창의마당'이라는 차시에서 통합과 융합적 접근을 위한 소재나 내용으로 구성하였다. '체험마당'에서는 학생들이 각 단원에서 배운 수학 지식을 자신들이 삶 속에서 활용해 보도록 집필한 것으로 융합적인 사고를 하도록 하는 시도였다고 분석하였다.

이러한 선행연구를 종합해 보면, 수학교육 분야에서 주제 중심 통합교육은 각 나라나 지역의 교육과정의 변화에 따라 다양한 방법으로 이루어져 왔으며, 각 접근 방법의 프로그램들이 일반적으로 인지적으로나 정의적인 측면에서 효과가 있음을 알 수 있다. 여러 선행연구에서 제시한 것을 중심으로 본 연구에서는 2009 개정 교육과정에 따른 교과서의 문제점 및 여러 혁신적인 교과서 연구들에서 문제점으로 지적되고 있는 사항을 보완한 주제 중심의 초등학교 수학교과서를 개발하였다. 이 교과서의 주 모형은 Drake(1993)가 제시한 다학문적(multi-disciplinary), 간학문적(inter-disciplinary), 탈학문적(trans-disciplinary) 융합의 3가지 형태로 개발하고 현장에 적용하여 그 효과성을 알아보았다. 이 연구의 과정에서 이런 접근 방법은 학생들로 하여금 수학 개념 자체에 대하여 보다 깊고 넓게 이해하도록 하는 기회를 제공함을 알 수 있었다. 그리고 학생들은 주어진 수학 개념을 이전과는 다른 관점에서 보거나 기존 개념을 자연스럽게 확장하여 생각하도록 함으로써 유의미한 수학 학습이 가능하다. 본 연구에서는 이 연구결과를 바탕으로 차기 초등학교 수학교과서 개발의 시사점을 제공하고자 하였다(박만구 외, 2015).

3. 주제 중심의 초등 수학교과서 개발의 실제

이 부분에서는 박만구 외(2014, 2015)가 수행한 연구를 주심으로, 핵심적인 내용을 요약하면 다음과 같다.

3.1. 주제 중심 초등 수학교과서의 정의

주제 중심 초등 수학교과서는 특정한 한 주제와 수학의 내용을 중심으로 학생들의 흥미, 각 교과 및 사회의 요구를 반영하여 학생 주도의 다양한 학습 경험을 제공하는 것에 중점을 두었다. 또한, 다양한 학문 및 교과 내용을 다양한 방법으로 통·융합하도록 하였다. 또한, 수업 중에 동료 간에 협력하면서 의사소통하면서 창의적이고 융합적인 사고를 활용하여 문제해결을 할 수 있는 전인적인 인간을 육성함을 목적으로 하는 수학교과서이다. 이 연구를 정리하면 다음과 같다(박만구 외, 2014).

3.2. 주제의 분류 기준 및 유형

주제 중심 초등 수학교과서의 개발에서는 대주제를 선정하였는데, 주제는 미래의 핵심역량에 따라서 인간의 삶과 직접적으로 관련되고 융합의 요소가 가능한 풍부한 8개의 주제를 설정하였다. 8개의 주제는 정의, 재난, 건강, 예술, 환경, 세계문화, 우주, 첨단기술이다. 그 중에서 본 연구에서 초등학교 학생들의 수준에서 가장 적합한 것으로 교수실험을 위해 선정한 것은 건강(건강한 삶), 환경(지속가능한 삶), 정의(더불어 사는 삶)의 3가지 주제였다.

3.3. 통합적 접근 모형

주제 중심 초등 수학교과서 개발을 위한 통합적 접근 방법은 다학문적 통합(건강한 삶 : 건강), 간학문적 통합(지속가능한 삶 : 환경), 탈학문적 통합(더불어 사는 삶 : 공정) 3가지이다. 교과서 개발과 관련된 상세한 특징은 다음과 같다(박만구 외, 2014, pp. 450-451).

(1) 다학문적 통합(건강한 삶)

다학문적 통합은 하나의 주제를 중심으로 여러 학문 분야의 내용을 선정하고 조직하는 것으로 여러 학문 간의 결합의 정도가 낮은 수준의 형태로 각 학문은 상호 독립적이면서 하나의 문제를 여러 각도에서 고찰하는 방법이다.

주제와 수학 중심 다학문적 접근을 박만구 등(2014)은 다음과 같이 특징지었다. “두 개 이상의 학문 분야의 개념이나 기능을 순차적이거나 병렬적으로 주제와 수학의 내용에 연계하여 수학적인 개념의 이해나 기능의 숙달을 위한 통합적 접근 방법이다. 이 접근에서는 각 학문은 독립적으로 존재하면서 다양한 학문분야의 소재를 제시함으로써 다양한 관점에서 수학을 조망해보도록 한다. 다학문적인 접근은 예를 들면, 태풍, 생태, 인구, 건강, 공해, 범죄 등 자연현상이나 인간의 생활의 문제를 사회, 과학, 도덕 등의 교과적인 내용과 관련하여 다양한 학문의 소재를 동원하여 그 해결방안을 모색하는 과정에서 종합적이고 통합적으로 접근하는 방법이다”(p.450). 구체적인 예로는, ‘건강한 삶, 건강’이라는 주제에서 건강의 문제를 과학의 지식인 비만이나 숙면 시간, 음식에서의 칼로리, 체육의 운동과 수학의 비와 비율의 문제와 연계하여 각 분야의 지식을 보다 풍부하고 깊게 이해하도록 한다(박만구 외, 2014, p. 450). 이를 그림으로 나타내면 [그림 1]과 같다.

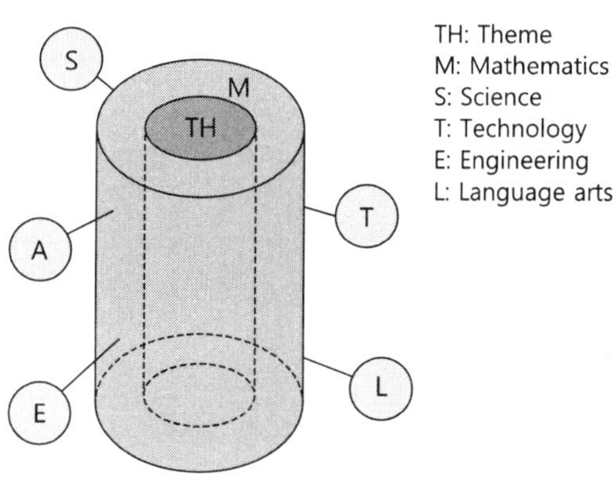

[그림 1] 다학문적 통합

(2) 간학문적 통합(지속가능한 삶)

간학문적 통합은 여러 학문 분야에 걸쳐서 공통된 학습 주제나 개념을 중심으로 교육과정을 구성하는 방법이다. 이 통합은 여러 학문에 공통적인 주제, 개념, 문제, 사안 등을 중심으로 각 학문 내용의 공통점을 중심으로 재구성하는 방법이다.

주제와 수학 중심 다학문적 접근의 특징에 대하여 박만구 등(2014)은 다음과 같이 특징지었다. “두 가지 이상의 학문 분야의 지식을 동일한 개념, 주제, 방법이나 절차에서 유사한 방식의 일부분을 공유하면서 주제와 수학의 내용을 중심으로 내용을 재구성해 가는 접근이다. 이 접근에서는 학문 간의 독립성이 완전히 없어진 것은 아니지만 각 영역들 간의 부분적인 통합이 동시에 일어나는 것을 강조하게 된다. 간학문적인 접근은 예를 들면, 자료의 수집과 해석 그리고 적용이라는 수학과 사회과학에서의 방법을 핵심적인 개념으로 보고 통합하는 방법을 생각해 볼 수 있다”(p.450). 구체적인 예로는, ‘지속가능한 삶, 환경’이라는 주제에서 물과 인간의 삶의 밀접한 관련성을 스토리를 중심축으로 이끌어 가면서, 학생들이 평상시에 물은 얼마나 소비하는지, 물의 절약 방법은 무엇인지, 물사랑 실천은 어떻게 할 수 있는지 등으로 일련의 과정을 엮어 가는데 수학적인 요소인 표와 그래프를 사용하여 반성해 보도록 한다(박만구 외, 2014, p. 450).

이 주제에서는 전반적으로 물과 인간의 관계를 축으로 자료의 수집과 분석의 수학적인 다른 한 축이 있고 사회, 과학, 실과 등의 교과나 학문의 자료 수집과 분석 그리고 적용이라는 유사성이 얽히면서 각 교과의 특성들을 공유하도록 한다(박만구 외, 2014, p. 450). 이를 그림으로 나타내면 [그림 2]와 같다.

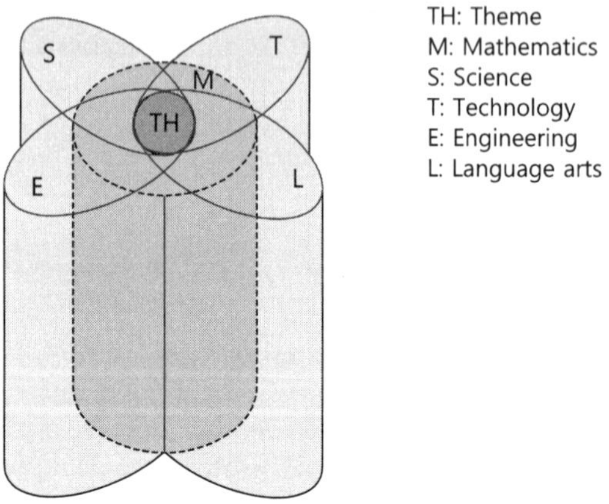

[그림 2] 간학문적 통합

(3) 탈학문적 통합(더불어 사는 삶)

탈학문적 통합은 학문보다는 학생들의 관심사를 중심으로 실생활에 관련된 문제나 특정 주제, 개념 및 생활 기능 등을 바탕으로 학습 내용을 통합하는 방법으로, 학문의 경계가 없으며 모든 학문의 바탕에서 통합된 학습 내용이 나오게 된다(박만구 외, 2014, p. 451).

주제와 수학 중심 탈학문적 접근에 대하여 박만구 등(2014)는 다음과 같이 특징지었다. "학문의 독립적인 영역을 초월하여 학습자의 입장에서 학습자의 요구나 수준에 따른 문제해결이나 표현활동을 존중하여 통합된 의견 수렴 및 의사결정 과정에서 주제와 수학을 중심으로 자연스럽게 각 학문간의 경계를 허물고 융합적인 사고를 하는 접근이다. 이 접근에서는 학습자가 개별적인 접근에서는 경험하거나 산출해 낼 수 없는 산출물을 만들어내기도 한다. 이는 예를 들면, 산소와 수소라는 두 물질이 화학적 반응을 하여 새로운 제3의 물질인 물을 만들어내는 과정과도 흡사하다고 할 수 있다. 그러나 이 접근에서 새로운 접근이나 산출물을 만들어 내는 것을 지향하나 극히 일부분에서 새로운 산출물을 낼 수 있는 한계점이 있다. 이 접근에서는 특히 학습자의 문제해결력, 인내심, 자신감 등을 고려한다. 탈학문적인 접근의 구체적인 예로, 학생들의 주변에서 흔히 있을 수 있는 정의와 관련한 경우를 소재로 케이크를 자르는 장면, 경기를 위해 공을 분배하는 장면, 장애인을 위한 엘리베이터 문제 등으로 공정이라는 주제와 각 경우에서 수학적으로 생각해 볼 필요가 있는 분수, 분수의 크기 비교 등을 중심축으로 학생들의 관심이나 요구에 따라서 다양한 문제해결 접근을 생각해 가도록 할 수 있다. 일반인이 장애인 엘리베이터를 이용해도 되는지의 문제는 도덕에서 '양보'와 '배려'라는 미덕을 배울 수 있고, 사회에서 토론에 의한 '의사결정'을 생각해 볼 수 있다"(p.451).

이 접근 방법에서는 수학적인 아이디어인 '분수'의 개념과 의사결정에서의 '다수결'의 차원을 넘는 보다 높은 차원의 의미로 학생들로 하여금 '정의'에 대하여 논의하도록 한다. 이를 그림으로 나타내면 [그림 3]과 같다.

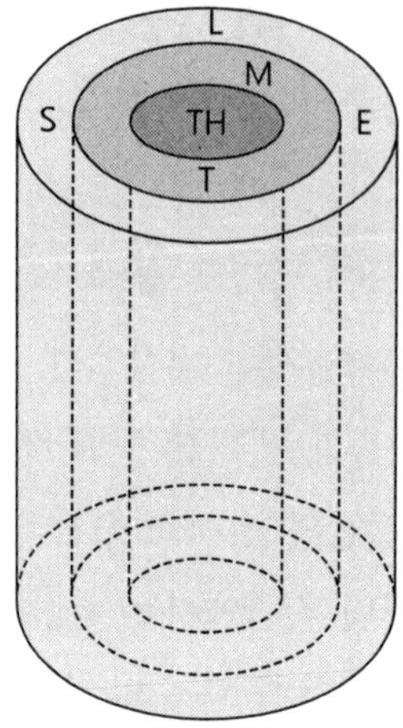

[그림 3] 탈학문적 통합

3.4. 샘플 단원의 내용 상세화[2)]

(1) 건강한 삶(다학문적 통합)

본 연구에서 개발한 다학문적 융합 기반의 주제 중심 초등 수학교과서의 샘플 단원명은 '건강한 삶'이며, 학생들이 건강한 삶을 위한 자신들의 생활에 대한 점검과 계획을 위해 비를 활용하고 효과적인 표현을 위하여 비율 그래프를 적절히 해석하여 나타내도록 하였다. 다학문적 교과서 모형을 구현하기 위해 본 단원에서는 수학이라는 학문을 중심으로 인문사회, 예술, 자연과학, 공학 등의 분야와 연결하였다. 수학적인 요소를 학습하기 위한 다양한 도구로서 타학문을 활용하였으나 수학이라는 중점교과가 효율적으로 학습되어야 한다는 것을 유지하였으며, 각각의 학문의 영역도 유지하려고 노력하며 학습의 과정에서 수학외의 학문적인 요소도 동시에 학습하도록 하였다.

본 단원은 학생들이 그들에게 의미 있는 다학문적 주제, 즉 문제 상황을 도출하는 것에서 시작한다. 주제를 전개하기 위하여 활동 및 실험을 통해 차시별 주제 학습을 실행하고 문제 상황을 해결할 정도의 핵심개념이 성취되었는지를 확인하기 위해 핵심개념 정리 및 학습 내용에 대한 이해 능력을 확인한다. 이를 통해 문제 상황을 해결할

2) 샘플 단원 내용의 상세화 부분은 제1저자가 연구책임자로 기발표한 박만구 외(2015)의 '학교수학'의 내용(pp.85-87)을 그대로 가져와 기술하였음.

정도의 학습 능력을 가지게 되면 문제 상황을 해결하고, 학생들이 지속적으로 수학적 실천을 할 수 있도록 수학적 실천을 제시한다. 정리 및 평가 단계에서는 학습 내용 정리 및 평가를 하고, 연습 문제를 제시하였다.

'건강한 삶' 단원은 총 10차시의 분량으로 개발되었으며, 1차시는 문제 상황 인식, 2~5차시는 주제관련 다학문 내용 및 문제해결에 필요한 수학 개념 탐색, 6~7차시는 유의미한 문제해결 방안 도출, 8~10차시는 학습자 생활의 변화 부분을 보다 강조하여 나타낼 수 있도록 구성하였다.

(2) 지속 가능한 삶(간학문적 통합)

본 연구에서 개발한 간학문적 융합 기반의 주제 중심 초등 수학교과서의 샘플 단원명은 '지속 가능한 삶'이며, 통계를 적절히 사용하고 그래프 해석의 중요성을 깨달음으로써 물을 올바르게 사용하여 미래 사회에 준비할 수 있도록 지도하는 방향으로 개발하였다. 간학문적 교과서 모형을 구현하기 위해 본 단원에서는 중심에 '통계적 해석 - 물'이라는 2차원적 중심(코어)를 두었다. 교과적 요소의 중심에는 '통계적 해석'을 맥락적 주제의 중심에는 '물'이라는 두 축을 두고, 다양한 교과에서 사용되는 통계적 기술과 물이라는 학습 소재를 한 단원에 자연스럽게 구현하기 위해 노력하였다.

본 단원은 학습자의 삶에서 문제 상황을 발견하는 데서 출발한다. 주제를 전개하기 위하여 문제에 대한 해결 방법을 모색하고 그 방법의 효과를 통계적으로 검증하는 과정을 경험하는 과정을 개인적, 사회적, 세계적 수준으로 범위를 확장하며 이해하도록 하였다. 이 과정에서 학습자는 내 삶의 문제가 사회적 문제, 세계적 문제해결과 연결되어 있음을 깨닫고, 문제해결에 참여하는 실천력을 높일 수 있다. 정리 및 평가 단계에서는 학습 과정을 통합적으로 점검하고 문제해결을 삶 속에서 실천하도록 한다.

'지속 가능한 삶' 단원은 총 10차시의 분량으로 개발되었으며, 1~2차시는 문제 상황 인식, 3~4차시는 주제 관련 교과 내용 탐색, 5~6차시는 통계적 기술, 7차시는 유의미한 해석, 9~10차시는 삶의 변화 부분을 보다 강조하여 나타내어 구성하였다. 이는 단원의 전개에 따른 차시의 특성을 보다 효과적으로 나타낼 수 있도록 하기 위함이다.

(3) 더불어 사는 삶(탈학문적 통합)

본 연구에서 개발한 탈학문적 융합 기반의 주제 중심 초등 수학교과서의 샘플 단원명은 '더불어 사는 삶'이며, 사회 교과의 '지도'와 도덕 교과의 '공정', 그리고 수학 교과의 측정, 비율, 전개도, 축척을 융합 교과 요소로 선정하였다. 이 주제는 학문의 연결방식을 탈학문적 접근 방식으로 구성된 것으로 학습자에 의해 핵심 질문에 대한 의사 결정 내용이 달라질 수 있다. 열린 교육 환경 속에서 학습자들이 핵심 문제에 대한 의사결정을 내리는 과정에서 주도적인 역할을 하며 큰 흐름의 전개 속에서 각각의 요소들(예를 들면, 의사결정 과정에서 필요한 요소)을 정해보는 경험을 할 수 있다. 이 모형에 따르면 학습자들의 실생활 상황에서 수학적 사고와 비판적 사고가 시작되며, 이를 해결하기 위한 교과 지식들을 점차적으로 학습하게 된다. 학습한 교과 지식들이 중요한 교육적 경험의 수단이 되어 더 큰 생활 속 문제를 종합적이고 복합적인 사고를 통해 해결하도록 차시를 구성하였다.

본 단원은 학생들이 관심을 가지고 있는 문제 상황을 충분히 이해하는 것부터 시작한다. 자연스런 문제 상황 속에서 주제를 도입하고 문제해결방법을 탐구하며 수학적 표상 및 모델링을 적용하여 해결을 위한 의사결정에 대하여 토의하도록 하고 있다. 학생들은 의사결정된 내용을 생활 속에 적용하는 방법을 토의하며 모색한다. 그리고 의사결정된 내용을 실생활에 적용한 후, 일정한 시간이 지난 후 정리 및 평가를 통하여 의사결정 내용을 점검하고 확인하며 평가한다.

샘플 단원의 집필 내용에 대한 개략적인 내용은 [표 1]과 같다.

[표 1] 샘플 단원의 집필 내용 개관

대 주제	대상 학년	수학적 내용	융합 유형
건강한 삶	5	비, 비례식, 비율 그래프	다학문
지속 가능한 삶	6	통계, 그래프 해석	간학문
더불어 사는 삶	6	평면도형의 넓이, 여러 가지 단위	탈학문

4. 주제 중심 초등 수학교과서의 특징

주제 중심 초등 수학교과서의 샘플 단원의 교과서 체계는 구성과 특징, 단원 도입, 본문학습, 단원정리, 단원평가, 그리고 연습문제의 순서로 구성되어 있다.

4.1. 단원 소개

단원 소개를 하는 부분에서는 단원소개에서 단원평가까지 해당 단원에서 강조하고 있거나 중요하다고 판단되는 내용을 단원의 구성과 특징들에 대하여 순차적으로 제시하며 해당 단원에 대한 전반적인 안내를 하고 있다.

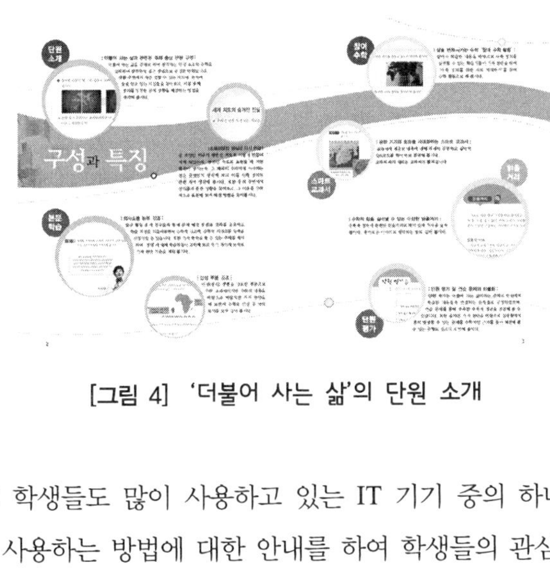

[그림 4] '더불어 사는 삶'의 단원 소개

또한, 초등학교 학생들도 많이 사용하고 있는 IT 기기 중의 하나인 스마트폰을 활용한 QR 코드를 사용하는 방법에 대한 안내를 하여 학생들의 관심과 흥미를 단원 소개에서부터 유발하고 있다. [그림 4]는 탈학문적 통합 방법으로 개발한 '더불어 사는 삶'의 단원의 소개이다.

4.2. 단원 도입

단원 도입을 하는 도비라 부분에서는 해당 단원에 해당하는 제목과 의미를 전달하기에 적합한 사진 또는 그림 등을 크게 제시하고 있다. 또한, 단원 주제에 대하여 생각해 볼 수 있는 내용들과 해당 단원에서 학습하게 될 내용들을 학습목표 형식으로 제시하여 학습내용에 대한 안내를 하고 있다. 그리고 해당 단원에서 배울 내용의 선수학습을 확인하는 준비학습 문제를 제시하여 간단히 진단평가를 할 수 있게 도입부분을 구성하였다. [그림 5]는 다문학적 통합 방법으로 개발한 '건강한 삶'의 단원 도입 부분이다.

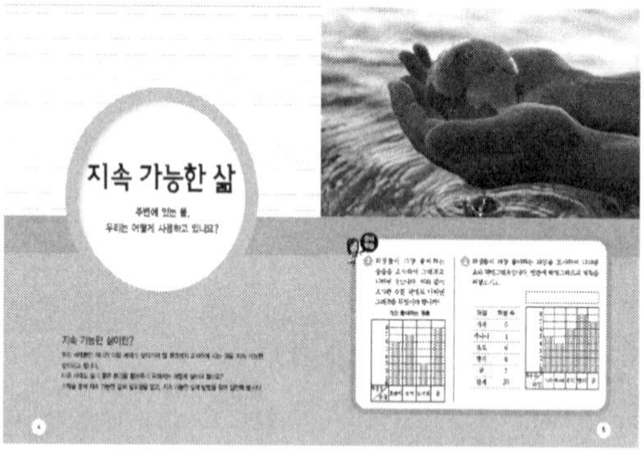

[그림 5] '지속가능한 삶'의 단원 도입

또한, [그림 6]과 같이 해당 단원에서 배울 내용을 전반적으로 그림 형식으로 안내를 하여 학생들이 알아보고자 하는 동기를 자극하고 있다. 만화 또는 뇌구조 그림 등을 제시하여 수학시간에 배울 내용이 단순한 개념과 원리를 활동으로 알아보고 문제를 풀어보는 것이 아니라 다양한 형태의 자료와 방법으로 학습하고 다른 교과와의 통합이 시도되고 있음을 암시하며 제시하고 있다.

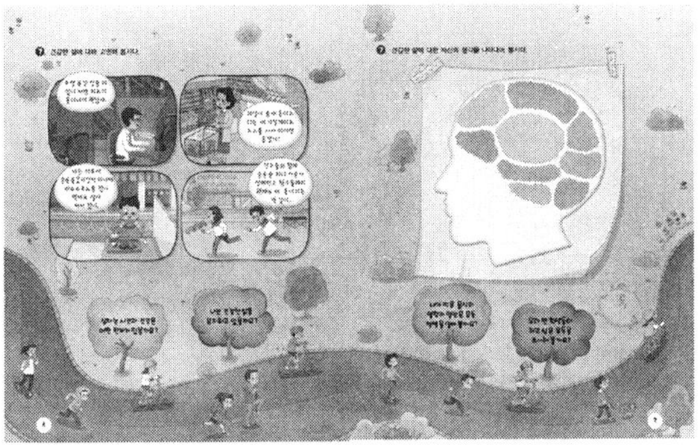

[그림 6] '건강한 삶'의 단원 도입

4.3. 본문 학습

본문 학습 부분에서는 읽기 자료나 학생들의 생활에서 직접 경험으로 가져올 수 있는 내용들로 구성하였다. 이는 현재 사용하고 있는 교과서에서 볼 수 있는 배워야 할 내용들을 생활 사례를 통한 생각열기로 동기를 유발하거나 학습해야 할 내용들을 직접적으로 제시하며 활동을 통해 알아보는 것을 제시하는 것과는 다른 형태이다. 잠자는 시간과 건강에 대한 기사를 읽고 생각과 느낌을 이야기해 보는 것으로 학습 내용에 대한 동기를 유발하고 있다.

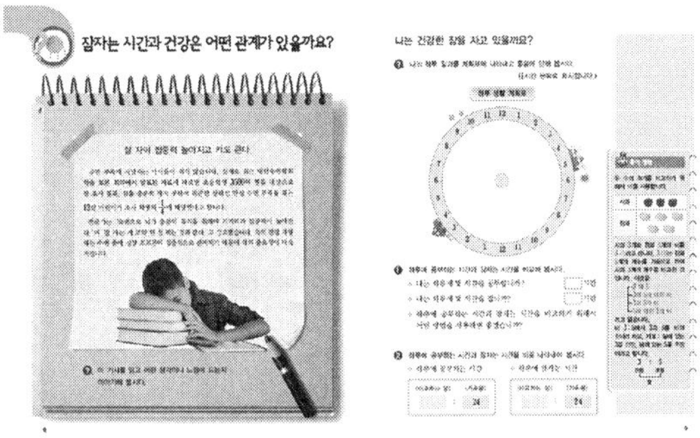

[그림 7] '건강한 삶'의 본문내용

또한, [그림 7]과 같이 생활 일과표를 작성해 가며 알아본 시간을 서로 비교하면서 학습해야 할 '비'의 개념에 대해 접근하고 있다. 그리고 '비'에 관한 개념들은 교과서의 날개 부분에 제시하여 학습할 때에 참고하거나 자기스스로 학습하며 확인할 때 활용할 수 있도록 하였다. 읽을거리를 학생들이 직접적으로 체감할 수 있는 현실성 있는 내용으로 구성하여 학생들이 본문에서 학습하는 내용에 부가적인 지식을 익힐 수 있도록 구성하였다. 그리고 [그림 8]과 같이 학생들이 스마트폰을 활용하여 학습내용의 심화적인 내용이나 참고하며 읽을거리와 자료 등을 QR 코드를 이용하여 바로 확인하며 읽을 수 있도록 구성하였다.

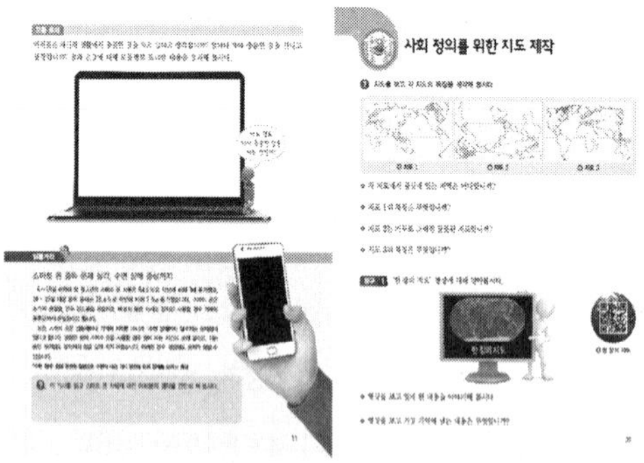

[그림 8] 읽을거리와 QR 코드 제시

또한, [그림 9]와 같이 선택 활동 등을 제시하여 학생들이 학습한 내용을 실험을 통해 확인해 보도록 구성하기도 하였다.

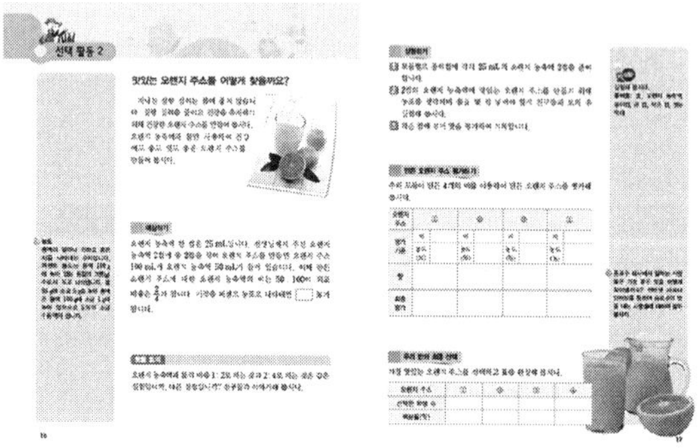

[그림 9] '건강한 삶'의 본문 중 선택 활동

4.4 단원 정리

단원 정리에서는 [그림 10]과 같이 마인드맵으로 정리하거나 이야기 속 수학에서 배운 내용을 다시 한번 확인하도록 구성하였고 간단한 문제를 제시하여 학습한 내용을 익히도록 하였다. 그리고 수학 글쓰기를 통하여 학습한 내용의 개념을 나타내는 용어들을 활용하여 글을 쓰게 하여 국어과의 글짓기와 연계하도록 구성하였다.

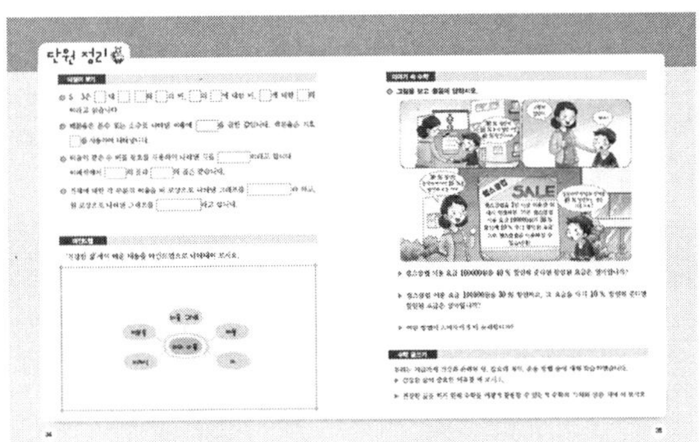

[그림 10] '건강한 삶'의 단원 정리

단원 정리의 마지막 부분에서는, [그림 11]과 같이 학습한 내용을 실천할 수 있는 참여수학(박만구, 2007)과 관련된 내용을 구성하여 학생들이 수학을 배워 실생활에 적용하여 삶을 변화시키는 데 수학이 사용되는 유용성을 경험할 수 있도록 구성하였다.

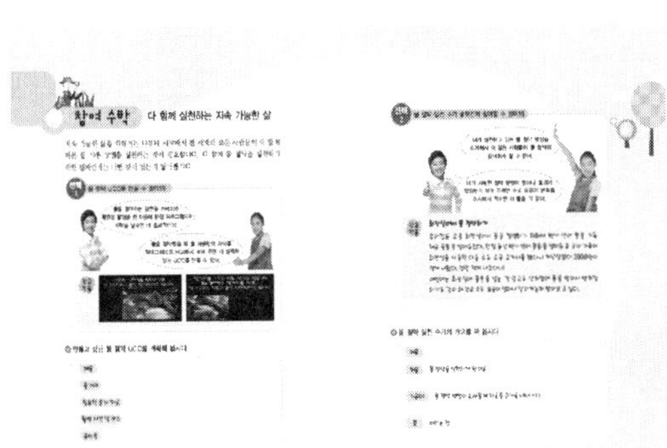

[그림 11] '지속가능한 삶'의 참여수학

4.5. 단원평가

단원평가에는 [그림 12]와 같이 주제 중심 초등 수학교과서의 구성과 특성에 따라 학습한 학생들의 결과를 확인하는 문제 유형을 제시하였다. 의사결정 과정에서 선택한 이유에 대하여 쓰는 문제와 회의록의 일부를 제시하여 학생들이 직접 접할 수 있는 문제 상황을 제시하고 자신의 의견을 맥락적인 상황에서 쓰게 하는 문제, 문제점과 그 해결 방법을 모두 쓰게 하는 문제로 구성하였다.

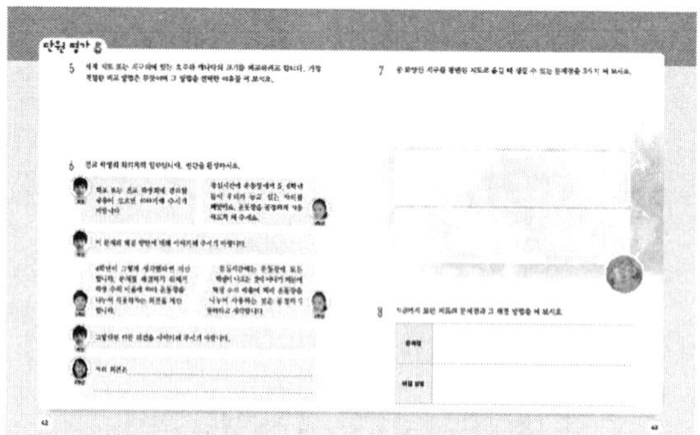

[그림 12] '더불어 사는 삶'의 단원평가

또한, [그림 13]과 같이 직업과 관련된 내용을 평가문항으로 구성하여 진로지도와 연계하여 단원평가를 구성하였다.

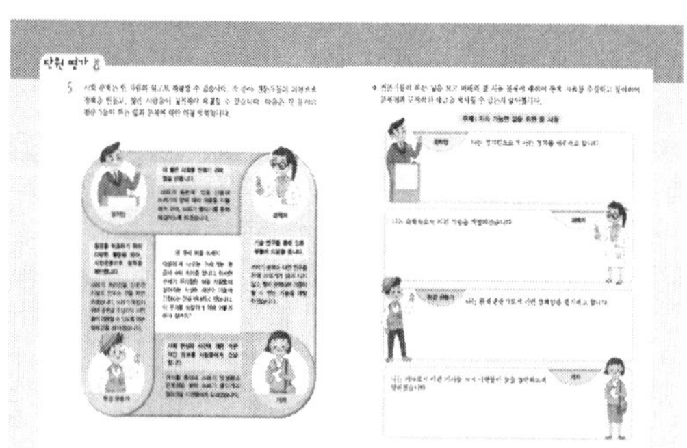

[그림 13] '지속가능한 삶'의 단원평가

4.6. 연습문제

연습문제에서는 본문 학습의 날개부분에 제시하였던 기본적인 개념과 원리를 확인하는 전통적인 수학문제 풀이에 해당하는 내용으로 구성하였다. 이는 [그림 14]와 같이 주제 중심 수학교과서의 구성과 형식에 따른 방법으로 학습하였을 때 제기될 수 있는 기본 학습 내용의 성취수준을 확인하기 위한 문제를 제시하였다.

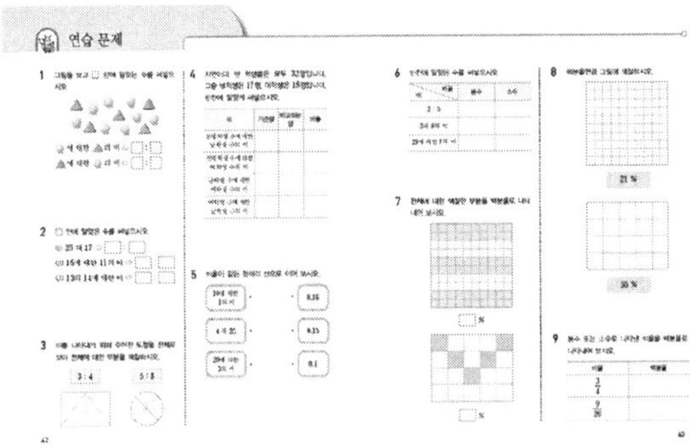

[그림 14] '건강한 삶'의 연습문제

기본적인 수학교과 학습 내용도 충실히 하면서 주제 중심이 추구하는 새로운 형식의 학습방법으로 인한 다양한 학습활동에 적합한 문제를 제시하여 학생들에게 균형있는 학습이 되었는지 확인하고자 한 것이다.

5. 주제 중심의 초등 수학교과서의 효과성 검증[3)]

박만구 외(2015)는 주제 중심 초등 수학교과서의 샘플 단원을 개발하여 초등학교

3) 주제 중심의 초등 수학교과서의 효과성 검증 부분은 제1저자가 연구책임자로 기발표한 박만구 외(2015)의 '학교수학'의 내용(pp.87-95)을 그대로 요약하여 기술하였음.

5~6학년 학생들을 대상으로 수업에 적용하였다. 수업 후에는 학생과 지도교사를 대상으로 설문조사, 심층면담, 소감문 작성 등을 실시하고 효과성을 검증하였다. 이에 대한 내용은 다음과 같다(박만구 외, 2015, pp. 87- 95).

5.1. 효과성 검증 방법

샘플 단원의 효과성 검증을 위해 각 단원별 2개 반(실험반 1반, 비교반 1반), 총 6개 반을 선정하여 10차시 수업을 실시하였다. 이 중 실험반에 해당하는 5~6학년 각 1개 반에는 개발한 주제 중심 초등 수학교과서의 1개 단원 10차시를, 비교반에는 주제 중심 초등 수학교과서의 각 단원에 포함된 수학요소를 현 교육과정에서 추출하여 5차시의 분량에 맞게 편집하여 수업하였다.

효과성은 실험반과 비교반 학생을 대상으로 수학인성 및 핵심역량 등의 성취를 알아보기 위해 사전, 사후 검사를 실시하고, 수학적 성취도 및 해결방법의 변화 등을 살펴보기 위해 수학 요소만을 편집하여 수학적 성취도의 변화를 알아보기 위해 수업 후 성취도에 대한 검사를 실시하였다. 양적 자료의 통계처리는 I-STATics를 활용하였으며 질적 분석은 학생들의 학습지, 평가지, 설문지 등을 토대로 이루어졌다.

5.2. 인지적 효과

주제 중심 초등 수학교과서를 활용한 수업에 대한 인지적인 효과성을 검증을 위해 주제별로 사전과 사후의 학업 성취도를 분석하였고, 사후 학업 성취도 문항별 검사, 특히 검사 문항 중 주제 중심의 특징이 가장 잘 나타나는 문항을 중심으로 공분산 분석을 실행하였다.

(1) 학업성취도 분석

주제별 학업성취도를 기술통계로 산출한 결과 '건강한 삶', '지속가능한 삶'의 주제에서는 실험반, 비교반 모두 사전검사에 비해 사후검사의 성취도 평균이 높아졌다. 반면, '더불어 사는 삶'주제에서는 실험반과 비교반 모두 사전검사에 비해 사후검사의 성취도 평균이 낮아졌다.

수업집단에 따른 성취도 점수의 평균 및 표준편차는 건강한 삶과 지속가능한 삶의 경우, 실험반과 비교반 모두 사전검사에 비해 사후검사의 성취도 평균이 높은 경향을 보였다. 반면, 더불어 사는 삶의 경우, 두 반 모두 사전검사에 비해 사후검사의 성취도 평균이 낮은 경향을 보였다.

수업 집단 간 사후검사의 평균의 차이가 통계적으로 유의한 것인지를 확인하기 위해 사전검사를 공변인으로 하고 사후검사의 학업성취도를 종속변인으로 하여 공변량 분석하였다. 그 결과, 세 주제의 경우 모두 교정평균에 있어서 실험반의 평균이 비교반에 비해 높은 경향을 보였지만 통계적인 유의한 차이를 보이지는 않았다.

(2) 사후 학업성취도 효과 분석

주제 중심 초등 수학교과서와 관련된 사후 성취도 검사는 주제별로 각각 약 15~16문항으로 구성되어 있다.

집단별 사후검사의 문항 점수 차이가 유의한 것인지를 확인하기 위한 통계적 기법으로 독립표본-t 검증을 사용하였다. 그 결과, 세 주제 모두 수학적 문항의 경우, 실험반의 평균이 비교반의 평균보다 높은 경향을 보였지만 집단별 점수가 통계적으로 유의한 차이를 보이지 않았다.

융합적 문항의 경우 세 주제 모두 실험반의 평균이 비교반의 평균보다 높았다. 또한 사후 성취도 검사 결과, 건강한 삶에서 다학문적 문항의 경우에는 통계적으로 $p < 0.001$ 수준에서, 지속 가능한 삶에서 간학문적 문항의 경우에는 통계적으로 $p < 0.01$ 수준에서 유의하게 높았다. 그러나 더불어 사는 삶에서 탈학문적 문항들의 총점은 집단에 따라 통계적으로 유의한 차이가 없었다.

5.3. 정의적 측면의 효과

주제 중심의 초등 수학교과서를 활용한 수업에 대한 정의적 효과를 검증하기 위해 수학 관련성과 수학 인식으로 구성된 태도 검사 설문지의 신뢰도 검사를 실시하였으며 신뢰도 검사를 바탕으로 수업 집단에 따른 사전, 사후 태도 점수 평균 및 표준편차가 유의미한 것인지 확인하였다.

(1) 신뢰도 검사

태도검사 설문지는 수학 관련성과 수학 인식을 중심으로 구성되었다. 수학에 대한 태도 검사도구의 신뢰도는 Cronbach's α=.852로 나타났으며 하위요인별로는 수학 관련성은 .732, 수학에 대한 관점은 .796이었다. 본 검사는 총 12문항의 리커트식 5점 척도였다.

(2) 사후 태도 효과 분석

수업집단에 따른 각 주제별 태도 점수의 평균 및 표준편차는 세 주제의 경우 모두 실험반은 사전검사에 비해 사후검사의 태도 평균이 높은 경향을 보였다. 반면 비교반은 사전검사에 비해 사후검사의 태도 평균이 낮은 경향을 보였다.

수업 집단 간 사후검사의 평균의 차이가 통계적으로 유의한 것인지를 확인하기 위해 사전검사를 공변인으로 하고 사후검사의 태도 점수를 종속변인으로 하여 공변량 분석하였다. 그 결과, 세 주제의 경우 모두 교정평균에 있어서 실험반의 평균이 비교반에 비해 높은 경향을 보였으며 통계적으로도 유의한 차이를 보였다.

5.4. 현장 교사 관점의 주제 중심 수학교과서

(1) 주제 중심 초등 수학교과서의 적용

주제 중심 초등 수학교과서의 현장 적용을 하고 난 후의 교사들의 공통적인 의견은 융합적 사고가 필요한 현대 사회에 의미있는 수업 형태라고 하였다. 수학을 주제 중심이라는 새로운 접근으로 다가갔기 때문에 학생들의 학습에 대한 충분한 동기유발과 실제 생활에 관련된 소재와 경험을 통해 수학에 대한 생각의 폭이 넓어지고 다양해짐을 발견했다고 하였다. 또한, 정보를 찾아 새롭게 창조해 가는 과정이 미래 사회에서 필요한 역량을 기를 수 있는 계기가 되었다고 하였다.

(2) 주제 중심 초등 수학교과서의 장·단점

주제 중심 초등 수학교과서를 활용해서 얻은 장점으로 학습 주제의 신선함과 고차원적 사고를 요하는 수업 내용으로 인해 학생들의 능동적인 학습을 이끌었다는 것이다. 또한 수학에 대한 자신감이 없던 학생이 주제 중심 수학 수업 중 모둠활동에서 역할을 잘 수행하여 자신감을 가지게 되고 적극적인 태도로 변하게 되었다고 하였다.

반면, 주제 중심 초등 수학교과서를 활용한 수업에는 다음과 같은 생각할 거리를 남겨두었다. 생활 속 실제 상황을 다루기 때문에 복잡한 계산이 나타나서 기본적인 수학 개념이 부족한 학생들이 어려움을 겪는다고 하였다. 능동적으로 정보를 재가공하는 수업에서 기초·기본능력이 부족한 학생이 따라가기 힘들다고 하였다. 다양한 교과의 내용을 담고 있는 주제 중심 수업에서 수업 후 달성해야 할 학습목표에 대한 약속과 이를 확인할 수 있는 평가 방법의 구체화가 필요하다고 하였다. 또한 다양한 교과 내용이 섞여 있어 자칫 수학 요소를 배울 때 소홀히 하는 경우도 있다는 것도 주제 중심 초등 수학교과서의 단점으로 제시하였다(박만구 외, 2015, p. 90).

(3) 차후 개발 및 적용 방향

주제 중심 교과서를 개발할 때 관련 교과목의 전문가들이 함께 참여하여 수업 목적, 내용, 방법, 평가 등을 고려할 필요가 있다고 하였다. 다양한 학습자의 수준을 고려한 교과서가 점진적으로 개발되고 도입할 필요가 있다고 하였다. 주제 중심 수학교과서의 도입은 시대 흐름상 필요하지만 모든 단원에 주제 중심 수업을 적용하는 것은 현실적으로 어렵다는 점을 밝혔다. 따라서 주제 중심 수업이 더 효과적이고 필요하다고 판단되는 단원을 선택하여 주제 중심 수학교과서를 활용한 수업을 진행하고 그 외 단원은 기존 수학교과서를 활용하여 수업할 것을 제안하였다.

5.5. 학생 관점의 주제 중심 수학교과서

(1) 건강한 삶

학생들은 주제 중심 초등 수학교과서 속 문제 상황이 자신들의 삶과 밀접한 관계가 있다고 하였다. 또한, 실험이나 측정 등 활동 중심의 수학을 할 수 있는 내용 구성과 다양한 선택 활동을 제시된 점이 좋았다고 하였다. 수학에 대해 별로 흥미를 느끼지 않았던 학생들은 주제 중심 초등 수학교과서에 높은 관심을 보였으며 의자에 앉아 수학 문제를 푸는 것이 아니라 활동하고 계산하며 자신의 삶과 연결지어 고민해 보는 시간이 의미 있었다고 하였다.

IT 기기에 친숙한 세대의 학생들에게 좀 더 효과적인 교과서를 제공하기 위해 주제 중심 교과서에는 다양한 공학 도구를 활용하였다. QR 코드를 삽입하여 읽을거리를 제공하거나 교과서에서는 다룰 수 없는 보다 많은 양의 정보에 접근할 있도록 구성하였다. 학생들은 계산기를 활용하는 수업에서의 활동과 스마트폰의 다양한 앱들을 사용하여 수학 문제를 해결할 수 있다는 것이 즐거웠었다고 하였다. 특히 연산을 못하여 수학 수업에 부담을 느꼈던 학생들이 계산기를 활용할 수 있게 되어 수학에 대한 거부감이 들지 않고 비례식을 세워보는 활동에 집중할 수 있었다고 하였다.

(2) 지속 가능한 삶

학생들 중 일부는 원래 수학을 싫어했지만 실생활과 다른 교과에 쓰임을 알고 긍정적으로 생각이 바뀌었다고 하였다. 학생들은 실생활과 다른 교과에 수학이 쓰임을 경험하지 못하였는데 주제 중심 초등 수학교과서를 학습한 후, 수학에 대한 다른 관점을 갖게 되었다고 하였다. 비교반 학생들은 수학이 계단식(위계성)이기 때문에 이번 학기 학년에 제대로 배우지 않으면 다음 학년, 학기에 어려움이 있다는 것을 알게 되었다고 하였다. 이는 학생들이 후속학습을 위한 수학수업이라는 인식으로 형성되었음을 반증하는 것이다. 반면, 실험반 학생들은 이번 주제 중심 초등 수학교과서를 통해 수학이 교과내 위계성 뿐만 아니라 다른 교과와 연결되고, 사회를 바꿀 수 있는 기능이 있다는 것을 알게 되었다고 하였다. 특히, '통계'가 사회를 바꾸기 위해 하는 역할을 인식하고 자신의 삶을 바꿀 수 있는 근거가 됨을 확인할 수 있었다고 하였다.

이를 통해, 수학이 실생활과 어떤 관련성을 가지는지에 대해서도 학생들은 실제 생활에서 수학(통계)이 어떻게 사용되는지를 경험하고 수학적 사고를 하고 있음을 알게 되었다. 특히 평소에 수학이 실생활과 관련이 없다고 생각하는 학생들조차 주제 중심 초등 수학교과서를 통해 실생활 관련성을 새롭게 알게 된 학생들이 많음을 확인할 수 있었다. 또한, 주제 중심 초등 수학교과서와 같이 공부한다면 훨씬 수학을 재미있게 공부할 수 있을 것이라는 기대감이 증가하여 학생들에게 긍정적인 영향을 미쳤음을 확인할 수 있었다.

(3) 더불어 사는 삶

학생들은 주제 중심 초등 수학교과서 속 문제 상황을 실제 활동과 탐구를 통하여 문제인식과 수학적 학습목표를 기르는데 도움이 되었다고 하였다. 수학에 흥미가 없었고 모둠 활동과 움직임을 좋아하지 않던 학생들은 운동장에서 체험을 하였던 것에 대하여 새롭고 색다르게 접근했다고 말했는데 이는 교수방법에 대하여 시사하는 바가 있다.

수학을 활용하여 메르카토르 지도에 나타난 각 나라의 크기에 대한 왜곡된 문제를 인식하고 이를 해결하기 위한 활동을 하는 과정에서, 글쓰기와 프로젝트 등 다양한 활동을 통해 실험반 학생들은 생각이 확대되고 커져감을 느낀다고 하였다.

학생들은 수학이 자신의 삶과 밀접한 관련이 있으며 '더불어 사는 삶'이라는 주제 중심 초등 수학교과서에서 다루는 사회의 지도와 수학의 측정 방법, 넓이 단위, 비율, 입체도형의 전개도 도덕의 공정이 융합되어 배우는 것에 재미와 흥미가 있다고 하였다. 주제 중심 초등 수학교과서를 활용한 수업은 공학도구 등 다양한 자료와 매체, 그리고 다양한 활동으로 인해 학생들의 수학에 대한 생각과 공부 방법에 대한 변화, 그리고 정의적 영역에서 변화를 가져왔다는 의견이 많았으며, 특히, 수학 공부는 세상을 보는 새로운 눈을 가지기 위해 필요한 것이라는 의견을 제시한 한 학생의 소감은 주목할 만하다.

5.6. 자문 의견

주제 중심 초등 수학교과서에 대해 초등학교 수학교과서를 집필한 경험이 있는 전문가 12인(교수 6인, 현장교사 5인, 현장 전문가 1인)으로부터 받은 자문 의견에서 공통적인 내용을 정리해보면 다음과 같다.

먼저 주제 중심 초등 수학교과서의 장점은 학생들이 실제 생활에서 접할 수 있는 사회적 이슈를 주제로 하여 자연스러운 맥락 속에서 학습을 하게 한다는 것이다. 단점은 수학적 기능의 연습이 부족하다는 것과 가끔 높은 수준의 수학적 지식과 개념의 활용들을 요구한다는 의견이 있었다.

주제 중심 초등 수학교과서에 적용된 통합 모형과 새롭게 도입된 내용에 대한 의견들이 있었는데 다양한 수학교구와 정보화기기를 활용한다는 점과 학생의 수준, 수학 내용의 위계성이 적절하다, 연차시(80분) 등의 운영이 효과적이라는 긍정적인 의견과 수학적 기초개념을 먼저 배우고, 이를 바탕으로 통합, 융합, 창의 수학적 활동을 점진적으로 제시하는 방식에 대해 고려할 필요가 있다는 제안을 하였다.

6. 결론

융복합적 능력은 현대와 미래 사회에서 요구되는 것으로, 경제, 사회, 과학, 문화를 비롯한 여러 영역에서 새로운 창조물을 만들어 내기 위해 필수적이다. 2015 개정 교육과정에서는 창의융합형 인재상을 제시하며 상상력, 창조력, 인성을 겸비하여 새로운 지식을 만들어내고 서로 이질적으로 보이는 다양한 지식을 융합하여 새로운 가치를 창출할 줄 아는 사람이 미래시대에 필요한 사람으로 규정하였다. 교육의 모습도 이에 따라 변화를 추구하고 있으며, 그 변화의 한 방법으로 주제 중심 수학교육을 위한 교과서의 개발과 개발된 샘플 단원을 수업에서 적용해 보았다.

주제 중심 초등 수학교과서를 연구하고 샘플 단원을 개발하여 수업에 적용하며 얻을 수 있는 결론은 다음과 같다.

첫째, 주제 중심의 초등 수학교과서는 분과형 교과서의 한계에서 벗어나 수학의 적용에 대한 보다 넓은 인식을 하도록 하고, 학생들의 흥미와 관심을 높일 수 있다. 둘째, 생활 주변의 삶에 수학을 적용하여 변화를 꾀할 수 있는 수학 유용성의 실제적인 경험과 의사결정 과정에서 다른 교과와 지식을 활용하며 해결하는 융합적 사고 능력을 기반으로 한 수학적 능력의 신장 등에 도움이 된다. 셋째, 주제 중심 수학교과서를 수학 수업에의 적용은 학생들의 수학 성취도의 향상과 수학에 대한 태도를 긍정적으로 변화시킨다. 본 연구에서는 주제 중심 수학교과서를 3가지 통합 방법으로 단원을 개발하고 초등학교 5, 6학년에게 적용한 결과 학생들의 수학성취도가 의미 있는 향상하였으며 수학적 성향인 태도가 향상되었다. 그리고 수학 학습에 대한 흥미와 관심의 증대로 학생들이 보다 능동적이고 적극적인 수업의 참여로 이끌었다. 마지막으로, 수학 시간에 수학만을 학습하는 것이 아니라 다른 교과와의 관련성과 통합에 대하여 새롭게 인식하게 되고, 이를 통합적으로 활용할 수 있는 기회를 얻게 된다. 주제 중심 수학교과서로 학습하게 되면 교사들은 학생들에게 다양한 수학 학습 환경을 제공하게 된다. 이로 인하여 학생들은 전통적인 수학 수업에서는 접해보지 못한 다양한 활동을 실제 해보며 수학에 재미와 흥미를 느끼며 수업을 할 수 있게 된다.

주제 중심 초등 수학교과서를 수업에 적용해 본 결과 다음과 같은 제안을 하고자 한다.

첫째, 2009 개정 교육과정의 수학교과서는 통합적인 소재와 내용 구성이 창의마당 등에서 부분적으로 적용되었다. 그러나 이제는 시대의 변화에 부합하는 창의융합형 인재교육을 하기 위한 방법으로 주제 중심의 수학교과서가 한 단원 전체 또는 몇 개 단원에서 통합의 목적에 맞게 적절하게 적용할 필요가 있다. 또한 학생들이 실제적으로 접할 수 있고 활용할 수 있는 주제와 소재를 선정하여 교과서를 통한 수학 학습이 단순히 개념과 원리를 익히고 문제풀이를 연습하는 학습이 아니라 실제 생활에서 유용하고 실질적으로 도움이 됨을 경험하도록 해야 한다.

둘째, 주제 중심 교과서의 다양한 통합 방법에 대한 연구와 결과물들이 지속적으로 제공되어야 할 것이다. 현대와 미래시대는 빠르게 변화되어 가고 있고 학생들의 지적 호기심의 대상과 학습하는 방법 그리고 활용하는 교구나 기기들은 하루가 다르게 변화하고 있다. 이러한 변화에 발맞춰 주제 중심 또는 통합과 관련되어 있는 수학수업에서 실제적으로 도움이 될 수 있는 교수·학습자료의 연구와 개발이 다양하게 이루어져야 할 것이다. 또한 이를 지도하게 될 교사들에게 교수·학습에 대한 지속적인 안내와 연수가 이루어져 학생들에게 실질적으로 도움이 될 수 있는 가르침이 되도록 꾸준한 연구와 연수를 해야 한다.

셋째, 수학교육의 문제점으로 지적되고 있는 여러 가지 사항들에 대한 해결책은 일반적으로 연구자나 교사의 관점에서 제시되고 있다. 그래서 학생들에게 적용되었을 때 교사와 학생 간의 간극이 발생하게 된다. 문제를 해결할 때는 학생들의 관점에서 무엇이 문제이고 이를 위한 해결책을 학생들과 함께 찾아보며 적용했을 때 실효성 있게 다가갈 수 있을 것이다. 학생들은 주제 중심 초등 수학교과서가 이전에 배웠던 교과서와 내용과 형식이 많이 다르다고 하였고 여러 가지 좋은 점들이 있다고 하였다. 이는 주제 중심 초등 수학교과서의 샘플 단원을 개발하면서 학생들에게 적용하고 학생들의 피드백을 즉시 반영한 결과이다. 학습자 중심의 수학교육이 이루어질 수 있도록 주제 중심과 관련하여 연구된 내용들을 현장에 폭넓게 적용하고 학생들과 함께 고민하며 개선 방법들을 모색할 필요가 있다.

참고문헌

강완 (2013). 2009 개정 초등학교 수학과 교육과정 및 교과서 분석: 개선을 위한 네 가지 문제점. **학교수학**, 15(3), 569-583.

강충열 (1998). 주제 중심교수모델 정립에 관한 연구. **초등교육연구**, 12(1), 5-29.

강충열 외 (2010). 주제 중심 학습프로그램(점프 리더)이 통합적 사고 성향 및 자기주도적 학습력에 미치는 효과. **학습자중심교과연구**, 10(3), 1-19.

교육과학기술부 (2012). **수학교육 선진화 보도자료**. (2012. 01. 10). 서울: 교육과학기술부.

교육부 (2015). **2015 개정 교육과정 총론 및 각론 확정·발표 보도자료**. (15. 09. 23). 서울: 교육부.

김영수, 강충열 (2008). 주제 중심 통합학습이 초등학교 저학년 아동의 학습동기와 학업성취도에 미치는 영향. **통합교육과정연구**, 2(2), 21-40.

김영지 (2003). **주제 중심 통합 단원의 개발 및 적용에 관한 연구**. 인천교육대학교 교육대학원 석사학위논문.

문종은 (2014). **융복합 수학수업에서 나타난 변화율 개념의 이해에 관한 연구**. 이화여자대학교 대학원 박사학위논문.

박만구 (2007). 참여수학을 통한 수학교육 활성화를 위한 모델 개발. **한국학교수학회논문집**, 10(4), 557-571.

박만구 (2013). 초등수학교육에서 창의성 신장을 위한 융합적 접근의 탐색－한국 초등 수학교과서와 미국 Investigations를 중심으로－. **수학교육**, 52(2), 247-270.

박만구, 김진호 (2006). 학습자 중심의 수학 수업에서 교사의 발문 분석. **한국학교수학회논문집**, 9(4), 425-457.

박만구 외 (2014). 주제 중심 초등학교 수학교과서 모델 개발의 방향. **2014 국제수학교육학술대회 프로시딩**, 449-454.

박만구 외 (2015). 주제 중심의 초등학교 수학교과서 모형 연구. **학교수학**, 17(1),

79-98.

박만준 (2010). 지식의 융합과 마음의 문제. **대한철학회논문집**, 113, 73-110.

오명석 (2012). 지식의 통섭(通涉)과 인류학. **비교문화연구**, 18(2), 175-222.

윤영칠 (1999). **주제 중심 통합 학습이 초등학교 고학년 아동의 인지적, 정의적 영역의 성취에 미치는 효과**. 한국교원대학교대학원 석사학위논문.

이영만 (2001). **통합교육과정**. 서울: 학지사.

정광순 (2010). 통합교과 출현과 유지 과정에 대한 현상 해석. **학습자중심교과교육연구**, 10(1), 381-402.

조연순 외 (1996). 주제 중심 통합교육과정 구성. **교육학연구**, 34(1), 251-272.

한학범 (2009). 주제중심학습이 고학년 아동의 학업성취와 자기주도적 학습력에 미치는 영향. **통합교육과정연구**, 3(1), 111-134.

홍영기 (2004). 주제 중심의 통합단원 설계모형의 근거이론적 접근. **교육인류학연구**, 7(2), 111-137.

홍영기 (2009). 수학, 과학 교과의 주제중심 통합프로그램의 효과. **통합교육과정연구**, 32(2), 42-66.

최소영 (2010). 초등학교 중학년 주제중심 통합프로그램 실행연구. **초등교육학연구**, 17(1), 147-172.

최창우, 홍선주 (2015). 초등수학 중심 STEAM 교육 수업주제개발 및 정의적 측면의 적용효과. **초등교육연구논총**, 31(1), 43-64.

추재임, 이종학, 김원경 (2013). 한국 수학교과서와 미국 CMP 교과서의 비교 분석－중학교의 방정식과 함수 단원을 중심으로－. **수학교육**, 52(1), 43-63.

Anderson, C. W. & Roth, K. (1989). Teaching for meaningful and self-regulated learning of science. In J. Brophy (Ed.), *Teaching academic subjects to diverse learners* (pp. 265-310). Greenwich, CT: JAI Press.

Brodeur, D. R. (1998). Thematic teaching: Integrating cognitive and affective outcomes in elementary classrooms. *Educational Technology, 38*(6), 37-43.

California State Board of Education. (1999). *Standards for evaluating instructional materials for social content.* Sacramento, CA: California State Board of Education. Retrieved on December 13, 2016, at http://www.cde.ca.gov/ci/cr/

cf/documents/socialcontent.pdf

Chronaki, A. (2000). Teaching maths through theme-based resources: Pedagogic style, 'THEME' and 'MATHS' in lessons. *Educational Studies in Mathematics, 42*, 141-163.

Drake, S. M. (1993). *Planning integrated curriculum.* Alexandria, V. A.: ASCD.

Drake, S. M. (1998). *Creating integrated curriculum.* Corwin Press. 박영무, 허영식, 유제순 역(2009). 교육과정 통합의 기초. 경기: 교육과학사.

Eichinger, D. & Roth, K. (1991). *Critical analysis of an elementary science curriculum: Bouncing around or connectedness?* East Lansing, MI: Center for the Learning and Teaching of Elementary Subjects. (ERIC Document Reproduction Service No. ED 340 611).

Fogarty, R. (2009). *How to integrate the curricula?*(3rd ed.). Thousand Oaks, CA: Corwin.

Holliday, W. G., Brunner, L. L., & Donais, E. L. (1977). Differential cognitive and affective response to flow diagrams in science. *Journal of Research in Science Teaching, 12*(1), 77-83.

Ingram, J. B. (1979). *Curriculum integration and lifelong education.* New York: Pergamon Press Inc. 배진수, 이영만 역(2002). 교육과정 통합과 평생교육. 서울: 학지사.

Jacobs, H. H. (1989). *Interdisciplinary curriculum: Design and implementation.* Alexandria, VA: ASCD.

Jones, R. (2000). Textbook troubles. *American School Board Journal*, *December cover story.* Retrieved on December 12, 2016, at http://www.asbj.com

Lonning, R. A., Thomas, C. D., & Thomas, P. W. (1998). Development of theme-based, interdisciplinary, integrated curriculum: A theoretical model. *School Science and Mathematics, 98*(6), 312-319.

National Council of Teachers of Mathematics (2000). *Principles and standards for school mathematics.* Reston, VA: Author.

Nesin, G. & Lounsbury, J. (1999). *Curriculum integration: Twenty questions-*

answers. 정광순 (역)(2007). 교육과정 통합: 20가지 질문과 대답. 서울: 한국학술정보(주).

MIT Media Lab (2014). *Life long kindergarten.* Chosun il bo, April 18, 2014.

Schmidt, W. H., McKnight, C. C., & Raizen, S. A. (1997). *A splintered vision: An investigation of U.S. science and mathematics education-Executive summary of the Third International Mathematics and Science Study.* East Lansing, MI: U.S. National Research Center for the Third International Mathematics and Science Study, Michigan State University.

The Center for Education Reform (2001). *The textbook conundrum: What are the children learning and who decides?* Washington, D.C.: The Center for Education Reform.

Woodward, A. & Elliott, D. L. (1990). *Textbooks: Consensus and controversy.* In textbooks and schooling in the United States: Eight-ninth Yearbook of the National Society for the Study of Education, Part I. Chicago: University of Chicago Press.

제5장

미국의 프로젝트형 수학교과서에 관하여: MiC와 CMP3

권나영(인하대학교)

1. 서론

수학교과서는 수학을 가르치고 배우는 것을 지원하는 매체로 아주 오래 전부터 존재해 왔지만, 교과서에 관련된 연구는 역사가 길지 않다. Fan, Zhu, Miao(2013)에 의하면 수학교과서는 수학 교수·학습을 지원하는 매체로서 역할을 하면서도 학교에서 사용하는 교과서에 대한 연구가 되어 있지 않다는 점을 지적하면서 관련 연구의 필요성이 1980년대부터 제기되었고 이후 연구가 확대되었다고 서술한다. 수학교육과 관련된 주요 학술지에 나타난 연구 수를 살펴보았을 때 1980년대 이전에는 교과서 관련 연구가 거의 없었고 그 이후 급격하게 수가 늘어났기 때문이다. Fan, Zhu, Miao의 연구에서 나타난 수학교과서 관련 연구의 내용적인 면을 살펴보면 수학교과서의 내용 분석에 관한 것이 가장 많고, 그 다음으로 수학교과서별 비교, 수학교과서의 역할, 기타 내용들을 다루고 있다. 이처럼 수학교과서에 관심을 가지고 연구하는 이유는 수학교과서가 학교수학의 교수·학습에 깊이 관여하고 있기 때문이다.

교과서는 학교수학에서 중요한 위치에 있다. 수학 수업에서 교사가 정해진 수학교과서를 전적으로 사용하던 다른 자료를 만들어 사용하던 간에 학생들은 학교에서 선정한 특정한 교과서를 수학학습에 접하게 된다. 물론 학생들이 특정 교과서를 수학학습에 얼마나 많이 그리고 효과적으로 사용하는지는 전혀 다른 문제이다. 하지만, 우리나라의 경우를 살펴볼 때, 국가교육과정을 기초로 만들어진 각 출판사의 수학교과서가 학교마다 선정되어 사용되고 이에 기초한 내용으로 수업을 진행하고 학생들은 그에 대한 평가를 받게 된다는 측면에서 본다면 학생들의 수학 학습에 대한 수학교과서의 영향력은 매우 크다고 할 수 있다. 물론 앞으로의 교육과정 개정을 통하여 수학 수업이 변화되고 평가 방법에서도 많은 변화가 있을 것이라고 하더라도 학교마다 선택하는 수학교과서가 있고 수학 수업의 주교재로 활용한다는 점이 변하지 않는다면 여전히 수학교과서의 영향력은 무시할 수 없을 것이다.

최근 우리나라의 교육과정은 상시 개정으로 바뀐 이후 빠른 사회 변화를 반영하기 위해 노력하고 있고 바뀌는 교육과정에 따른 수학교과서 개발도 계속되고 있다. 새로운 교과서 개발을 위해 다른 나라의 수학교과서를 알아보는 것은 새로운 관점에서 교과서를 살펴본다는 측면에서 의미 있는 일이다. 본 고에서는 중등 수학교과서로서 미국의 프로젝트형 교과서인 Mathematics in Context(MiC)와 Connected Mathematics Project(CMP)를 소개한다. 미국은 전통적인 형태의 교과서와 프로젝트형 교과서가 매우 다른 구성으로 차별화되어 있는데, MiC와 CMP의 경우가 대표적인 예이다. 우리나라의 중등 수학교과서는 학년에 따라 많게는 30여종에 이르는 경우도 있는데, 내용 구성에 있어서는 크게 차별화된다고 볼 수 없다. 따라서 앞으로 차별화된 교과서 개발과 사용을 위해 다른 나라의 프로젝트형 교과서를 살펴보는 것이 도움이 될 것이다. 본 고에서는 MiC와 CMP에서 개발된 학생용 교재를 중심으로 내용을 살펴보고 우리나라 교과서 개발과 연구를 위한 시사점을 논의한다.

2. 미국의 프로젝트형 중학교 수학교과서

수학교과서를 소개하기에 앞서 한 가지 알아야 할 점은 미국의 학년 체계가 우리나라와 다르다는 것이다. 앞에서 중등 수학교과서로서 MiC와 CMP를 살펴보겠다고 했는데, 이는 미국의 학년 체계에서 중학교에 해당한다는 점을 밝혀둔다. 미국의 경우, 주에 따라 5학년에서 8학년까지를 중학교에 해당한다고 보기도 하고 6학년에서 8학년을 중학교로 보기도 한다. 여기서 살펴볼 프로젝트형 교과서들은 모두 중학교 학생들을 위해 개발되고 사용된 것인데, MiC는 5학년에서 8학년을 대상으로 개발되었고 CMP는 6학년에서 8학년을 대상으로 개발된 교과서이다. 이런 이유로 우리나라와 비교하자면 초등학교 5학년과 6학년에 해당하는 내용들이 다수 포함되어 있다. 본 절에서는 MiC와 CMP를 소개한다는 측면에서 우리나라와 비교보다는 각 프로젝트의 교육과정 개발 배경과 학생용 교재 내용 구성 등을 중심으로 살펴본다.

2.1. Mathematics in Context(MiC)

(1) 교육과정 개발 배경

MiC 프로젝트는 미국의 위스콘신 대학 연구소(Wisconsin Center for Education Research)와 네덜란드 우트레흐트 대학교(University of Utrecht)의 프로이덴탈 연구소(Freudenthal Institute)가 공동으로 미국 국립과학재단(NSF)의 지원을 받아 1991년부터 1996년까지 실행되었다. 이 프로젝트를 통하여 5학년부터 8학년까지 중학교 교육과정에서 사용할 수 있는 수학교육과정으로 Mathematics in Context라는 교재를 개발하고[1] 일부 학교에서 사용하였다. 우리나라에서는 초등학교가 6년제로 운영되기 때문에 우리나라에 소개된 논문에서는 이 프로젝트가 초·중등용 교과서를 개발하였다고 하기도 한다. 하지만 미국의 교육과정상으로는 중학교 교육과정을 개발한 것이다.

프로젝트를 추진한 구성원 중 한 명인 Romberg가 밝힌 바에 따르면(Romberg & Meyer, 2001), MiC의 배경이 된 것은 크게 세 가지로 첫째, NCTM의 교육과정과 평가 규준(Curriculum and Evaluation Standards), 둘째, 문제 중심 접근에 기초한 연구 기반, 셋째, 네덜란드의 Realistic Mathematics Education(이하 RME)이다. 프로젝트에서 가장 중요하게 생각한 요소는 연결성(connection)이다. 여기서 연결성이라는 것

1) 우리나라에서는 도서출판 나온을 통하여 교재의 번역본이 출간되었으며 2003년부터 출판사 홈페이지를 통해 판매되고 있다.

은 수학 주제들 사이의 연결성, 다른 학문과의 연결성, 수학과 실생활 문제들과의 연결성 등을 의미한다. 연구자들은(Romberg, Webb, Folgert, & Shafer, 2005) 이러한 연결성의 요소가 네덜란드의 프로이덴탈을 중심으로 그의 동료들과 함께 시작된 현실적 수학교육(RME)에 바탕을 두고 있다고 밝힌다. 또한 MiC 프로젝트 개발자의 관점에서 수학은 인간의 사고활동으로 "실생활을 이해하기 위한 도구(sense-making device)(Romberg & Meyer, 2001, p. 4)"라고 하였다.

MiC 프로젝트에서 추구하는 수학교육의 목표는 다음과 같은 6가지이다(Romberg, & Shafer, 2004; Romberg, Webb, Folgert, & Shafer, 2005). 학생들이 스스로 생각하는 법을 배우도록 하고, 수학은 인간의 삶으로부터 출발한 것이므로 생활 속에 적용될 수 있어야 하며, 다른 사람과의 상호작용을 통하여 수학적 지식을 만들어야 하고, 수학문제해결에는 학생에 따라 다양한 전략이 존재하고, 수학교사는 학생들이 자신의 수학을 만들도록 안내하고 촉진하는 역할을 해야 하고, 이해하지 못한 공식을 사용해 문제를 해결하는 것은 무의미하므로 구체적인 맥락에서 문제풀이 경험을 가져야 한다.

MiC 프로젝트에서는 전통적인 수학교육과정이 일반화된 이론이나 법칙에서 구체적인 예를 들며 가르치고 응용문제를 다루는 순으로 가르침이 일어난다고 본다. 따라서 MiC에서는 이런 전통적인 가르치는 순서를 바꾸어 실생활 문제로부터 수학을 다루는 식으로 가르치는 방식을 바꾸어 제시한다. 또한 교사의 역할도 단순히 교재에서 문제를 제공하고 예시를 가르쳐주는 식이 아니라 실생활 문제를 제시하고 학생과 교사가 함께 문제를 해결하기 위해 문제를 이해하고 활동을 해 나가도록 하라고 제안한다. 교사들은 이러한 방식에 익숙하지 않기 때문에 프로젝트 개발팀은 교사용 지도서 외에도 다른 도움자료들을 함께 개발한다.

(2) 개발교재 내용 구성 및 예제

프로젝트에서 개발한 것은 학생용 MiC 교과서와 교사용 지도서(teacher guide)가 있고 교사들을 돕기 위해 교사 도움자료와 실행 가이드(Teacher Resource and Implementation Guide, TRIG) 및 추가 수 관련 교재(Number Tools vol I and II)가 있다.

MiC 프로젝트에서 개발한 학생용 교재(이후 교과서라고 통칭)는 5, 6, 7, 8학년이 사용하도록 계획되었고 각 학년별로 10개의 단원, 총 40단원으로 구성된다. 각 단원은 수, 대수, 기하, 확률과 통계의 네 영역이 포함되어 있다. 우리나라의 수학과 교육과정에서처럼 영역이 구분되어는 있으나 프로젝트 교과서 안에서는 네 영역이 통합되어 나타난다. 수 영역은 4학년까지 자연수에 대한 산술 학습이 잘 되었을 것이라는 가정하에 유리수와 관련된 분수, 소수, 퍼센트 등을 다루고 비에 관해 비중 있게 구성한다. 대수 영역은 40단원 중 13개에 해당하는데, 5, 6, 7, 8학년에 사용될 수 있는 비형식적인 내용을 형식적 대수로 옮겨가게 하는 내용을 다룬다. 기하 영역은 평면 도형의 성질을 학습하는 것보다는 공간 시각화 능력에 초점을 맞추었다. 확률과 통계는 자료를 다루는 개념과 자료를 표현하는 것에 초점을 맞춘다.

구체적으로 학생용 교재 구성을 살펴보기 위해서 중학교 내용과 연관 지을 수 있는 통계 단원을 살펴보자. 이 단원은 7학년 학생을 대상으로 개발된 내용으로 교재의 이름은 'Great Expectations'이고 시작은 '이 책을 배우는 학생들에게'로 시작하여 7개의 이야기로 구성된다. 예시 자료는 독자들의 이해를 돕기 위하여 한글로 번역된 학생용 교과서를 사용한다. 교과서는 각 단원의 처음에 '이 책을 배우는 학생들에게'라는 글로 시작하는데, 단원에서 다루는 내용과 관련하여 생각할 거리를 질문으로 제공하고 단원에서 하게 될 활동을 설명한다. 통계 단원은 설문조사에 대한 얘기로 시작해 설문조사의 결론을 믿을 수 있는지에 대한 두 가지 질문을 던지고 책의 내용과 활동에 대해 간단히 설명한다([그림 1] 참조).

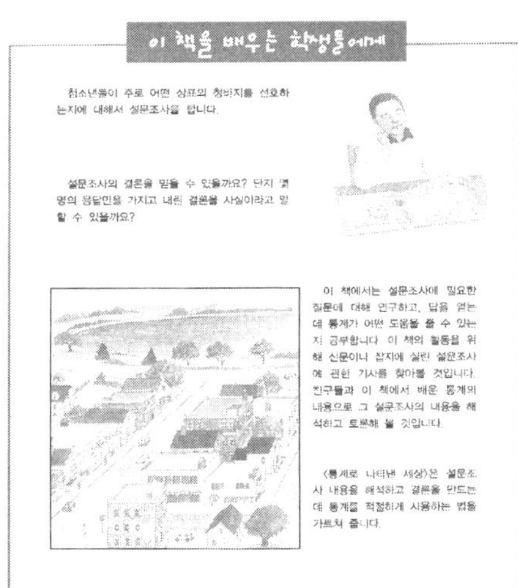
이 책을 배우는 학생들에게

청소년들이 주로 어떤 상표의 청바지를 선호하는지에 대해서 설문조사를 합니다.

설문조사의 결론을 믿을 수 있을까요? 단지 몇 명의 응답민을 가지고 내린 결론을 사실이라고 말할 수 있을까요?

이 책에서는 설문조사에 필요한 질문에 대해 연구하고, 답을 얻는 데 통계가 어떤 도움을 줄 수 있는지 공부합니다. 이 책의 활동을 위해 신문이나 잡지에 실린 설문조사에 관한 기사를 찾아볼 것입니다. 친구들과 이 책에서 배운 통계의 내용으로 그 설문조사의 내용을 해석하고 토론해 볼 것입니다.

〈통계로 나타낸 세상〉은 설문조사 내용을 해석하고 결론을 만드는 데 통계를 적절하게 사용하는 법을 가르쳐 줍니다.

[그림 1] 교재의 시작 부분(위스콘신대학 교육연구소, 2003)

그러고 나서 책의 본론으로 들어가 7개의 이야기가 하나씩 진행된다. 각 이야기는 어떤 상황에 대한 설명이 나오고 그 상황에서 통계와 관련되어 생각할 질문들을 제공한다. 첫 번째 이야기는 불확실성과 관련된 것으로 세 가지 주제로 구분된다. 첫 주제는 동계 올림픽에서 댄 젠센이라는 선수가 획득한 메달에 관한 신문기사를 주고 여기에서 사건을 예측하는 것이 무엇인지에 관해 생각해보고 자료를 다시 분류해보는 활동이다([그림 2] 참조). 이후 비슷한 형식으로 다른 두 가지 주제에서도 상황을 제시한 뒤 설문조사, 자료 정리, 결과 예측과 관련된 문제를 제공하는 식으로 연결된다.

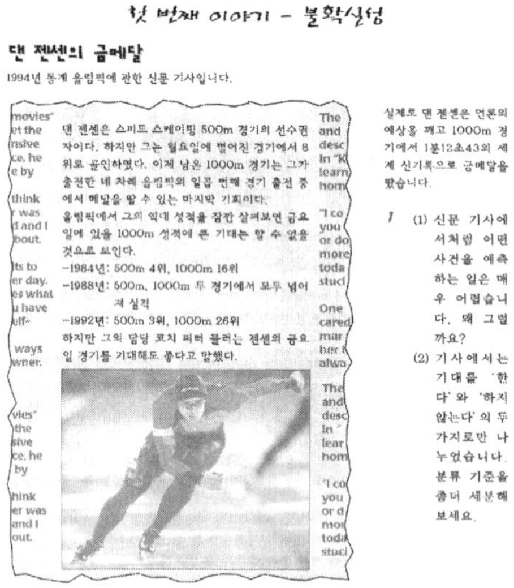
첫 번째 이야기 - 불확실성

댄 젠센의 금메달

1994년 동계 올림픽에 관한 신문 기사입니다.

댄 젠센은 스피드 스케이팅 500m 경기의 선수권자이다. 하지만 그는 월요일에 벌어진 경기에서 8위로 골인하였다. 이제 남은 1000m 경기는 그가 출전한 네 차례 올림픽의 일곱 번째 경기 출전 중에서 메달을 딸 수 있는 마지막 기회이다.
올림픽에서 그의 역대 성적을 잠깐 살펴보면 금요일에 있을 1000m 성적에 큰 기대는 할 수 없을 것으로 보인다.
–1984년: 500m 4위, 1000m 16위
–1988년: 500m, 1000m 두 경기에서 모두 넘어져 실격
–1992년: 500m 3위, 1000m 26위
하지만 그의 담당 코치 피터 뮬러는 젠센의 금요일 경기를 기대해도 좋다고 말했다.

실제로 댄 젠센은 언론의 예상을 깨고 1000m 경기에서 1분12초43의 세계 신기록으로 금메달을 땄습니다.

1 (1) 신문 기사에서처럼 어떤 사건을 예측하는 일은 매우 어렵습니다. 왜 그럴까요?
(2) 기사에서는 기대를 '한다'와 '하지 않는다'의 두 가지로만 나누었습니다. 분류 기준을 좀더 세분해 보세요.

[그림 2] 첫 번째 이야기 부분(위스콘신대학 교육연구소, 2003)

세 가지 상황과 문제가 끝난 뒤에는 '다시 생각하기'라는 코너를 통해 앞의 내용을 설명하고 '생각 문제'라는 코너를 통해 첫 번째 이야기에서의 수학 내용을 정리하는 질문을 준다([그림 3] 참조). 결국 첫 번째 이야기 속에는 세 개의 소단원이 있고 각 소단원마다 상황과 문제, 다시 생각하기와 생각 문제로 내용이 이루어지는 것이다. 통계를 다루는 이 교재의 두 번째부터 일곱 번째 이야기까지는 동일한 구성이다. 그리고 마지막에는 학생들을 위한 활동지 4개가 부록으로 포함된다.

다시 생각하기

이 이야기는 '댄 젠센의 금메달, TV 시청률, 대기 시간'의 세 가지 소재로 이루어져 있습니다. 그리고 각 질문에 정확한 답을 하는 것이 거의 불가능하다고 느꼈을 것입니다. 모두 불확실성을 담고 있는 질문이기 때문입니다.

운동 경기의 결과나 대기 시간을 추측하는 것은 항상 불확실성을 담고 있습니다. TV 시청률의 경우 정확한 값을 알기 위해서는 시간과 비용이 많이 드므로 표본집단을 이용합니다. 그러나 이 역시 불확실성을 담고 있습니다.

생각 문제

5 '대기 시간' 문제에는 어떤 불확실성이 숨어 있나요?

6 불확실성을 포함하고 있기는 하지만, 아무것도 모르는 것보다는 어떤 사건이 일어날 가능성을 아는 것이 중요할 때가 있습니다. 그 예를 세 가지만 써 보세요.

[그림 3] 첫 번째 이야기의 정리 부분(위스콘신대학 교육연구소, 2003)

위에서 본 바와 같이 MiC의 교재는 전통적인 수학교과서에서 볼 수 있는 수학 용어 정리나 원리나 법칙 등의 설명은 전혀 찾아볼 수 없다. MiC 프로젝트의 교육과정 개발에서 가장 중요하게 생각한 '연결성'을 위해 실생활에서 접할 수 있는 상황을 제시하여 수학과 연결 짓는 문제를 중심으로 교재를 구성한다. 또한 문제해결을 중심으로 학생들이 스스로 수학 내용 지식을 구성하고 그 속에서 수학 내용과 연결을 짓도록 직접 할 수 있는 문제를 제공한다.

2.2. Connected Mathematics Project(CMP)

본 절에서 소개하는 내용은 기본적으로 미시건 주립대학에서 운영하는 프로젝트 홈페이지(https://connectedmath.msu.edu/)에서 확인할 수 있는 것들을 사용한다.

(1) 교과서 개발 배경

Connected Mathematics Project(CMP)는 1990년도부터 지금까지 3차에 걸쳐 계속 중학교(6, 7, 8학년) 교육과정을 수정하고 개발해오고 있다. 미국과학재단(NSF)의 지원을 받아 시작된 이 프로젝트는 1차는 1991년부터 1996년까지 진행하여 CMP라는 교재를 개발하고, 2차는 2000년부터 2006년까지 진행하여 CMP2라는 교재를 개발한다. 3차는 미국의 공통교육과정(common core state standards, CCSS)이 시행된 이후 이를 반영하여 프로젝트의 1차 때부터 관여해 온 메릴랜드 대학과 미시건 주립대학의 지원으로 CMP2 교재를 수정·보완한 CMP3 교재를 개발하게 된다. 기본적으로 1차 프로젝트는 NCTM(1989)의 규준에 따르고, 2차 프로젝트는 NCTM(2000)의 규준에 따랐으며, 3차의 경우는 CCSSM에 따라 내용의 기초를 잡는다.

Connected Mathematics 프로젝트가 운영하는 홈페이지에 따르면, 처음으로 만든 교재 CMP는 만드는 과정에 14개 주 20개 이상의 학교에서 특정 영역과 주제 등에 대해 의견을 들어 반영하여 교재를 개발하여 배포한다. 1차로 개발된 CMP의 경우, 미국과학진흥회(American Association for the Advancement of Science, 2000)에서 수행된 한 프로젝트에서, 1998년 당시 판매된 중학교 수학교과서들 가운데 좋은 교과서로 선정되기도 한다(김해규, 2011). 여기서 가장 우수한 평가를 받은 세 교과서는 MiC, CMP, MathScape 였다고 한다. CMP2는 12개 주에서 50개의 실험학교 신청서 가운데 15개 학교를 선정하여 교재를 사용하고 평가피드백을 받아 최종 개발된다. 이러한 과정에 6년이 소요된다. CMP3는 CCSSM이 공표된 이후 이를 반영하고 CMP와 CMP2를 평가 및 연구한 결과를 바탕으로 다시 교재와 온라인 버전을 만든다.

CMP는 중학교 6, 7, 8학년 수학수업에서 문제 중심, 탐구 중심의 수업 환경을 지원하기 위해 교육과정 개발을 시도한다. 이를 위해 만들어진 교재는 수학적 아이디어를 포함한 일련의 과제로 이루어져 교사와 학생들이 이 과제를 다루면서 수학과 다른 학문 간의 또는 수학 내의 여러 영역 간의 연결성을 높이는 데 중점을 둔다. CMP 교육과정 개발의 가장 중요한 수학 규준은 다음과 같다:

> 모든 학생은 수학에서 유창하게 추론하고 의사소통할 수 있어야 한다. 학생들은 추론능력, 통찰력, 창의력, 기술적인 유창성을 가지고 문제를 정의하고 푸는 능력을 포함해서 수학이라는 과목에서의 용어 사용, 표현 방법, 자료, 도구, 테크닉, 지적인 방법을 사용하는 지식과 기술을 가져야만 한다(출처: https://connectedmath.msu.edu/).

초기 개발된 CMP 교재는 NCTM 규준을 바탕으로 만들어진 만큼 교재를 사용한 지역 학부들로부터 많은 논란의 대상이 되기도 한다. 전통적으로 수학수업에서 당연시 여겨지던 반복연습이나 알고리듬에 대한 학습이 없고 학생들이 과제를 읽고 해결하면서 수학지식과 기능을 구성해 나가야 한다는 것이 당시 학부모들에게는 이해되기 힘들었던 것이다. 이것은 단순히 CMP의 문제라기보다는 NCTM 규준에 대한 평가와 맞물려 여러 논쟁거리가 된다. 이러한 논쟁들을 포함하여 여러 학부모와 연구자들의 의견을 종합하여 Connected Mathematics 프로젝트는 지속적으로 교재를 개발한다.

(2) 개발교재 내용 구성 및 예제

본 절에서는 최근 개발된 CMP3를 중심으로 살펴본다. 프로젝트에서 개발한 교재는 학생용 교재, 교사용 교재이고 학생용 교재는 ACTIVe-book이라는 이름으로 온라인 버전이 개발되어 온라인으로도 사용할 수 있다. 교사들을 위한 도움자료로 교육과정에 대한 관점이나 활동지, 수업자료나 학년별로 수업과 관련된 CCSSM 관련 설명 및 학생용 온라인 활동과 사용하는 방법 등은 웹사이트를 통해 제공한다(https://connectedmath.msu.edu/teacher-support/ 참조).

학생용 교재(이후 교과서)를 중심으로 살펴보면 CMP3 교과서는 6학년은 7개의 단원, 7학년과 8학년은 8개의 단원으로 수, 기하, 측정, 대수, 확률, 통계 등을 다룬다. 각 단원은 수학 영역을 하나만 단독으로 다룬다기보다는 주요 영역의 내용을 중심으로 관련 영역의 내용을 통합적으로 다룬다고 할 수 있다. 예를 들어, 다음에 소개할 통계 관련 단원의 첫 내용 시작하는 장의 끝부분에 이 장의 내용에서 CCSSM에 있는 관련 성취기준(7.SP.B.4 등의 설명 부분)이 명시되어 있는데, 통계 단원임에도 불구하고 수 체계의 성취기준(7.NS.A.1 등)과 관련됨을 보여준다. 이렇듯 관련 영역의 성취기준을 명확히 밝힘으로써 각 단원의 내용이 다른 수학 영역을 통합적으로 다룬다는 것을 보여준다.

기본적으로 학생용 교과서는 학생들이 과제를 통해 수학개념을 탐구하고 수학 기능과 문제풀이 과정에 직접 참여하고 서로 의견교환을 통해 개념적 이해를 돕고 수학적 전략을 만들도록 하는 것을 원칙으로 한다. 또한 Connected Mathematics 프로젝트는 계산기 사용을 권장하고 모든 학년에서 사용하도록 하고 있는데, 6학년에서는 일반 계산기를 이용하고 7학년에서는 그래핑 계산기를 사용하여 복잡한 계산과 방정식 해결을 대신하도록 한다.

구체적으로 교과서 내용 구성을 살펴보자. 학생용 교과서는 모든 학년이 공통적으로

'Looking ahead', 'Mathematical Highlights', 'Investigations', 'Unit project', 'Looking back', 'Glossary' 코너로 구성된다. 'Looking ahead'는 각 단원에서 시작하는 부분으로 단원에서 추구하는 수학적 목표를 나타내는 세 가지 질문이 제기된다. 이것은 학습동기유발을 위한 문제 제기로 생각할 수 있는데 단원 내에 있는 문제들을 접하면서 제기된 문제에 대해 생각하게 된다. 'Mathematical Highlights'는 각 단원의 내용을 통해 학생들이 학습할 부분, 즉 성취 수준에 해당하는 내용을 담고 있다. CMP3의 경우는 CCSSM의 내용을 보여준다. 'Investigations'는 각 단원의 핵심 부분으로 3-5가지 내용으로 이루어진다. 주요 구성요소는 문제(Problems), 응용된 문제 시리즈 코너(Applications-Connections-Extensions로 구성), 반성코너(Mathematical Reflections), 수학활동 반성코너(Mathematical Practices Reflections)이다.

구체적인 교과서의 예로 통계와 관련된 7학년의 한 단원인 'Samples and Populations'를 살펴보면 다음과 같다. 'Looking Ahead'에서는 실생활에서 볼 수 있는 상황으로 어떤 롤러코스터가 더 빠른지를 어떻게 결정할 수 있는지에 관한 문제, 설문조사를 할 때 모집대상 수 결정에 관한 문제, 섬에 사는 알바트로스 새의 수를 추측하는 문제 등을 제시한다. 이런 문제에 대해 생각해보게 한 후 통계에서 필요한 샘플과 모집단에 대한 내용을 단원에서 다루게 되는 것이다([그림 4] 참조).

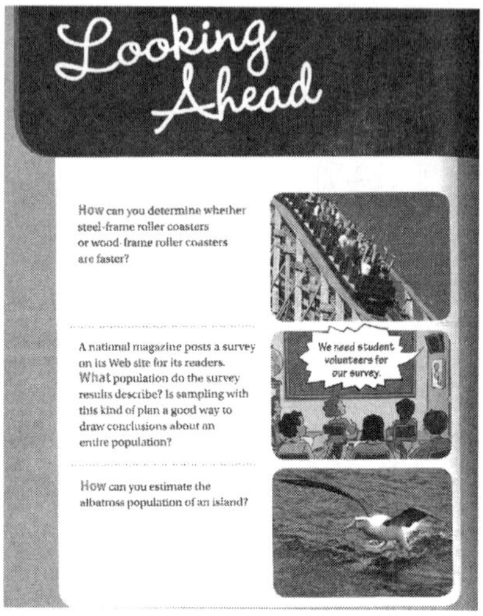

[그림 4] Looking Ahead 부분(Lappan, Phillips, Fey, & Friel, 2014)

'Mathematical Highlights'에서는 이 단원에서 비교와 예측을 위해 자료를 모으고 분석하는 여러 가지 방법을 배울 것이라고 하면서 배울 내용에 대해 상세하게 설명한다. 또한 추가로 CCSSM에서 관련된 내용에 대해서도 구체적으로 설명한다([그림 5] 참조).

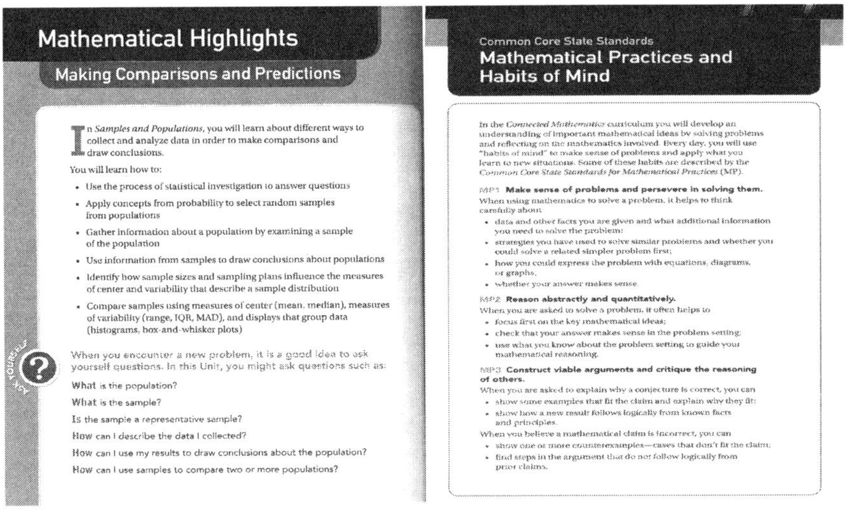

[그림 5] Mathematical Highlights 부분(Lappan et al., 2014)

단원의 핵심부분인 'Investigations'는 우리나라 교과서의 소단원처럼 몇 가지로 나뉘어 과제가 제시된다. 통계와 관련된 이 단원은 세 개의 소단원으로 구성되어 있는데 샘플을 이해하는 내용을 첫 소단원으로 제시한다. 단원 시작에는 샘플이 관계되는 상황에 대한 설명이 나오고 첫 페이지에 CCSSM의 구체적인 성취수준을 명시한다. 단원의 과제는 관련되는 수학 용어나 법칙 등에 대한 설명 없이 곧바로 문제로 시작한다. 각 문제들은 샘플을 이해하기 위해 자료를 정리하는 것과 관계되어 있고 문제를 다루다보면 수학적인 용어들이 등장할 때 최소한으로 용어를 설명한다([그림 6] 참조). 'Mathematical Reflections' 부분은 우리나라 교과서의 단원 마지막 개념정리 부분과 비슷한데, 단원에서 관련된 수학 내용에 관한 몇 가지 질문들로 학생들이 배운 내용을 정리할 수 있도록 구성되어 있다.

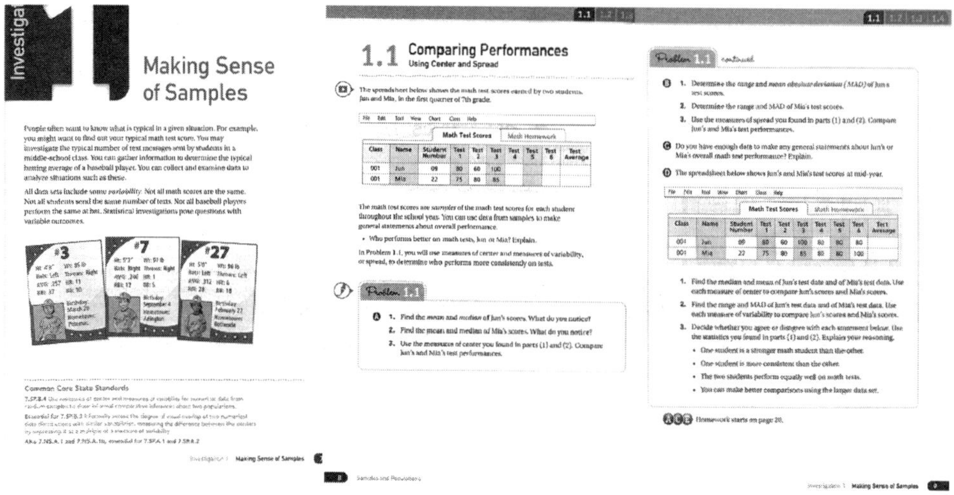

[그림 6] Investigations 부분(Lappan et al., 2014)

3. 논의

지금까지 미국의 프로젝트형 교육과정인 MiC와 CMP의 개발 배경과 학생용 교재에 관해 살펴보았다. 앞에서 소개한 MiC와 CMP의 경우, CMP3는 최근 개발된 것이기는 하지만, 우리나라에 이미 오래전부터 관련 연구들과 책이 소개되어 비교적 알려져 있는 프로젝트형 교육과정들이다. 그럼에도 불구하고 여전히 우리나라 연구자들과 교과서 개발자들로부터 지속적인 관심을 받고 있다. 이것은 우리나라의 수학과 교육과정이 2007 개정 이후 실생활과의 연결성이나 수학적 과정 강조를 해 오고 있음에도 프로젝트형 교과서들만큼 획기적인 변화가 나타나지 못하는 것도 한 가지 이유라 할 수 있다. 그렇다면 앞에서 소개한 두 프로젝트가 우리나라 교과서 개발에 주는 시사점들을 생각해 보자.

첫째, 교육과정에 따른 교과서 개발은 충분한 기간의 현장 연구와 함께 진행되어야 한다. MiC나 CMP3의 경우 교재 개발과정에서 실험학교에서 일 년 동안 사용한 결과를 바탕으로 최종 교재를 출판사를 통해 판매하고 학교에서 사용하였다. 교과서 개발

과정에서 학사일정에 맞추어 일 년이라는 기간을 모두 교사를 통해 학생에게 적용해 보고 수정이나 보완이 이루어졌다. 본 서의 3장과 4장에서 소개한 것처럼 우리나라에서도 스토리텔링을 중심으로 한 교과서나 주제 중심 교과서 등 새로운 교과서를 개발하려는 노력이 계속되고 있다. 초등학교의 경우는 국정교과서로 개발되면서 2013년도부터 스토리텔링이 교과서에 반영되었다. 하지만 중·고등학교의 경우는 모델교과서 개발(권오남, 박규홍, 이상구, 박제남, 주미경 외 12인; 이재학, 고호경, 권영철, 김선희, 김영진 외 14인, 2013)에만 그쳤다. 모델교과서 개발에는 학교현장에 사용하고 그 효과에 관해 확인하는 과정이 필수로 포함되지만, 기간도 한 달여에 그치고 이러한 교과서가 실제로 출판사를 통해 개발되고 검·인정을 통과하여 판매된 적은 없다. 그 때문에 새로운 형태로 개발하려는 노력에서 나아가 학교현장에서 지속적으로 활용해 본 연구 결과는 찾아볼 수 없다. 모델교과서 개발은 단지 교육과정의 일부분으로 제안하는 것에 그치는 것이고 실제로 학교에서 학사일정에 따라 일 년을 사용해 본 결과가 있어야만 교과서로서의 의미나 학생들의 수학학습에 있어서의 효과성, 그리고 이에 따른 수정·보완할 점 등을 확인해 볼 수 있는 것이다. 교과서 개발에 현장 연구를 충분히 적용하는 것이 반드시 필요하다.

둘째, 교사와 학생들의 교과서 사용에 관한 연구 결과를 바탕으로 새로운 교과서 개발에 반영하는 것이 필요하다. MiC 교재의 경우, 우리나라의 초등학교 학생들에게 사용 후 학교적용 효과성을 연구한 경우(신종호 외 12인, 2006)가 있다. 이 연구에서는 정규수업에 MiC 교재를 사용했을 때 학생들의 수학문제해결능력 검사에서 높은 결과를 나타내었다고 하였다. 물론 통계적으로 유의미하게 높은 것이 아니었지만 비교집단이 사교육을 많이 받고 있어 학업성취도가 높은 지역이라는 점을 감안한다면 MiC 교재의 사용을 통한 검사결과를 의미 있게 고려해 보아야 한다고 하였다. 이렇듯 외국의 프로젝트 교과서를 사용한 후 학생들에 미치는 영향을 조사한 연구는 찾아볼 수 있는데, 우리나라의 교과서를 사용하고 나서 이것이 학생들에게 어떤 영향을 미치는가에 관한 연구는 찾아보기 힘들다. 교과서와 관련된 연구는 대부분 교과서 자체의 내용을 검토하거나 분석하고 외국 교과서와 내용이나 체계 및 구성을 비교하는 것이다(권나영, 김래영, 김구연, 2011). 수업 사례와 관련짓는 연구들은 보통 교수·학습 방법과 연관되는 연구들이고 교과서 사용과 관련한 연구는 많지 않다. 우리나라의 대부분의 학교가 매해 수학교과서를 선택하고 이를 주교재로 사용한다는 것을 가정한다면 이렇게 사용한 교과서가 학생들의 수학학습에 어떤 효과가 있는지에 대한 연구가 반드시 필요하고 이 결과에 기반을 둔 새로운 교과서 개발이 이루어져야 하는 것이다.

셋째, 교사들의 교수·학습을 도울 수 있는 교과서와 지도서 및 도움 자료 개발이 동시에 이루어져야 한다. 앞에서 소개한 MiC나 CMP의 경우 교사들을 위한 지도서뿐만이 아니라 활동지나 기타 도움 자료들이 함께 개발되었다. 프로젝트형 교재들은 전통적인 교과서와 완전히 다른 구성과 문제를 포함하고 있기 때문에 교사들이 이 교재를 사용하기 위해서는 지도서나 도움 자료 등이 반드시 필요하였던 것이다. 김민혁(2013)의 연구에서 살펴보면 우리나라 중·고등학교 교사를 대상으로 한 설문조사에서 교사들이 수업목표를 위해 참고하는 자료로 교과서, 교사용 지도서, 기타 참고서, 개인 경험이나 지식, 교육과정 자료, 동료교사, 인터넷 등의 순으로 나타났다. 이 연구 결과에서 보면 교수법을 위해 참고하는 자료는 개인의 경험이나 지식, 문제집이나 참고서를 더 많이 보고 교사용 지도서는 그보다 적게 사용하는 것으로 나타났다. 평가를 위해 참고하는 자료에서도 교사용 지도서의 활용도는 낮게 보고되었다. 이 연구에 참여한 교사의 수가 많지 않다는 것을 고려하더라도 수학수업을 준비하는 데 있어 수업목표를 선정하거나 교수법, 평가 등을 고려하기 위해 참고하는 자료로 교사용 지도서가 큰 의미를 지니지 않는다는 것을 확인할 수 있다. 이러한 결과는 어떤 의미에서는 교과서를 사용하는 방법에 대한 특별한 안내 없이도 수학수업을 진행할 수 있다는 것일 수도 있고 어떤 의미에서는 교사용 지도서에 수업에 도움이 될 만한 자료가 부족하다는 의미일 수도 있다. 새로운 교과서 개발을 위해서는 교과서 사용을 적극적으로 도울 수 있는 지도서 및 도움 자료 등이 함께 개발되어 교사에게 제공되는 것이 필요하다. 또한 이러한 자료의 개발은 교과서의 목표나 방향을 이해하는 동일한 교과서 집필진이 함께 참여하여야만 내용과 사용 방법에 대한 일관성을 유지할 수 있을 것이다.

교육과정이 변화하는 것은 문서상으로 변화를 확인하기 위한 것이 아니라 실제 교실의 수업에서 교사가 실행하는 교육과정을 통해 드러나고 학생들의 학습에 있어서 변화가 나타나는 것을 목적으로 하는 것이다. 이러한 과정에서 수학 수업의 주교재로서 교과서의 역할을 고려한다면 새로운 교과서의 개발은 중요한 의미를 지닌다. 본 고에서 살펴본 미국의 프로젝트형 교육과정과 학생용 교재 예시가 앞으로 우리나라의 교육과정 변화에 따른 새로운 교과서를 개발할 연구자와 교사들에게 도움이 되기를 기대한다.

참 고 문 헌

권나영, 김래영, 김구연 (2011). 초·중등 수학과 교육과정 연구의 주제별 동향 분석. **수학교육**, 50(4), 507-520.

권오남, 박규홍, 이상구, 박제남, 주미경, 외 12인. (2013). **고등학교 스토리텔링 모델 교과서 개발**. 한국과학창의재단: 2013-8.

김민혁 (2013). 수학교사의 교과서 및 교사용 지도서 활용도 조사. **학교수학**, 15(3), 503-531.

김해규 (2011). 시엠피(The Connected Mathematics Project)에 대한 고찰. **수학교육 논문집**, 25(1), 119-145.

신종호, 박영훈, 정영옥, 장수정, 박보영, 김주백, 박신자, 송민종, 김문필, 차재훈, 김영신, 최효식, 유승민 (2006). 맥락기반 수학프로그램인 'Mathematics in Context'의 학교적용 효과성 연구. **열린교육연구**, 14(2), 23-40.

이재학, 고호경, 권영철, 김선희, 김영진 외 14인. (2013). **중학교 스토리텔링 모델 교과서 개발 최종 보고서**. 한국과학창의재단: 2013-7.

위스콘신대학 교육연구소 (2003). **통계로 나타난 세상**(나온교육연구소 옮김). 서울: 도서출판 나온.

Fan, L., Zhu, Y., & Miao, Z. (2013). Textbook research in mathematics education: development status and directions. *ZDM Mathematics Education, 45*, 633-646.

Lappan, G., Phillips, E. D., Fey, J. T., & Friel, S. N. (2014). *Connected Mathematics 3: Grade 7*. Upper Saddle River, NJ: Pearson.

Romberg, T. A., & Meyer, M. (2001). *Mathematics in Context*. Madison, WI: Education Development Center, Inc.

Romberg, T. A., & Shafer, M. C. (2004). *Purpose, plans, goals, and conduct of the study*. (Mathematics in Context Longitudinal/Cross-Sectional Study

Monograph 1). Madison, WI: University of Wisconsin, Wisconsin Center for Education Research.

Romberg, T. A., Webb, D. C., Folgert, L., & Shafer, M. C. (2005). *The impact of MiC on student achievement.* (Mathematics in Context Longitudinal/Cross-Sectional Study Monograph 5). Madison, WI: University of Wisconsin, Wisconsin Center for Education Research.

PART 3

수학교과서 개발을 위한 제언

제 6 장

수준별 수업을 위한 개인차를 고려한 수학교과서

서보억(충남대학교)

1. 들어가는 말

우리나라 수학교육은 철저하게 국가수준 교육과정에 의해 운영되고 있다. 제7차 수학과 교육과정(교육부, 1997) 이후, 2007 개정(교육인적자원부, 2006), 2009 개정(교육과학기술부, 2011), 2015 개정(교육부, 2015) 교육과정으로 변천해 오면서 일관되게 유지되어져 오는 기조 중의 하나가 '학습자 중심' 수학교육의 실현이다. 수학과는 창의와 융합을 바탕으로 학생의 능력과 흥미, 적성 등과 같은 내적인 동기를 통해 학습자의 특성을 고려하는 학습자 중심의 교육과정을 표방한다. 학습자 중심 교육의 실현은 자연적으로 학생 개개인의 필요와 여건에 기반하여야 하므로 필연적으로 학생 개개인의 차이를 고려할 수밖에 없고, 동일한 학습내용을 동일한 학습수준에서 지도하던 전통적인 방법과는 차별화할 필요가 있다. 새로운 세대의 교육은 개인차를 고려한 교수학습이 절대적으로 요구된다고 하겠다(서보억, 2008).

이미 널리 알려진 바와 같이, 제7차 수학과 교육과정의 철학적 배경은 구성주의를 기반으로 한다. 구성주의는 조작적 구성주의, 급진적 구성주의, 사회적 구성주의로 세분화되는데, 최근 수학교육의 방향은 사회적 구성주의를 근간으로 한다(강옥기 외,

2012). 구성주의에 기반을 둔 수학교육은 교사의 안내에 의해서 활발한 내적 인지적 활동 및 사회적 협의, 합의의 과정을 통해 학습자 스스로 지식을 구성하는 것을 의미한다. 기성세대에 의해 전성되어온 지식을 단순히 습득, 기억하는 것이 아니라 내적 인지구조를 재구조화하여 학생 스스로 지식을 구성해 가는 것이다. 여기서 지식의 자주적 구성은 교사가 제공한 경험을 통해 저절로 구성되는 것은 아니다. 철저하게 교사의 계획과 도움에 의한 '안내된 자주적 구성'을 의미한다. 동시에 교사가 학생 스스로의 사고과정에서 발생하는 다양한 오류를 수정, 보완할 수 있도록 적극적인 도움을 제공함으로 인해 일어나는 자주적 재구성을 의미한다. 따라서 수학교실에서 교사는 학습자의 학습 초기에 바람직한 수학학습 경험을 적극적으로 제공하는 것이 필연적으로 요구된다고 할 수 있다.

수학과 교육과정은 수학교육목표를 달성하기 위하여 무엇을 선정해서 어떻게 조직하여 가르칠 것인가를 종합적으로 묶은 교육의 전체적인 계획이다. 즉, 수학교실 환경 속에서 학생들이 갖게 되는 모든 수학적인 경험과 수학활동의 총체로서 제시되는 것을 의미한다. 하지만, 아무리 합리적이고 체계적인 교육목표와 교육내용, 교육방법, 교육평가가 이러한 수학과 교육과정을 통해 교사들에게 소개되더라도 제시된 교육과정 그 자체로는 수학교육활동을 학교현장에서 수행할 수 없다. 다음 질문의 답이 무엇인지 생각해 보자.

- 교육과정에 제시된 내용요소를 구체적으로 구현한 것은 무엇인가?
- 구성주의가 주장하는 학습자 중심 수업을 위해 학생에게 제공되는 학습도구는 무엇인가?

아마 수학교과서일 것이다. 교육과정의 이상을 가장 잘 반영한 수학교과서가 가장 현실적인 수학과 교육과정이라고 볼 수 있고, 이것이 구성주의에서 주장하는 학습자 중심의 개별화된 수업을 실현하기 위한 최초의 경험에 해당한다.

따라서 급변하는 사회의 변화에 따른 사회적인 요구 및 교육이론의 체계적인 적용이 교육과정에 제시되더라도 수학교과서가 이러한 요구와 교육이론에 부합되지 않거나 충분히 이해할 수 없는 형식으로 소개된다면 새로운 교육과정이 추구하는 목표를 실제 학교 현장에서 달성하기 어려운 것이다. 또한 학습자 중심의 교육이 이루어지기 위해서는 학생들이 경험하는 수학교과서가 개인차를 고려한 형태로 제시되지 않는다면 구성주의 이상이 학교현장에서 실현될 수 없다. 실제로 이러한 관점과 같은 맥락에서 현행 수학교과서의 문제점에 대해 다음과 같이 주장한다. 첫째, 수학적 사실의 전달도구로서의 교과서. 둘째, 동일한 수준의 대동소이한 수학교과서, 셋째, 형식적인 도입으로 수학학습을 어렵게 하는 교과서, 넷째, 교구사용 및 학생들의 조작활동 활성화의 어려움을 가지고 있는 수학교과서, 다섯째, 사회적 구성주의에서 지향하는 활발한 의사소통을 어렵게 하는 수학교과서이다(황혜정 · 임재훈, 1998).

또한 Kukushin는 교수학적 원리를 10가지 제시하면서 아홉 번째로 집단 활동과 개별 활동의 합리적인 결합의 원리를 제시하였고, Baranov는 여덟까지의 교수학적 원리 중 마지막원리로 개별화의 원리를 제시하였으며, 한인기는 수학교수학적 원리를 여덟 가지 제시하면서 일곱 번째 원리로 차등적 접근의 원리를 제시하였다(한인기, 2006). 여기서 개별화 혹은 차등적 접근에 의한 교육은 학생들의 개인차를 최대한 고려하여 학생을 통제, 조절하는 학습의 과정을 의미한다. 이를 위해서는 학생들의 특성에 기반을 둔 개인차를 고려한 교과서가 필연적으로 요구되어진다.

따라서 이 장에서는 수준별 수업 및 개인차를 고려한 수학수업을 실현하기 위한 혹은 이러한 이상을 잘 반영할 수 있는 방안에 대해 고찰하고자 한다. 이를 통해 최종적으로는 개인차를 고려한 수학교과서의 모습에 대해 살펴보기로 한다.

2. 문헌분석

2.1. 개인차의 관점에서 본 현재 수학교과서 체제

수준별 수업 혹은 개인차를 고려한 교과서에 대해 고찰하기 이전에 현재 우리나라 교과서를 개인차의 관점에서 진단할 필요가 있다. 이러한 진단은 다음 네 가지 관점에서 고찰한다.

첫째, 개인차를 고려한 수준별 교과서는 학년 간 혹은 학교급 간 연계성이 체계적이야 한다. 2015 개정 수학과 교육과정 중학교 1~3학년군에서는 수와 연산, 문자와 식, 함수, 기하, 확률과 통계 영역 순서대로 구성되고, 고등학교 1학년에서도 이러한 기조를 유지하도록 하였다. 이로 인해, 내용 영역의 배치에 있어서는 학년 간 및 학교급 간 연계성이 잘 이루어져 있다. 그런데 이러한 내용 영역의 배치에 있어서의 내적 일관성과 다르게 각 내용 영역별 학습내용 구성은 연계성이 부족한 점이 있다. 예를 들어, 확률과 통계 내용 영역의 경우, 중학교 1학년에서는 도수분포표, 상대도수 등과 같은 통계적 내용인 자료의 수집과 정리에 대해 학습을 하지만, 중학교 2학년의 경우는 확률이라는 전혀 다른 내용을 학습한다. 또, 중학교 3학년에서는 대푯값, 산포도, 상관관계라는 통계적 내용을 학습하게 되고, 고등학교 1학년에서는 순열과 조합을 학습하게 된다. 중학교 1학년부터 고등학교 1학년의 학습내용에 있어서 상호간의 연계성이 매우 부족한 실정이다.

둘째, 다양한 수준을 가진 학습자의 요구에 상응하는 보충학습 및 심화학습 문제가 제공되어야 한다. 현행 수학교실은 모든 학생이 동일한 교과서로 수업이 이루어진다. 따라서 수학교과서는 다양한 요구 수준을 반영한 학습내용의 제시가 필요하다. 하지만, 교과서의 내용 제시가 보통수준의 학습자, 즉 평균적인 학생을 기준으로 집필되어 있다. 따라서 교과서의 내용제시 및 문제 제시가 수준별 학습지도에는 적절하지 못하다. 특히 교과서의 내용 구성을 보면 낮은 수준의 학생들을 위한 수학교육적 배려가 매우 부족할 뿐 아니라, 몇몇 문제를 제외하고는 높은 수준의 학생을 위한 심화학습내용도 충분하지 못하다. 현재 수학교과서 구성이 학생의 수준을 고려한 교과서가 아니기 때문에 개인차를 고려한 수학수업을 실현하기에는 한계가 있음이 분명해 보인다.

셋째, 개인차를 고려한 수학교과서는 자기주도적 학습이 가능한 내용 구성이 이루어져야 한다. 높은 수준의 학생과 낮은 수준의 학생 모두를 포괄한다는 것은 어떤 학생이 수학교과서를 펼치더라도 학습자 스스로 학습 내용을 파악할 수 있는 수준에서 집필되어야 한다는 것을 의미한다. 즉 학생 혼자의 힘으로 수학학습을 할 수 있는 자기주도적 학습이 가능한 교과서일 필요가 있다. 자기주도적 학습이 가능하기 위해서는 교과서가 학생의 다양한 수요와 요구에 부합되고, 흥미와 호기심과 도전감을 줄 수 있을 만큼 다양한 정보를 담고 있어야 함을 의미한다. 학생이 지니고 있는 선행지식을 기초로 하여 학생 스스로의 주도적 활동을 통해 새로운 수학개념을 파악하고, 이를 이용하여 다양한 문제를 해결할 수 있도록 구성되어야 한다. 하지만 현재 수학교과서는 서로 다른 수준의 부합된 다양한 내용이 제시되어 있다고 볼 수 없다. 여러 가지 방법으로 개념을 도입하는 활동을 제시하고 있지만, 새로운 개념을 학생 스스로의 힘으로 유도해 내기에는 어려움이 있는 내용 구성이다. 대부분의 수학교과서는 도입활동을 통해 선수학습을 이해하고 있는지 확인하거나, 간단한 수준의 답을 요구하는데 그치고 있기 때문이다. 이로 인해 학생 혼자의 힘으로 수학개념을 수학교과서에 제시된 수학개념을 획득하는 데 한계가 있다.

넷째, 개인차를 고려한 수학교과서는 수준별 학습 지도가 가능하도록 구성되어야 한다. 개인차를 고려한 수준별 학습이 가능하려면 교과서의 내용 구성이 낮은 수준, 보통 수준, 높은 수준에 있는 학생들의 다양한 요구에 부합되어야 한다. 그런데 현재의 수학교과서는 한 권의 교과서 안에 기본적인 학습내용 중심으로 교과서가 집필되어져 있고, 단원의 마지막 부분에 창의력 문제, 문제해결문제, 추론 문제 등 심화학습 내용이 제시되는 구성이다. 이로 인해, 다양한 수준의 학생들이 거의 동일한 방법으로 수학적 개념이나 원리, 법칙 등을 학습하고, 이를 바탕으로 어려운 연습문제를 똑같이 해결하고 있다. 이러한 현행 교과서의 내용 제시는 다양한 개인의 능력과 수준을 충분히 고려하고 있지 못하다는 것을 보여준다.

2.2. 개인차의 관점에서 본 현재 교과서 정책

앞에서 제기한 몇 가지 현안의 원인은 현재 교과서 정책과도 밀접한 관련이 있다. 우리나라의 교과서는 검인정 및 국정교과서 체제를 유지하고 있는데, 국정교과서의 경우 교육부가 정한 심의진이 있고, 검정교과서 및 인정 교과서의 경우도 이와 비슷한 검인정 위원회가 있다. 이러한 국정교과서 및 검인정 교과서의 경우 철저하게 국가에서 제시한 교과서 집필지침과 집필세목을 따르도록 강제하고 있는 실정이다. 교육부는 교과서의 개발 원칙 뿐 아니라, 교과서의 구성 체제, 교과서 내용의 선정, 교과서 내용 조직, 교과서 개발 지침을 상세화하여 제시하고 있다. 심지어 교과서의 지면의 수까지 규정하고 있다. 이러한 내용을 담고 있는 것으로 2015 개정 수학과 교육과정 연구보고서 및 교육부에서 밝힌 교과용도서 편찬방향은 [표 1]과 같이 요약할 수 있다(박경미 외, 2015).

[표 1] 교과서 집필지침과 집필세목에 대한 요약

구분	상세 내용
교과서 개발 원칙	• 교육과정에 제시된 교육 내용의 수준과 범위를 준수한다. • 수학 교과 역량을 기르는 데 적합하도록 내용을 구성한다. • 생활 주변 현상이나 학생들에게 친숙한 상황을 소재로 구성한다. • 수학 학습에 자신감을 기를 수 있도록 학습자의 수준을 고려하여 수학의 기초 개념, 원리, 법칙을 이해하기 쉽고 숙지할 수 있도록 구성한다. • 학년 수준에 맞는 적절한 편집과 디자인을 활용하여 학습 효과를 높이도록 한다. • 교육과정의 배당 기준 시간에 적합한 분량으로 구성한다.
교과서 구성 체제	• 내용의 연계성, 특성, 분량 등을 고려하여 단원을 구성하고 배열할 수 있다. • 단원 간의 내용 수준이나 양의 균형을 적절하게 유지한다. • 학생의 능력과 수준에 따라 수준별 교수·학습이 가능하도록 내용을 구성한다. • 각 단원의 첫 부분에는 동기 유발 자료, 학습 목표 등을 적절히 제시한다. • 수학적 기초가 약한 학생들도 학습 내용을 이해하고 연습할 수 있도록 예제, 문제 등을 적절히 제시한다. • 해당 차시에서 학습한 내용을 충분히 이해하고 연습할 수 있도록 내용 정리 또는 적용 문제 등을 적절히 제시한다. • 교과서의 문장 및 언어 표현으로 인해 수학 학습이 저해되지 않도록 한다. • 학습 내용을 정리하고 종합 및 적용할 수 있도록 단원 정리 및 연습 문제 등을 포함하며, 이 때 다양한 유형 및 난이도의 평가문항을 제시하고, 그 평가 결과를 토대로 교수·학습을 향상시킬 수 있도록 한다.
교과서 내용의 선정	• 수학 교과 역량을 기르는 데 적합한 내용을 선정한다. • 교육 내용은 수학과 교육과정 범위의 적정화를 유지한다. • 교육 내용은 핵심 개념(용어와 기호 포함), 원리, 법칙을 중심으로 선정한다. • 생활 주변 현상을 포함한 여러 가지 상황을 학습자의 수준에 맞게 가공하여 학습 소재로 적절히 활용한다. • 학생 스스로 수학적 개념, 원리, 법칙을 발견할 수 있는 활동을 강조한다. • 문제해결, 추론, 의사소통, 창의·융합, 정보처리 능력을 함양하는 문제를 포함한다. • 수학 자기주도학습 능력을 기르도록 내용을 구성한다. • 교구와 공학적 도구가 효율적으로 활용될 수 있는 교수·학습 상황을 제공한다. • 내용의 분량은 수학 교과의 기준 시수를 고려하여 적정하게 선정한다.
교과서 개발 지침	• 교육과정 <학습 요소>에 제시된 용어와 기호는 정의하여 다룬다. • 학생들의 자기주도적 학습과 다양한 학습 활동을 도울 수 있도록 한다. • 다양한 해결 방법을 제시할 수 있는 문제와 과제를 제시한다. • 공학적 도구를 활용할 수 있다. • 활용문제는 단원의 마지막 정도에 제시하고, 활용 문제가 유형화되지 않게 한다.
기타	• 내용의 표현이나 표기는 수학적으로 정확하고 학생이 이해하기 쉽도록 나타낸다. • 한글과 외래어의 표현 및 표기는 한글 맞춤법 등에 따른다. • 내용의 이해를 도울 수 있는 사진, 삽화, 도표, 통계 자료 등은 적절하게 제시한다. • 사진, 삽화, 도표, 통계 등의 자료는 출처를 명확히 제시한다. • 자료를 제시할 때에는 저작권, 특허권 등 최신 법규에 따른다. • 표지, 면지, 속표지, 화보 등은 수학교과서의 특색이 잘 드러나게 한다. • 색을 적절히 활용하여 학습 효과를 높일 수 있도록 한다. • 편집과 디자인의 기법을 적절히 활용하여 학습 효과를 높일 수 있도록 한다. • 교과서 분량은 150쪽이며, 10% 범위 내에서 증감할 수 있다(초등학교).

현재 수학과 교육과정에서는 '수준별 수업은 내용 요소를 차별화하기보다는 내용의 깊이나 접근방법에 차이를 두어'라고 제안하고 있다. 이는 모든 학생이 동일한 교과서로 학습을 하되, 학생의 수준을 고려하여 수업을 진행할 것을 권고하는 것이다. 이러한 기준의 제시는 모든 학생에게 동일한 기회를 제공한다는 측면에서 접근한 것으로 볼 수 있다. 따라서 교과서의 편찬방향도 이러한 맥락에서 이해할 필요가 있다.

첫째, 교과서 개발 원칙을 살펴보자. 여기에서는 '학습자의 수준을 고려하여'라고 선언하면서 수학교과서가 다양한 수준의 학생들의 요구에 충족하도록 집필을 유도하고 있다. 이러한 요구조건에 충족하기 위해서는 교과서 본문에 다양한 수준의 학생이 자신의 수준에 부합된 내용이 무엇인지 분명하게 인식할 수 있도록 수학교과서가 편집될 필요가 있다. 어떤 내용이 필수적인 내용인지, 어떤 내용이 부가적인 내용인지 인식할 수 있도록 편집되어야 한다.

둘째, 교과서 구성 체제를 살펴보자. 여기에서는 '수준별 교수학습이 가능하도록', '수학적 기초가 약한 학생들도' 라는 부분이 제시되어 있다. 교사가 교과서 한 권으로 다양한 수준의 학생, 특히 수학에 어려움이 있는 학생을 충분히 가르칠 수 있는 방향으로 교과서가 집필되도록 유도하고 있다. 이러한 요구조건이 충족하기 위해서는 내용의 전개부분에는 상세하고 체계적인 설명의 제시, 예제 및 문제, 연습문제 부분에서 수준의 명확한 구분과 점진적 난이도의 상승에 의한 문제 구성이 필연적으로 이루어져야 한다.

셋째, 교과서 내용의 선정을 살펴보자. 여기에서는 '학습자의 수준에 맞게 가공하여', '자기주도적 학습 능력을 기르도록'이라는 부분이 제시되어 있다. 학습자의 수준에 맞는 가공이나 자기주도적 학습 능력의 신장을 위해서는 충분한 내용 지면의 할애와 더불어, 수학개념에 대한 풍부한 맥락, 수학 역사적 발생의 과정에 대한 점진적 접근과 같은 풍부한 이야기꺼리가 필연적이다. 풍부한 맥락과 풍부한 이야깃거리는 학습자의 수학에 대한 흥미를 끌어올리기에 충분하도록 제공하고, 교과서만으로 자기주도적으로 수학학습을 진행할 수 있도록 상세하게 집필되어야 한다.

넷째, 교과서 개발 지침과 기타 내용을 살펴보자. 여기에서는 '자기주도적 학습과 다양한 학습활동', '교과서 분량'이라는 부분이 제시되어 있다. 자기주도적 학습을 위해서는 교과서가 딱딱한 느낌에서 벗어나고, 일률적이고 틀에 박힌 모습을 지양하여야 한다. 이것은 필연적으로 분량의 제한에서 자유로운 집필이 요구된다. 앞에서 제시한 학습자의 수준 고려, 수준별 교수학습의 가능, 수학적 기초가 약한 학생들에 대한 배려, 학습자의 수준에 맞는 가공, 자기주도적 학습의 실현 등과 같은 개인차를 고려한 교과서 제작을 위해서는 자동적으로 교과서 지면은 늘어나게 되고, 교과서 면수에 대한 인위적인 제한은 개인차를 고려한 교과서 개발에 역효과를 유발할 것이다.

2.3. 미국과 러시아의 교과서에서 본 개인차의 고려

앞에서 제시한 내용을 바탕으로 두 교과서의 구성 체제에 대해 살펴본다. 특히 우리나라 수학 교과용도서 편찬방향에서 제시된 내용 중에서 '학습자 수준의 고려', '수준별 교수학습의 가능', '수학적 기초가 약한 학생에 대한 배려', '자기주도적 학습의 실현', '교과서 지면 자율성' 측면에서 검토한다. 여기에서는 미국의 Prentice Hall 교과서(2007), 러시아의 Gusev(1995) 실험용 교과서를 예시로 제시하였다.

(1) 미국의 Prentice Hall 수학교과서

Prentice Hall 교과서의 내용 구성 순서에 대해 살펴보자. 교과서의 각 장(chapter)은 크게 '장 도입', '절 도입 및 내용 제시', '장 마무리' 세 부분으로 구성된다. 각 부분의 내용을 정리하면 다음과 같다.

◈ 장 도입: 장 제목 제시, 절 제목 제시, 다루어질 학습목표 제시

◈ 절 도입 및 내용 제시

1) 절 제목 제시
2) 절 목표 제시
3) 선행학습 내용 확인 문제 제시 및 이에 대한 도움 제시

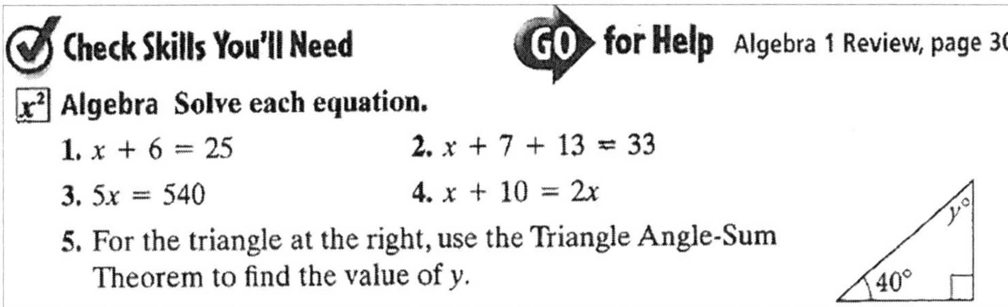

Check Skills You'll Need — GO for Help Algebra 1 Review, page 30

x^2 Algebra Solve each equation.

1. $x + 6 = 25$
2. $x + 7 + 13 = 33$
3. $5x = 540$
4. $x + 10 = 2x$
5. For the triangle at the right, use the Triangle Angle-Sum Theorem to find the value of y.

[그림 1] Prentice Hall 교과서 예시 1: 선행학습확인 및 도움

4) 소제목별 학습내용 제시, 다양한 예제 등 제시, 핵심 개념 제시

5) 연습문제 제시: 다양한 유형과 수준의 문제가 체계적으로 제시됨

- 소제목별 학습내용에서 제시된 예제 등을 활용한 문제 제시 및 도움(A)

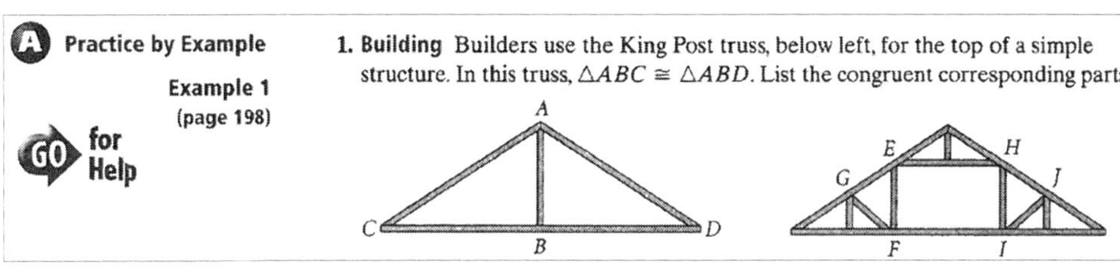

A Practice by Example

GO for Help Example 1 (page 198)

1. **Building** Builders use the King Post truss, below left, for the top of a simple structure. In this truss, $\triangle ABC \cong \triangle ABD$. List the congruent corresponding parts.

[그림 2] Prentice Hall 교과서 예시 2: 예제활동 문제 및 도움

- 적용문제 및 도움(B)

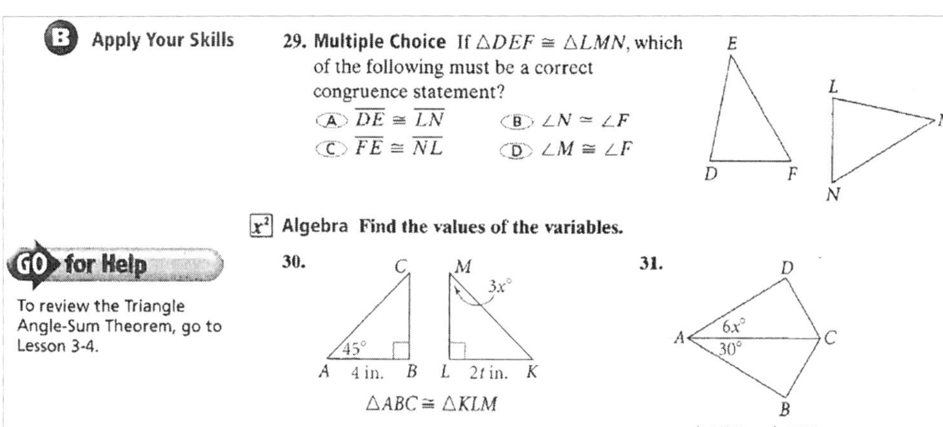

B Apply Your Skills

29. **Multiple Choice** If $\triangle DEF \cong \triangle LMN$, which of the following must be a correct congruence statement?

(A) $\overline{DE} \cong \overline{LN}$ (B) $\angle N \cong \angle F$

(C) $\overline{FE} \cong \overline{NL}$ (D) $\angle M \cong \angle F$

x^2 Algebra Find the values of the variables.

GO for Help

To review the Triangle Angle-Sum Theorem, go to Lesson 3-4.

30.

$\triangle ABC \cong \triangle KLM$

31.

$\triangle ACD \cong \triangle ACB$

[그림 3] Prentice Hall 교과서 예시 3: 적용문제 및 도움

• 도전 문제(C)

Challenge **Coordinate Geometry** **Vertices of $\triangle GHJ$ are $G(-2, -1)$, $H(-2, 3)$, and $J(1, 3)$.**

46. $\triangle KLM \cong \triangle GHJ$. Find KL, LM, and KM.

47. If L and M have coordinates $L(3, -3)$ and $M(6, -3)$, how many pairs of coordinates are possible for K? Find one such pair.

48. a. How many quadrilaterals (convex and concave) with different shapes or sizes can you make on a three-by-three geoboard? One is shown at the right.

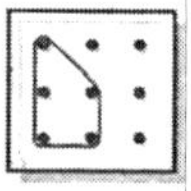

b. How many quadrilaterals of each type are there?

[그림 4] Prentice Hall 교과서 예시 4: 도전 문제

• 시험 준비 문제(Test Prep)

Test Prep

Gridded Response

Use the diagrams at the right for Exercises 49–51.
$ABCDE \cong PFKYM$.

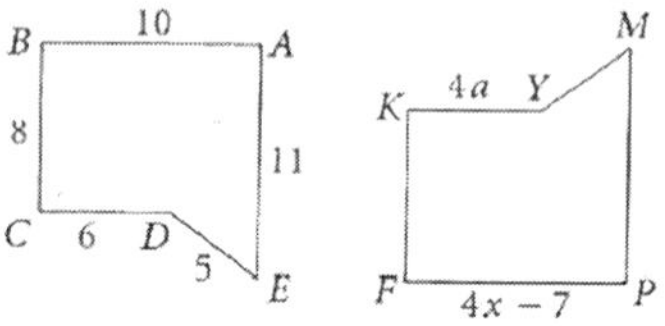

49. What is the value of a?

50. What is the value of x?

51. What is the perimeter of $PFKYM$?

52. $\triangle HLN \cong \triangle GST$, $m\angle H = 66$, and $m\angle S = 42$. What is $m\angle T$?

[그림 5] Prentice Hall 교과서 예시 5: 시험 준비 문제

• 연결성 문제 제시 및 도움

Mixed Review

GO for Help

Lesson 3-8 — **Constructions** **For Exercises 53 and 54, construct the geometric figure.**

53. a square

54. a rectangle whose length is twice its width

Lesson 3-4 — **55.** Find $m\angle A$ in the figure at the right.

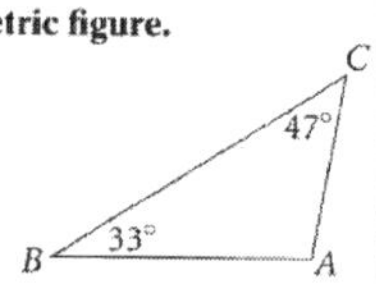

Exercise 55

Lesson 2-4 — **Use the given property to complete each statement.**

56. Symmetric Property of Equality
If $PQ = RS$, then __?__.

57. Reflexive Property of Congruence
$\angle 1 \cong$ __?__

58. Addition Property of Equality
If $m\angle A - 4 = 8$, then $m\angle A =$ __?__.

59. Transitive Property of Congruence
If $\overline{AB} \cong \overline{DE}$ and $\overline{DE} \cong \overline{GH}$, then __?__.

[그림 6] Prentice Hall 교과서 예시 6: 연결성 문제 및 도움

6) 다양한 읽을거리 제공/공학도구 활용 활동 제공

◈ 장 마무리

1) 심화학습내용 제시 및 연습문제 제공
2) 단원학습내용 정리
3) 단원평가문제
4) 표준화된 검사 준비를 위한 문제
5) 다루어진 학습목표 제시

앞에서 제시한 교과서의 내용 구성을 바탕으로 개인차를 고려한 수학교과서의 관점에서 분석하면 다음 [표 2]와 같다.

[표 2] Prentice Hall 교과서에 나타난 개인차의 고려

구분	상세 내용
학습자 수준의 고려	• 선행학습 내용 확인 문제의 제시 • 소단원 본문에서 다룬 예제 문제를 기반으로 해결할 수 있는 '예제 활용' 문제 제시 • 다양한 수준의 문제의 제공
수준별 교수학습의 가능	• '예제활용' 문제 및 도움 제공 • 예제, 예제활용문제, 적용문제, 도전문제, 시험준비문제, 연결성 문제, 심화학습내용, 단원평가문제, 표준화된 검사 준비 문제 등이 수준별로 제공
수학적 기초가 약한 학생에 대한 배려	• 선행학습 내용 확인 문제에 대한 도움 제공 • 다양한 예제 제시 및 상세한 설명 • 'Go for Help' 코너 운영을 통한 체계적 도움
자기주도적 학습의 실현	• 장 도입에서 다루어질 학습목표의 제시 및 장마무리에서 다루어진 학습목표의 제시 • 선행학습 내용 확인 문제 및 도움 제공 • '예제활용 문제', '적용문제', '도전문제', '시험준비문제', '연결성 문제'의 제시 • 다양한 읽을거리 제공/공학도구 활동 제시
교과서 지면 자율성	• 기하교과서의 전체 페이지 수가 860으로 지면의 제약이 없음

개인차를 고려한 수업의 측면에서 Prentice Hall 교과서의 내용 구성에서 두드러진 특성은 다음과 같이 정리할 수 있다.

첫째, 각각의 소단원 혹은 절마다 선행학습 내용을 확인할 수 있는 문제를 제시하고 있다.

둘째, 풍부한 예제와 그에 대한 상세한 설명을 통해 수학에 어려움이 있는 학생의 이해를 돕고 있다.

셋째, 'Go for Help'라고 표시된 문제해결을 위한 도움/힌트가 다양한 상황에서 제공되고 있다. 대표적으로는 선행학습 내용 확인 문제해결의 도움을 위해, 예제활용 문제해결의 도움을 위해, 적용문제해결의 도움을 위해, 연결성 문제해결의 도움을 위해 'Go for Help'가 제공되고 있다.

넷째, 대단원뿐 아니라, 소단원의 각 절마다 다양한 수준과 유형, 형태의 문제가 제공되고 있다. 절마다 제공되는 문제 유형으로는 예제, 예제활용 문제, 적용문제, 도전문제, 시험 준비 문제, 연결성 문제가 있고, 장마다 제공되는 문제 유형으로는 심화학습내용과 연습문제, 단원평가문제, 표준화된 검사 준비 문제가 있다.

다섯째, 지면의 제약이나 한계가 없이 학생들에게 필요하다고 판단되는 다양한 읽을거리 및 학습활동 등이 풍부하게 제공되어 있다.

(2) 러시아의 Gusev 실험용 수학교과서

한인기(2004)는 러시아의 실험용 수학교과서를 소개하면서 개인차 및 차등적 접근의 관점에서 분석하고 있다. 이 분석의 핵심은 교과서 본문을 통한 개인차의 고려 및 연습문제를 통한 개인차의 고려로 요약할 수 있다. 이 두 가지 관점에서 Gusev의 실험용 수학교과서에 대해 살펴보자.

먼저, 교과서 분문을 통해 개인차의 고려에 대해 살펴보자.

첫째, 모든 학생들이 필수적으로 알아야 하는 학습내용을 제시하는 경우에는 본문의 좌측편에 세로 선을 길게 그어서 나타내었다. 모든 수준의 학생에게 요구되는 수준을 명확하게 제시하고 있다. 반대로 좌측편에 세로 선이 없는 내용의 경우는 수준이 낮은 학생은 굳이 학습하지 않아도 된다는 것을 명확히 제시한 것이다. 한인기(2006)는 이 부분에 대해 개인차를 고려한 교과서에서 가장 중요한 부분인 필수적인 수학

В теме 8 "Разбиение прямой" мы рассматривали различные случаи расположения трех лучей. В теме 9 "Углы, их измерение и приложения" мы ввели понятие луча, проходящего между сторонами угла и изучили свойства измерения углов. Все это позволяет ввести понятие важного вида углов, которые в геометрии называют смежными.

0.34 *Два угла называются смежными, если у них одна сторона общая, а другие стороны этих углов являются дополнительными полупрямыми.*

На рис. 10.1 углы α и β - смежные, так как лучи a и a_1 - дополнительные полупрямые, а луч c - общая сторона этих углов.

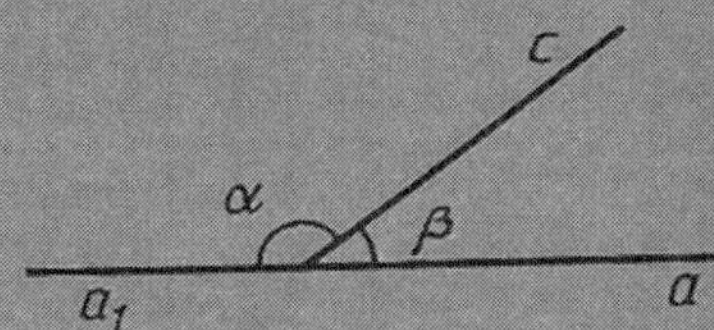

Рис. 10.1

Так как лучи a и a_1 - дополнительные, то угол $\alpha+\beta=180°$.

Но мы уже знаем, что в геометрии принято убеждаться в истинности свойств фигур с помощью рассуждений, которые называют доказательствами.

Докажем теорему о свойстве смежных углов.

Т.7 *Сумма смежных углов равна 180°.*

Доказательство. Из условия теоремы мы имеем:

1. $\angle COA$ и $\angle COB$ - смежные углы (дано) (рис. 10.2).
2. Луч AO и OC - дополнительные (1)

55

[그림 7] Gusev 교과서의 왼쪽 선

학습내용의 양과 수준을 규정하였다고 평가하고 있다.

둘째, 본문에 특별한 기호를 사용하여 개인차를 고려한 수업이 가능하도록 하고 있다. 예를 들어, '!'의 경우에는 수학적 내용의 전개에서 중심적인 수학적 생각을 나타낼 때 사용하고, '?'는 이론적 내용의 기술에서 발생할 수 있는 다양한 의문이나 수준이 높은 문제들을 표시하기 위해 사용한다.

? Доказывают или нет проведенные ими измерения справедливость этой теоремы Евклида?

Несомненно, что вы тоже с помощью транспортира измерите суммы углов различных треугольников и обратите внимание на полученные результаты, постарайтесь проводить измерения с максимально возможной точностью.

! Так вот, эти измерения не могут быть доказательством того факта, что сумма углов треугольника равно 180°, так как имеющиеся в нашем распоряжении инструменты не позволяют получить точный результат.

Вместе с тем, если мы сформулируем теорему так: сумма углов треугольников в точности равна 179°, то наши измерения могут опровергнуть это высказывание.

[그림 8] Gusev 교과서의 '?, !' 표시

다음은 다양한 유형의 연습문제를 통한 개인차의 고려에 대해 살펴보자.

첫째, 여섯 개의 서로 다른 수준의 문제를 특별한 기호를 사용하여 명확히 구분한다. 아래 그림은 여섯 가지 서로 다른 수준을 구분하는 기호이다.

⇓	⇑	С	У	Т	И

둘째, 처음 두 수준에 해당하는 문항의 분류 기준이 인간의 가장 기본적인 사고 단위인 '분석'과 '종합'이라는 사고활동을 근거로 하고 있다. 즉 수준별 문항의 분류기준이 수학학습심리학적 근거를 바탕으로 하고 있다는 점이다. ⇓ 표시가 있는 문항의 경우, 인간의 인지 조작 중에서 '종합'과 관련이 있는 문항들로 구성되어 있다. 대표적으로 '결론을 도출하는 것'과 관련된 문항을 다룬다. 이를 통해 가장 필수적인 수학적 지식을 획득하고 있는가를 확인할 수 있다(한인기, 2006). 또한 서보억(2006)은 일반적으로 종합문제는 주어진 조건으로부터 결론을 이끌어내는 것과 관련이 있고, 주어진 모든 조건을 충족시키면서 그 결과를 찾아가는 문제라고 정의하고 있다. 'p'라는 조건에서 결론 'q'로 함의해 가는 문제로 가장 단순한 사고활동과 관련되어 있다.

또한 ⇑ 표시가 있는 문항의 경우, 인간의 인지 조작 중에서 '분석'과 관련이 있는 문항들로 구성되어 있다(서보억, 2005; 한인기, 2006). 한인기(2006)는 자기조절 및 자기통제를 위해 제시된 좀 더 어려운 문제로, 문제의 조건으로부터 결론을 얻는 것과 더불어 그러한 결론에 대한 원인을 설명하는 것까지 포함한다.

셋째, 자기주도적인 학습을 가능하게 하기 위해 체계화된 난이도 순서로 문제를 제

⇓ **15.** Сколько углов, равных 60°, можно отложить от данной полупрямой? С помощью транспортира отложите такой угол от данного луча.

16. Из вершины развернутого угла проведен луч, образующий с одной из его сторон угол в 50°. Какой угол образует этот луч с другой стороной развернутого угла? Обоснуйте ответ.

17. Что означает информация, что курс судна равен: а) 90°; б) 0°; в) 180°?

[그림 9] Gusev 교과서의 종합 문제

⇑ **23.** Может ли луч *OC* проходить между сторонами угла *AOB* если: а) $\angle AOC = 30°$, $\angle COB = 80°$, $\angle AOB = 50°$; б) $\angle AOC = 100°$, $\angle COB = 90°$; в) $\angle AOC < \angle AOB$?

24. Даны три луча *OA, OB, OC* с начальной точкой *O*. Известно, что $\angle AOB = \angle AOC = \angle BOC = 120°$.

1. Проходит ли какой-нибудь из этих лучей между сторонами угла, образованного двумя другими лучами?

2. Может ли прямая пересекать все три данных луча? Объясните ответ.

[그림 10] Gusev 교과서의 분석 문제

시하고 있다. 그것은 С, У, Т, И라는 표시가 있는 연속된 문제의 나열이다. С 표시가 있는 문항의 경우는 가장 평이한 '표준문제'를 나타내고(한인기, 2006), 가장 낮은 수준의 학생을 대상으로 하는 교육에서 이들 학생이 도달해야 하는 최소수준에서의 도달점이다. У 표시가 있는 문항의 경우는 학교나 집에서 풀 수 있는 가장 일반적인 형태의 문제로 '학습문제'를 나타낸다(한인기, 2006). 보통 수준의 학생들이 수학을 공부하고나면 해결할 수 있는 평이한 수준의 문제이다. Т 표시가 있는 문항의 경우는 정형화된 방법으로는 해결할 수 없는 '창의문제'를 나타낸다(한인기, 2006). 이러한 유형의 문제를 해결하기 위해서는 다양한 수학적인 아이디어를 찾아내어야 하고, 자신의 독창적인 생각이 요구된다. 따라서 높은 수준의 학생들을 위한 문제로 볼 수 있다. 중등학교 수학에서 다루는 가장 수준이 높은 수학문제이다. 마지막으로 И 표시

С **28.** Между сторонами угла *AOB*, равного 78°, проходит луч *OC*. Найдите величину угла *AOC*, если $\angle BOC = 18°$.

29. Между сторонами угла *MOK* проходит луч *AO*. $\angle MOA = 45°$, а $\angle AOK = 16°$. Найдите величину угла *AOK*.

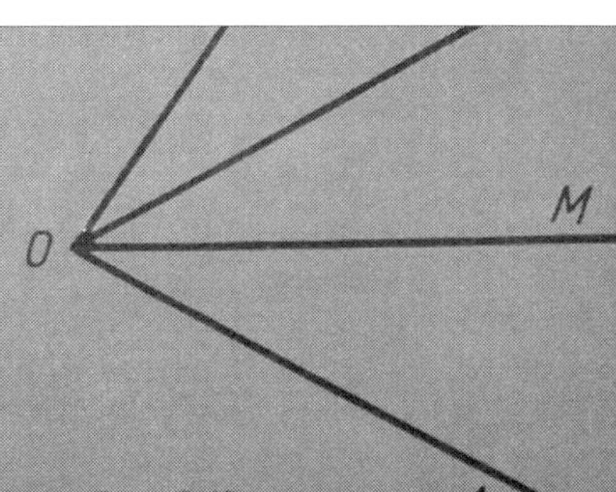

Рис. 9.69

30. Луч *OM* проходит между сторонами угла *AOK*. Найдите угол *AOK*, если: а) $\angle AOM = 35°$, $\angle MOK = 75°$; б) $\angle AOM = 57°$, $\angle MOK = 62°$ в) $\angle AOM = 94°$, $\angle MOK = 85°$.

[그림 11] Gusev 교과서의 표준문제

У

31. При помощи транспортира и линейки постройте углы, градусные меры которых равны: 36°; 78°; 90°; 136°.

32. Разделите величины углов 45°; 90°; 75°; 148° на три равные части.

[그림 12] Gusev 교과서의 학습문제

Т

13. Какие фигуры могут получиться при пересечении двух углов, отличных от развернутого? При объединении таких углов?

14. Во внутренней области угла *AOB* дана точка *M*. Какой фигурой является множество таких точек *X*, что отрезок *MX* имеет общую точку хотя бы с одной стороной угла?

[그림 13] Gusev 교과서의 창의문제

И

21. Тетраэдр - это многогранник с шестью ребрами. Пусть точки *A, B, C, D* - вершины тетраэдра. Возникает общая проблема: при каких условиях существует такой тетраэдр? Однако решить эту проблему в общем виде пока сложно. Подумайте над решением более простой, конкретной задачи: $AB=CD=4$, $AC=3$, $DC=AD=5$. Может ли $BD=4$?

22. Даны шесть отрезков длинами 2, 3, 4, 5, 6, 7. Существует ли тетраэдр с такими ребрами?

[그림 14] Gusev 교과서의 탐구과제

가 있는 문항의 경우는 학교 수학 수준을 뛰어 넘는 문항들로, 최근 우리나라 수학교육계의 R&E에서 다루어지는 연구를 위한 '탐구과제'로 볼 수 있다. 이러한 문제의 해결은 한 단원에 국한될 수 없는 것으로, 다양한 내용 영역의 지식을 활용하여 독자적인 탐구활동을 통해 해결될 수 있는 과제이다. 수학수업 시간에 다루기보다는 학생 연구 과제로 다루어지는 유형이다.

지금까지 Gusev의 실험용 교과서에 나타난 특성을 고찰하였다. 이러한 실험용 교과서를 개인차를 고려한 수학교과서의 관점에서 평가하면 다음 [표 3]과 같다.

개인차를 고려한 수업의 측면에서 Gusev 실험 교과서의 내용 구성에서 두드러진 특성은 다음과 같이 정리할 수 있다.

첫째, 학습자의 학습심리학적 과정을 고려하고 있다. 학습심리학적 측면에서 본 사

[표 3] Gusev 실험 교과서에 나타난 개인차의 고려

구분	상세 내용
학습자 수준의 고려	• 분석과 종합 문제를 별도로 제시하여 학생들의 수준을 고려함 • 체계화된 네 유형의 수준별 문항을 제시함
수준별 교수학습의 가능	• 모든 학생이 알아야 할 내용을 별도로 표시하여 수준별로 다루어야 하는 학습내용을 구별함 • 표준문제, 학습문제, 창의문제 세 가지 수준의 문제를 통해, 낮은 수준, 보통수준, 높은 수준의 학생에 대한 수준별 교수학습을 지원함
수학적 기초가 약한 학생에 대한 배려	• 기초가 약한 학생들을 위해 필수적인 양과 수준을 별도로 규정함 • 표준문제를 다양하게 구성하여 낮은 수준의 학생을 배려함
자기주도적 학습의 실현	• 중심적인 수학 생각과 발생할 수 있는 의문에 대해 별도의 표시를 통해 내용을 설명하고 있음 • 학습문제 및 창의문제, 탐구과제를 통해 자기주도적 학습이 실현될 수 있도록 지원함
교과서 지면 자율성	• 교과서 지면의 제한이 없음

고과정의 최소단위인 '분석', '종합' 과정을 강조하여 교과서를 구성하였다. 이를 통해 사고과정의 초기단계에서의 학습활동을 강조하여 수준별 수업이 용이하도록 구성하였다.

둘째, 본문에서 학습자가 기본적으로 알아야 하는 최소학습 내용에 대해 구분하여 제시하였을 뿐 아니라, 연습문제에서도 '표준문제'를 제시하여 최소한 학생들이 알아야 하는 기본 내용을 분명히 하였다. 이를 통해 수학적 기초가 약한 학생들에게 대한 최소한의 학습권이 보장될 수 있도록 하였다.

셋째, 연습문제를 수준별로 체계화하여 제시하였다. 가장 낮은 수준의 표준문제, 보통 수준의 학습문제, 높은 수준의 창의문제 순서로 제시하여, 학생들이 수준별로 문제를 해결할 수 있도록 하였다.

넷째, 교과서의 수준에 머물지 않고, 창의적으로 수학자처럼 탐구할 수 있는 과제를 제시하고 있다. 최근 R&E와 같은 학생 연구 활동의 증가, 2015 개정 교육과정에서 처음으로 제시한 교과목인 '수학과제탐구'의 운영에 유익한 시시점이 될 수 있다.

다섯째, 지면의 제약이나 한계가 없이 학생들에게 필요하다고 판단되는 다양한 읽을거리, 수준별문제, 탐구과제 등이 풍부하게 제공되어 있다.

3. 개인차를 고려한 수학교과서 구성 방향

3.1 활동의 원리를 적용한 개인차의 고려

Dienes는 놀이를 통한 수학학습을 주장하였다(강옥기 외, 2012). 놀이를 통한 수학학습의 배경에는 구성의 원리가 그 배경에 자리 잡고 있다. 학생들이 수학적 개념을 스스로 구성하기 위해서는 처음부터 분석적 방법이나 추상적 방법으로 제공하는 것은 타당하지 않다는 점을 강조한 것이다. 학생이 새로운 수학 개념을 스스로 구성하기 위해서는 먼저 구체적인 활동이 선행되어야 하고, 그 이후에 점진적으로 머릿속에서 이루어지는 추상적 학습이 이루어져야 한다. Dienes에 따르면, 수학학습의 기초는 학습자의 역동적 활동을 통해서 학습자 스스로 수학 개념을 점진적으로 인지구조 내에 구성한다(김응태·박한식·우정호, 1992). 또한, Vygotsky에 따르면 학생들은 서로 보완하는 학습 환경 내에서 활동을 협동적으로 할 때와 교사로부터 적절한 안내를 받을 때에 가장 효과적인 학습이 이루어진다. 학습자의 발달은 또래나 교사로부터 제공되는 도움 또는 역동적인 학습활동을 통해 효과적으로 진행된다(이상하, 1998). Freudenthal도 실재적인 수학교육의 근원으로써, 수학을 활동으로써 해석하고 있다(Freudenthal, 1973). Freudenthal에 따르면 수학자의 활동이 학습의 출발점인데, 여기서 수학자의 활동은 현실 속에서 문제를 찾고, 해결하고, 문제를 구성하는 활동이며, 가장 핵심적 활동은 조직화하고 수학화하는 것이다.

이러한 이론들을 종합하면, 학습에서 학습자의 활동은 매우 중요하다. 따라서 개인차를 고려한 수학교과서의 구성 방향의 첫 번째가 '활동 중심'이다. 학습자들에게 제시하는 다양한 활동 중심 학습을 통해 개인차를 고려한 학습을 실현하는 것이다. 개인차를 고려한 수학교과서에서는 학습자들의 인지적 특성, 재능, 흥미를 고려하여 학습자의 활동이 구체적으로 제시되고, 구체적인 활동 내용들이 내용면이나 수준면에서 교과서 본문의 학습내용과 체계적으로 연결될 필요가 있다.

3.2 교과서 본문의 외적 체계를 통한 개인차의 고려

본문에 대한 개인차의 고려에 대한 이론적인 기초로서 우리는 Prentice Hall의 교과서와 Gusev의 실험교과서를 기초로 하여 제시한다. 우리는 Gusev의 교과서처럼, 해당 학년의 수학과정에서 학생에게 필수적 내용들은 본문의 왼쪽에 한 개짜리 선(────)을 세로 방향으로 긋는 것을 제안한다. 또한 필수적인 학습요소보다는 조금 어렵지만 보통학생들이 이해하며 유용한 학습내용들은 본문의 왼쪽에 두 개짜리 선(════)을 세로 방향으로 긋는다. 선이 그어져 있지 않은 내용은 가장 높은 수준의 학생들을 위한 내용으로 심화된 내용이 이에 해당한다. 이처럼 본문의 왼쪽에 서로 다른 두 종류의 선을 이용하여 필수적인 학습 내용의 양과 수준을 규정할 수 있다. 이를 통해 낮은 수준의 학생이 옆줄이 그어져 있지 않은 본문 혹은 두 개짜리 선이 그어져 있는 부분을 단순히 읽어갈 수도 있고, 일부 학생은 거기에 제시된 과제들을 해결하려고 시도하고, 기술된 책이나 논문들을 찾아 읽을 수도 있다.

또한, 우리는 Gusev의 연구를 바탕으로, 교과서 본문 부분에 여러 가지 표시를 통해 개인차를 고려한 수학교과서를 구현할 수 있다. 공식에 해당하는 것은 내용 앞에 [공식#]을 표시하는데, #은 공식의 순차적인 일련번호이다. 물론 이 경우에도 필수적인 학습내용인 경우에는 좌측에 선을 그어서 표시한다. 제시되어져 있는 문장 중에서 핵심적 수학 아이디어에 대해서는 [핵심]이라고 표시하고, 정의에 해당하는 것은 [정의#]으로 나타내고, 증명이 함께 제시된 정리의 경우에는 [정리#]으로 나타내며, 이론적 내용의 기술에서 발생하는 다양한 물음이나 심도 있는 문제들은 [궁금증]이라고 표시한다. 물론 본문과 마찬가지로 [공식#], [정의#], [정리#], [궁금증], [핵심]의 내용에서도 필수적인 학습내용인 경우에는 왼쪽에 한 개짜리 줄을 긋고, 기본적인 내용인 경우에는 두 개짜리 줄을 그어 구별한다. 마지막으로 사전학습 내용과 깊은 관련이 있는 부분이 있다면 아래 [그림 15]와 같은 도움의 연결고리를 제공한다.

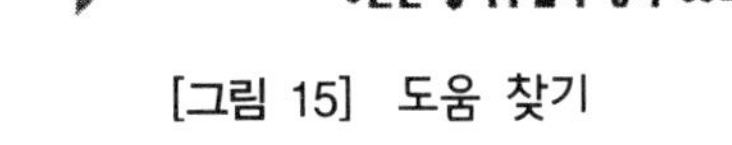

[그림 15] 도움 찾기

결론적으로, 최소 필수 수준에 해당하는 학습 내용을 교과서에 명확히 구분하여 표시할 수 있기 때문에 교사가 이를 고려하여 개인차를 고려한 수학수업을 진행할 수 있다. 이뿐 아니라, 교과서에 주어진 수학개념의 이해 및 활용에 관련된 심화된 내용도 함께 제시되어 있고, 이를 쉽게 식별할 수 있어 교사가 다양한 수준을 고려한 수업을 운영할 수 있다.

3.3 개인차를 유발하는 심리적 특성을 통한 개인차의 고려

서보억(2008)은 개인차를 고려한 교수학습에 대해 연구를 진행하면서, 개인차를 고려한 교수학습의 대표 개념으로 재능을 제시하였다. 여기서 재능이란, 활동 수행에 필요한 지식, 기능, 능력의 획득과정에서 학습자 간 차이를 유발시키는 개인의 심리적인 특성이다. 재능은 활동수행의 결과가 아니라 수행과정에서 나타나며, 재능의 차이는 지식, 기능, 능력 획득의 사고과정에서 볼 수 있다. 이것은 어떤 학생이 특정한 문제를 풀도록 한 후 그 결과만 보고, 그 학생이 수학적 재능이 있는지 없는지에 대한 결론을 내릴 수 없음을 의미한다. 결국 재능은 개인 간의 차이를 유발하는 특성이므로 재능에 대한 고려는 바로 개인차에 대한 고려가 된다.

Krutetskii(1976)는 개인차를 유발하는 심리적 특성인 재능을 바탕으로 연구를 수행하였고, 문제해결과정을 정보수집, 정보처리, 정보기억단계로 세분화하여 재능의 심리적 특성을 연구하였다. 이를 바탕으로 서보억(2008)은 개인차를 고려한 교수학습의 실현을 위해 재능을 열세 가지 하위요소로 세분화하였는데, 개인차를 고려한 교과서 개발의 관점에서 이를 다음 다섯 가지로 요약할 수 있다.

첫째, 학생은 주어진 자료들을 분석적으로 지각하고 동시에 주어진 자료들을 종합적으로 지각한다. 이러한 특성을 바탕으로 문제해결을 위한 정보수집에서 분석-종합적 지각능력에서의 개인차를 고려한 수학교과서를 제안할 수 있다.

둘째, Krutetskii의 연구에 의하면 일반화는 두 가지 측면으로 나누어 생각할 수 있다. 하나는 구체적인 자료를 이미 알고 있는 자료와 동일한 것으로 보는 것과 관련된 것이고, 다른 하나는 주어진 대상, 관계 등과 같은 구체적 자료로부터 추상화하고 유사한 것, 일반적인 것, 본질적인 것을 찾는 것과 관련된다. 이와 관련하여 Carroll(1996)은 구체적 자료들로부터 일반화하거나 규칙을 발견하는 것을 귀납적인 사고라고 하면서 수학자는 귀납적 사고를 많이 사용하고 있다고 하였다. Carroll의 지적은 수학에서 일반화하는 능력은 수학적으로 매우 중요한 부분임을 강조한 것이다. 따라서 개인차를 고려한 수학교과서에서도 일반화하는 능력에서의 개인차를 충분히 고려하는 것은 중요한 의미가 있다. 실제로 일반화 과정에 나타나는 개인차를 보면, 일반화에 재능이 많은 학생은 큰 도움 없이 일반화된 지식의 성취가 가능하지만, 평균적인 학생들은 몇 개의 전형적인 예를 통한 순차적인 학습 후에 가능하고, 재능이 적은 학생들은 교사의 구체적인 도움과 체계적 학습이 절대적으로 필요하다. 따라서 앞에서 언급한 특성을 바탕으로 수학 내용을 일반화하는 과정에서 발생하는 개인차를 고려한 교과서의 구성은 '구체적 자료를 이미 알고 있는 자료와 동일한 것으로 보는 능력의 차이를 고려하는 것'과 더불어 '구체적 자료로부터 추상화하여 본질적인 것을 찾아내는 능력의 차이를 고려하는 것' 두 가지로 구분하여 개인차를 고려한 수학교과서를 제안할 수 있다.

셋째, 사고과정에서 발생하는 개인차를 고려한 교과서의 구성이다. 일반적으로 사고과정에서의 개인차는 '사고과정에서 단축성의 차이', '사고과정에서 유연성의 차이', '사고과정에서 가역성의 차이'가 가장 두드러지게 나타난다. 이 세 가지의 차이를 고려한 수학교과서의 구성을 제안할 수 있다.

넷째, 주어진 문제에 대한 가장 명쾌하고 명확한, 가장 간단하면서 경제적인 그리고, 가장 아름다운 길을 찾는 것은 재능이 많은 학생들의 전형적인 특징이다. 재능이 많은 학생은 그들의 첫 번째 풀이에 만족하지 않고 가장 아름다운 풀이 방법을 발견하였을 때 만족하였다. 평균적인 학생들은 풀이의 명료함, 간단함, 경제적인 것과 같은 풀이의 질적인 차이에 주목하지 않는다. 심지어 새로운 풀이 방법을 찾으려고 시도하면 처음의 풀이 방법으로 인해 방해를 받았다. 따라서 풀이의 심미지향성에서의 개인차의 고려는 재능이 많은 학생들에 대한 고려이며, 전적으로 수학적으로 우수한 학생들의 사고를 촉진시킬 수 있다. 따라서 개인차를 고려한 교과서에서는 아름다운 해를 찾으려는 학생들의 심리적 특성을 고려한 교과서 구성을 제안할 수 있다.

다섯째, 수학적으로 재능이 많은 학생들은 문제의 유형, 문제를 푸는 일반화된 방법, 추론의 구조, 증명의 기본방향 등을 문제를 푸는 즉시, 그리고 오랫동안 기억하는 것으로 보인다. 반면에 구체적인 자료나 수치자료는 잘 기억되지만 기본적으로 문제를 푸는 기간 동안에만 기억하고 그 후에는 잊어버린다. 평균적인 학생들은 구체적인 자료나 수치를 비교적 오랫동안 잘 기억하지만, 문제유형은 잘 기억하지 못한다. 그들은 일반적인 것과 특수한 것, 추상적인 것과 구체적인 것, 본질적인 것과 비본질적인 것 모두 기억하려는 경향이 있다. 재능이 적은 학생들도 비슷한 현상을 보인다. 결국, 수학적 기억력의 본질은 추론이나 논리의 전형적인 구조에 대한 일반화된 유형의 기억과 관련된다. 즉, 사물에 관한 구체적인 자료에 대한 기억보다는 수학적인 원리, 추론의 규칙, 일반화된 원리에 대해 잘 기억할 수 있도록 유도할 필요가 있다. 따라서 문제를 해결한 다음 무엇을 기억할 것인가를 통해 개인차를 고려한 수학교과서를 제안할 수 있다.

3.4 체계화된 연습문제를 통한 개인차의 고려

본문을 통한 개인차의 고려와 마찬가지로 체계화된 연습문제를 통한 개인차의 고려도 Prentice Hall의 교과서와 Gusev의 실험교과서를 기초로 두 가지 측면을 살펴본다. 하나는 소단원 본문에 제시된 문제를 통한 개인차의 고려이고, 다른 하나는 소단원 학습 이후 제시되는 체계화된 연습문제를 통한 개인차의 고려이다.

첫째, 소단원 본문에 제시된 예제나 문제를 통한 개인차의 고려이다. 소단원 학습주제에 대한 내용 제시에 앞서, 소단원 맨 앞부분에 선행학습 확인을 위한 '선행확인' 문제, 소단원 학습주제에 대한 맨 마지막에는 본문에서 다루었던 예제를 기초로 하여 조금 더 심화된 '예제활용' 문제를 제시한다. 소단원 본문의 예제를 기초로 하여 예제 해결에 사용된 수학 개념이나 아이디어와 직접적으로 결부된 예제활용 문제를 해결함으로서 점진적 문제해결의 경험을 제공한다.

둘째, 소단원 학습을 마친 후 교과서에 제시된 연습문제를 통한 개인차의 고려이다. 하나는 수학학습심리학에 대한 고려로 사고의 최소단위로 알려진 '종합', '분석' 문제를 제시하고, 다른 하나는 문제의 난이도 수준에 따른 '기초', '표준', '심화', '탐구' 문제를 제시한다.

4. 개인차를 고려한 수학교과서 구성의 실제

4.1 활동의 원리를 적용한 개인차를 고려한 교과서의 실제

활동의 원리를 적용한 개인차를 고려한 수학교과서를 구현하기 위해 활동에 대한 서로 다른 세 가지 수준을 설정할 수 있다(서보억, 2005).

첫 번째 수준은 구체물을 통해 학습내용을 암묵적으로 구성하는 수준이다. 이 수준에서는 교사가 제공해 준 학습주제와 직접 관련이 있는 구체물을 직접 제작하면서 다루어보는 수준이다. 학생들이 구체물에 담겨져 있는 수학적 원리를 알 수는 없지만 행동을 통해 직접 다루어봄으로써 직관적 개념 형성을 만들어 가는 수준이다. 이 수준은 실제적 활동이 중심이 된다.

두 번째 수준은 구체물에 담긴 의미를 깨닫고 실제적으로 조작하는 수준이다. 완성되어져 있는 구체물이나 자신이 직접 구성한 구체물 속에 담겨져 있는 수학적인 의미를 파악하는 수준이다. 이 때, 구체물이 한 가지 형태가 아닌 다양한 형태로 제시되어지면 더 효과적인 활동으로 이어진다. 이해가 빠른 학생은 한두 가지 활동에 대한 구체적인 예를 통해 일반화가 가능하지만 그렇지 못한 학생은 더 많은 예를 조작하게 함으로써 일반화할 수 있는 능력이 생기게 된다. 이 수준은 실제적 활동과 더불어 학습자의 수학적 사고활동이 중심이 되는 수준이다.

세 번째 수준은 구체물에서 독립하여 순수한 내적 사고활동의 수준이다. 직접적인 경험 없이 논증에 의해서 수학적인 의미가 파악되는 수준이다.

이러한 세 가지 수준을 가지는 활동의 원리를 적용한 개인차를 고려한 교과서의 예시를 위해 '수열의 합' 단원을 선정하였다. Nelsen(1993)은 수열의 합을 구하는 방법을 매우 흥미롭게 제시하고 있는데, 세 가지 수준으로 세분화하여 수열의 합을 구하는 구체적 활동의 예는 다음과 같다.

◈ 제 1수준

1) 주제: 연속한 n까지 자연수의 합을 구하는 것.

2) 활동과제: 아래 그림과 같은 모형을 제작하자.

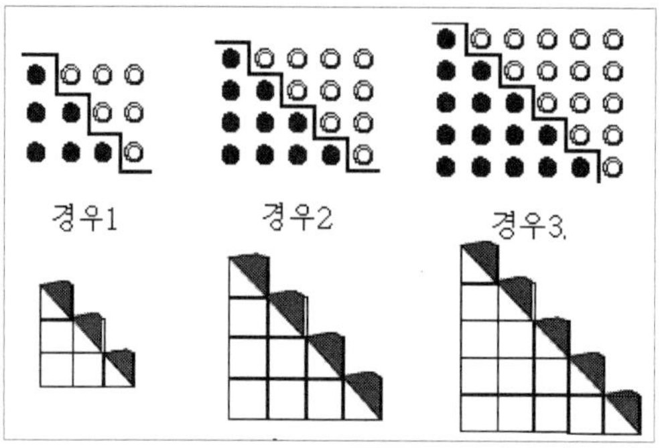

[그림 16] 활동을 통한 개인차 고려 1

3) 활동결과물(예시)

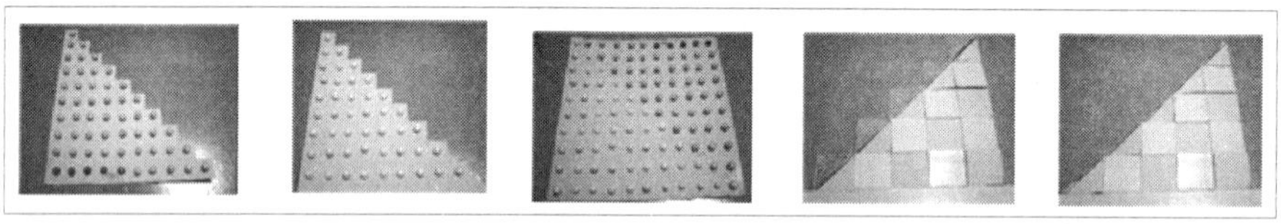

[그림 17] 활동을 통한 개인차 고려 2

◈ 제 2수준

1) 주제: 연속한 n까지 자연수의 제곱의 합을 구하는 것.

2) 활동과제: 아래 활동을 통해 알 수 있는 수학적 사실을 기록해 보자.

• (경우 1) 아래 왼쪽 그림의 사각형의 개수와 오른쪽 그림에 있는 사각형의 개수를 비교해서 알 수 있는 사실은 무엇인가?

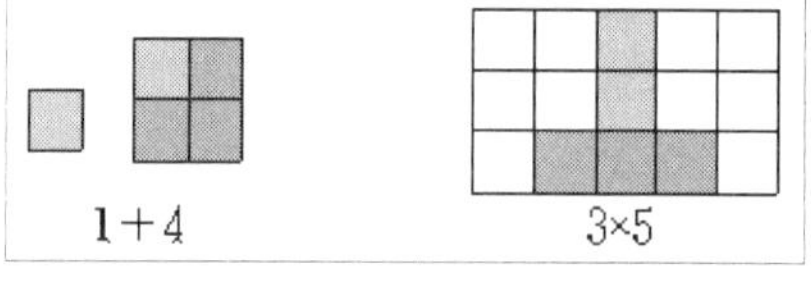

[그림 18] 활동을 통한 개인차 고려 3

• (경우 2) 왼쪽 그림의 사각형의 개수와 오른쪽 그림에 있는 사각형의 개수를 비교해서 알 수 있는 사실은 무엇인가?

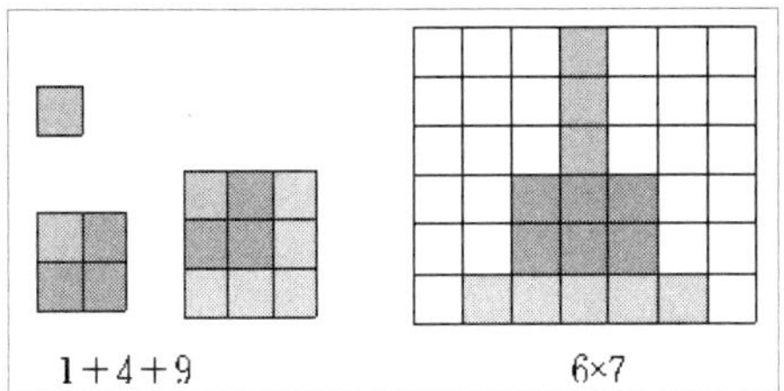

[그림 19] 활동을 통한 개인차 고려 4

• (경우 3) 왼쪽 그림의 사각형의 개수와 오른쪽 그림에 있는 사각형의 개수를 비교해서 알 수 있는 사실은 무엇인가?

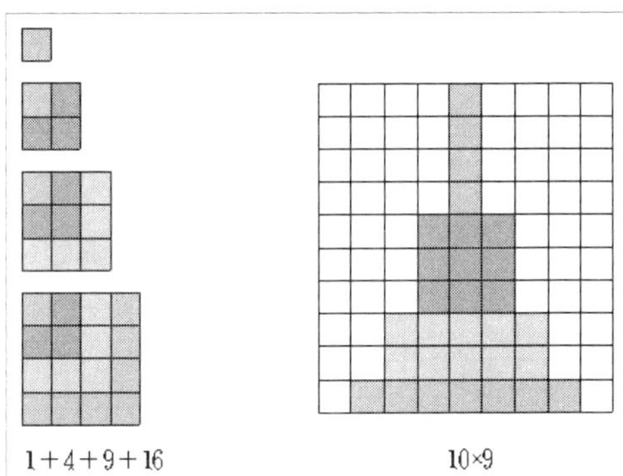

[그림 20] 활동을 통한 개인차 고려 5

• (경우 4) 왼쪽 그림의 사각형의 개수와 오른쪽 그림에 있는 사각형의 개수를 비교해 알 수 있는 사실은 무엇인가?

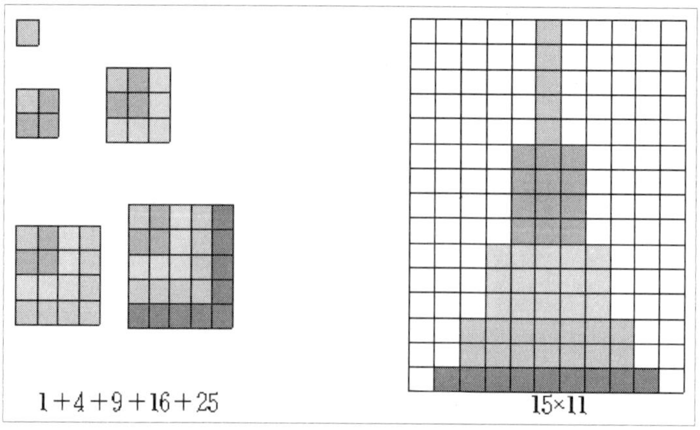

[그림 21] 활동을 통한 개인차 고려 6

• (경우 5) 이제 앞의 사실로부터 임의의 제곱수의 합에 대해서는 어떤 결과를 가질 것인지 추측하고, 추측한 결과를 기록해 보자.

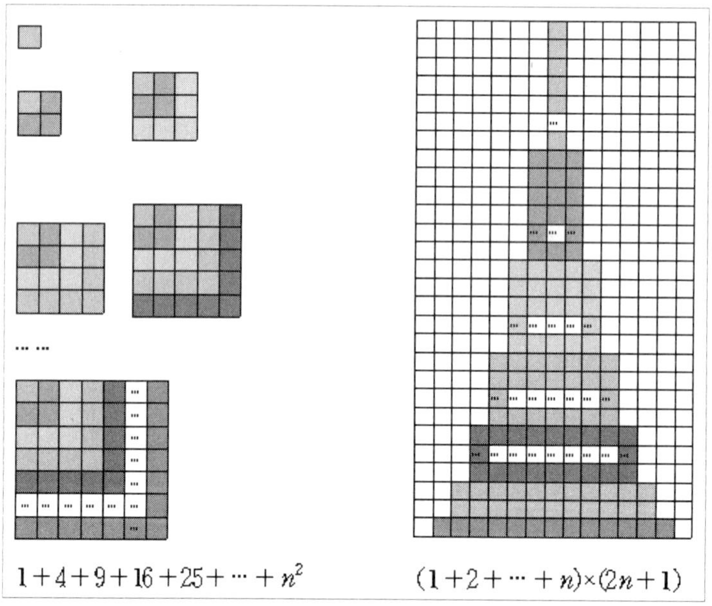

[그림 22] 활동을 통한 개인차 고려 7

◈ 제 3수준

1) 주제: 연속한 n까지 자연수의 세제곱의 합을 구하는 것.

2) 활동과제: 조별로 $(k+1)^4 - k^4 = 4k^3 + 6k^2 + 4k + 1$을 이용하거나 다른 방법을 이용하여 $\sum_{k=1}^{n} k^3 = \left\{\frac{n(n+1)}{2}\right\}^2$을 가짐을 확인하여라.

4.2 교과서 본문을 통한 개인차를 고려한 교과서의 실제

교과서 본문에 대한 개인차의 고려에 대한 이론적인 기초는 Gusev의 실험교과서이다. Gusev의 실험교과서의 형식을 토대로 하여 우리나라의 실정에 맞게 수정 및 보완하여 교과서 본문에 대한 개인차 고려에 대한 새로운 방법을 제시하고자 한다. Gusev의 교과서에서처럼 우리는 해당 학년의 수학과정에서 학생에게 필수적 학습 내용에 대해서는 [그림 23]에서와 같이 본문의 왼쪽에 한 개의 선을 긋도록 한다(Gusev, 1995). 또한 필수적 학습내용 보다는 수준이 높지만 기본적인 학습내용으로 보통 수준 이상의 학생들이 필수적으로 알아야 하는 학습내용에 대해서는 [그림 23]과 같이 본문의 왼쪽에 두 개의 선을 긋도록 한다. 이를 통해 개인차를 고려한 수업을 위한 가장 중요한 부분 중의 하나인 필수적인 학습 내용의 양과 수준 및 기본적인 내용의 양과 수준을 명확히 규정한다.

한편, 수학에 대한 깊이 있는 공부를 하거나 해당 수학적 내용의 활용에 관련된 내용들이 본문의 나머지 부분에 제시되어 있다(즉, 옆줄이 그어져 있지 않은 본문). 이 부분은 일부 학생은 단순히 읽어갈 수도 있고, 일부 학생은 거기에 제시된 과제들을 해결하려고 시도하고, 기술된 책이나 논문들을 찾아 읽을 수도 있을 것이다. 물론, 이 부분에서는 학생들의 흥미, 가능성, 재능에 상응하여 심화된 이론적인 학습 자료를 제공한다(한인기, 2004).

수열의 합 $\sum_{k=1}^{n} k = 1+2+3+\cdots+n$ 을 구하여라.

위의 수열은 첫째항이 1, 공차가 1인 등차수열이므로 아래와 같은 방법에 의해서 다음과 같다.

[공식1] $\sum_{k=1}^{n} k = 1+2+3+\cdots+n = \frac{n(n+1)}{2}$

□ 증명) …(중략)…

따라서 $\sum_{k=1}^{n} k = \frac{n(n+1)}{2}$ 이 성립한다. 증명 끝. ■

이제, 위의 공식을 이용한 수학적인 예를 살펴보자. 첫째 항이 1이고, 공차 d가 각각 1, 2, 3, 4, 5, 6인 등차수열이 다음과 같이 만들 수 있다.

……

이처럼 첫째항이 1이고 일정하게 증가하는 수열들의 각각을 1차도형수 또는 선형도형수라고 한다. 선형도형수는 다양한 유형이 존재할 수 있다.

……

[그림 23] 본문을 통한 개인차 고려 1

또한, 우리는 Gusev의 연구를 바탕으로 하여 교과서 본문에서 공식에 해당하는 것은 내용 앞에 [공식#]을 표시하는데, #은 공식의 순차적인 일련번호이다. 물론 이 경우에도 필수적인 학습내용인 경우에는 좌측에 한 줄 선 혹은 두 줄 선을 그어서 수준을 결정해 준다.

[공식3] $\sum_{k=1}^{n} k^2 = 1^2+2^2+3^2+4^2+\cdots+(n-1)^2+n^2 = \frac{n(n+1)(2n+1)}{6}$

[그림 24] 본문을 통한 개인차 고려 2

그리고 제시되어져 있는 문장 중에서 중심적인 수학적 생각을 나타내기 위해서는 [핵심]이라는 표현을 사용한다. [핵심]이 표시된 내용은 해당 단원이나 전체 수학과정의 학습에 있어서 중요한 역할을 하는 내용이 된다. 또한 정의에 해당하는 것은 [정의#]으로 나타내도록 한다.

이제 1차도형수로부터 새로운 수열을 만들어보자.
[핵심] 새로운 수열의 첫 번째 항은 1차도형수의 첫째 항과 같고, 새로운 수열의 두 번째 항은 1차도형수의 첫째 항과 두 번째 항과의 합이다. 즉, 새로운 수열의 n번째 항은 1차도형수의 첫 번째 항부터 n번째 항까지의 합과 같다. 이러한 수열을 만들어 보자.

[정의2] 1차도형수로부터 위와 같은 방법으로 얻어지는 새로운 수열 각각을 2차도형수, 평방도형수라고 부른다.

[그림 25] 본문을 통한 개인차 고려 3

마지막으로, 증명/정당화 과정이 함께 제시되어 있는 정리/명제의 경우에는 [정리#]으로 나타내도록 한다. 만약에 증명이 없는 정리의 경우에는 [정리#]을 표시하지 않는다. 그리고 이론적 내용의 기술에서 발생하는 다양한 물음이나 심도 있는 문제들을 표시하기 위해서 우리는 [궁금증]이라는 표현을 사용한다.

지금까지 1차도형수로부터 2차도형수를 만들어 보았다.
앞에서 만든 첫 번째 수열은 1,3,6,10,15⋯ 라는 수열을 만드는데, 우리는 이 수들을 삼각수라고 부른다. 두 번째 수열인 1,4,9,16,25⋯ 라는 수열을 만드는데 우리는 이 수를 사각수라고 부른다. 세 번째 수열 1,5,12,22,35⋯은 오각수라고 부른다. 1,6,15,28,45⋯ 라는 수열은 육각수라고 부른다.

[궁금증] 위의 수열을 삼각수, 사각수, 오각수, 육각수라고 부르는 이유가 무엇일까?

[정리1] 삼각수를 n번째 삼각수를 T_n이라 하고, n번째 사각수를 S_n이라고 하면 $8T_n+1=S_{2n+1}$ 이다.

(증명) $T_n=\dfrac{n(n+1)}{2}$, $S_n=n^2$ 이다. 따라서, $S_{2n+1}=(2n+1)^2$

$$\begin{aligned}8T_n+1&=8\times\frac{n(n+1)}{2}+1=4n(n+1)+1\\&=4n^2+4n+1=(2n+1)^2=S_{2n+1}\end{aligned}$$

[그림 26] 본문을 통한 개인차 고려 4

지금까지 제시한 내용들은 본문과 마찬가지로 [공식#], [정의#], [정리#], [궁금증], [핵심]의 내용에서도 필수적인 학습내용인 경우에는 왼쪽에 한 줄짜리 혹은 두 줄짜리 줄을 그어 수준을 구별하여 제시한다. 결론적으로, 최소 필수 수준에 해당하는 이론적 내용을 교과서에 명확히 구분되어 표시되었기 때문에 교사가 이를 고려하여 개인차를 기반으로 한 수학교육을 진행할 수 있으며, 해당 학습 단원에 제시된 수학학습내용에 대한 깊이 있는 이해와 더불어 활용과 관련된 심화된 내용도 함께 제시하여 교사가 다양한 수준의 수업을 개인차를 고려하여 운영할 수 있도록 한다.

4.3 개인차를 유발하는 심리적 특성을 통한 개인차를 고려한 교과서의 실제

개인차를 유발하는 심리적 특성인 재능을 바탕으로 개인차를 고려한 교과서는 다섯 가지 방법으로 접근할 수 있다. 이 다섯 가지의 방법은 서보억(2008)의 연구를 바탕으로 하는데, 첫째, 분석-종합적 지각을 고려하는 방법, 둘째, 일반화에 대한 서로 다른 두 가지 측면을 고려하는 방법, 셋째, 사고과정에서 발생하는 개인차를 고려하는 방법, 넷째, 아름다운 해를 찾으려는 학생들의 심리적 특성을 고려하는 방법, 마지막으로 문제를 해결한 다음 무엇을 기억할 것인가를 통해 개인차를 고려하는 방법이다. 이 중에서 아름다운 해를 찾으려는 학생들의 심리적 특성을 고려하는 한 가지 방법에 대해서만 그 구체적 예와 함께 고찰해 보기로 한다.

주어진 문제에 대한 가장 명쾌하고 명확한, 가장 간단하면서 경제적인 그리고, 가장 아름다운 길을 찾는 것은 재능이 많은 학생들의 전형적인 특징이다. 재능이 많은 학생은 그들의 첫 번째 풀이에 만족하지 않고 가장 아름다운 풀이 방법을 발견하였을 때 만족하였다(Krutetskii, 1976). 평균적인 학생들은 풀이의 명료함, 간단함, 경제적인 것과 같은 풀이의 질적인 차이에 주목하지 않는다. 심지어 새로운 풀이 방법을 찾으려고 시도하면 처음의 풀이 방법으로 인해 방해를 받았다. 따라서 풀이의 심미지향성에서의 개인차의 고려는 재능이 많은 학생들에 대한 고려이며, 그들의 사고를 촉진시킬 수 있도록 도움을 주어야 한다.

이러한 내용을 바탕으로 풀이의 심미지향성에서 발생하는 개인차는 크게 다음 세 가지로 나누어 고려할 수 있다. 첫째, 세련된 풀이를 찾고자 하는 경향의 차이에 대한 고려, 둘째, 정교한 풀이를 찾고자 하는 경향의 차이에 대한 고려, 셋째, 풀이과정을 되돌아보고 더 나은 해법을 찾는 경향의 차이에 대한 고려이다. 본 내용은 서보억(2008) 연구를 바탕으로 개인차를 고려한 교과서의 관점에서 재해석하였다.

◈ 경우 1. 세련된 풀이를 찾고자 하는 경향의 차이를 고려한 수학교과서

수학교과서가 높은 수준의 수학적 개념을 문제해결 상황에서 잘 적용할 수 있도록 구성되었는지와 관련된다.

1) 세부방법

- 〈방법 1〉 이미 학습한 수학적 사실을 이용하여 문제를 해결한 풀이 방법과 새로 학습한 수학적 사실을 이용하여 문제를 해결한 풀이 방법을 서로 비교할 수 있도록 수학교과서를 구성한다.
- 〈방법 2〉 이미 학습한 수학적 사실들로부터 새로 학습한 수학적 사실을 유도하게 하거나 이들 수학적 사실 사이의 상호 관련성을 찾도록 수학교과서를 구성한다.
- 〈방법 3〉 새로 학습한 높은 수준의 수학적 정리나 사실들만을 사용하여 문제를 해결하는 경험을 수학교과서에 제공한다.

2) 교과서 구성의 전제

수학교과서의 구성에 대한 예시를 아래 [문제 1]을 통해 살펴본다. 이 문제의 경우 중학교 1학년 기하단원에서는 합동만을 이용하여 해결할 수 있지만, 여기에서는 중학교 2학년에서 사각형의 성질을 학습할 때를 가정하여 고찰한다.

> ▪ [문제 1] 직각삼각형에서 예각들 중의 하나는 다른 예각보다 두 배가 크다. 이때, 삼각형의 옆 변들 중의 하나가 빗변의 절반과 같다는 것을 보이시오.

3) 교과서 구성의 예시: 문제 1을 바탕으로 한 교과서 구성

세련된 풀이를 찾고자 하는 경향의 차이에 대한 개인차를 고려한 수학교과서는 앞에서 제시한 세 가지 구체적인 방법으로 구성될 수 있다.

> • 〈방법 1〉 이미 학습한 수학적인 사실을 이용하여 문제를 해결한 풀이 방법과 새로 학습한 수학적 사실을 이용하여 문제를 해결한 풀이 방법을 서로 비교하도록 수학교과서를 구성한다.

• **(이미 학습한 사실을 이용한 풀이)**

삼각형 ABC는 직각삼각형이고 ∠B가 ∠C의 두 배라는 사실을 이용하여 ∠B의 이등분선과 AC의 교점을 D라 하자. 그러면 △DBC는 이등변삼각형이 된다. 따라서 점 D에서 내린 수선의 발을 M이라 하면 삼각형 DBM과 삼각형 DBA은 합동이다. 따라서 선분 BM과 선분 AB의 길이는 서로 같다. 또한, 두 삼각형 DBM와 삼각형 DCM도 합동이므로 선분 BM과 선분 CM의 길이는 서로 같다. 따라서 선분 BC의 길이는 선분 AB의 길이의 두 배이다. □

• **(새로 학습한 사실을 이용한 풀이)**

직각삼각형 ABC와 직선 BC에 대해 서로 대칭이 되는 삼각형A_1BC를 그린다. 그러면, 사각형ABA_1C는 직사각형이다. 대각선의 성질에 의해서 선분 AM, 선분 BM, 선분 CM의 길이는 서로 같다. 또한, 삼각형 ABM이 이등변삼각형이므로 선분 AM과 선분 AB의 길이는 같다. 따라서 선분 AB의 길이는 빗변 BC의 길이의 절반이다. □

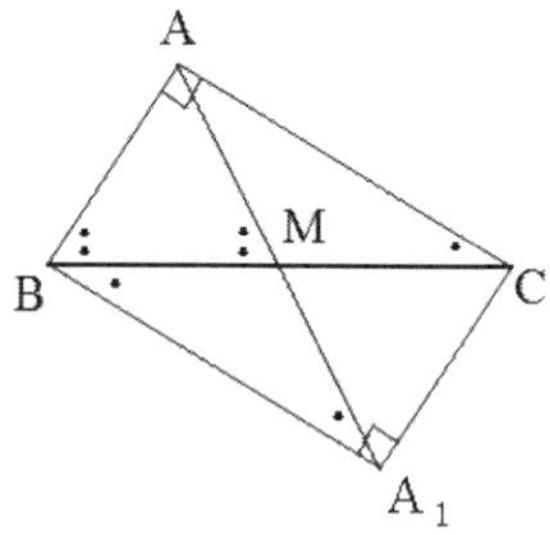

• **(풀이방법의 비교)** 교과서에 두 가지 풀이 방법을 서로 비교하는 기회를 제공

첫 번째 방법은 합동의 성질을 두 번 사용하여 합동인 세 쌍의 삼각형을 통해 문제를 해결하였다. 두 번째 방법에서는 합동의 성질 한 번과 직사각형의 두 대각선의 성질을 이용하여 문제를 해결하였다. 그런데 이 직사각형의 성질은 합동의 성질을 통해 정당화될 수 있다. 즉, 두 번째 풀이는 첫 번째 풀이보다 더 세련된 풀이 방법으로 볼 수 있다.

• 〈방법 2〉 이미 학습한 수학적 사실들로부터 새로 학습한 수학적 사실을 유도하게 하거나 이들 수학적 사실 사이의 상호 관련성을 찾도록 수학교과서를 구성한다.

[문제 1]의 해결을 위해 사용한 중요한 수학적 정리나 사실은 각 C의 두 배가 각 B와 같다는 사실로부터 각 B의 이등분선을 긋고, 이 이등분선을 대칭으로 하는 합동인 삼각형을 만들었다는 점이다. 그리고 각의 이등분선을 그으면 처음 각 C와 같은 각을 얻을 수 있으므로 이등변삼각형의 성질을 이용하여 합동인 두 삼각형을 만들 수

있다. 이번 학습주제가 직사각형의 성질이라고 하자. 새로 학습한 직사각형의 성질과 앞의 문제를 해결하기 위해 사용한 수학적인 사실(특히, 합동)과의 관계성을 찾을 수 있다. 직사각형에서 두 대각선은 합동인 두 쌍의 삼각형으로 분할시킨다. 따라서 두 대각선은 서로 다른 것을 이등분하고 있다는 사실을 쉽게 알 수 있다.

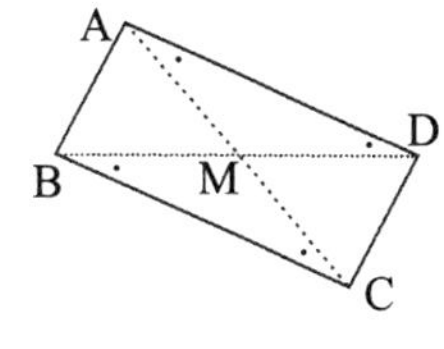

또한 중학교 1학년 때 배웠던 합동의 성질로부터 직사각형의 성질에 대한 수학적인 사실을 유도할 수도 있다. 즉, 직사각형 ABCD에서 두 대각선을 그으면 삼각형 ABM과 삼각형 DCM은 서로 합동이다. 왜냐하면, 평행선의 성질에 의해서 각 ABM은 각 CDM과 같고, 각 BAM은 각 DCM과 같으며 선분 AB의 길이는 선분 CD의 길이와 같기 때문이다. 이처럼 합동으로부터 직사각형의 성질인 대각선이 서로 다른 것을 이등분하고 만나는 점까지의 거리가 모두 같다는 사실을 유도할 수 있다.

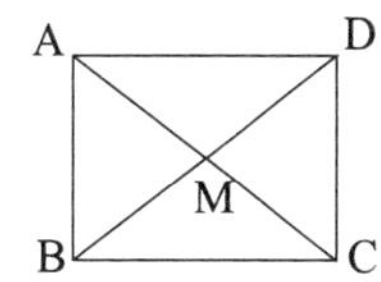

• 〈방법 3〉 새로 학습한 수학적인 사실, 즉 직사각형의 성질을 이용하여 문제를 해결할 수 있도록 교과서를 구성한다.

여기서 재능이 많은 학생에게는 이러한 세련된 풀이 방법으로 유도하는 것이 사고를 자극하는 긍정적인 효과가 있지만, 다른 학생은 그렇지 않을 수 있다. 따라서 평균적인 학생이나 재능이 적은 학생은 기존의 풀이에 대한 명확한 이해와 새로운 개념에 대한 분명한 이해에 중점을 두도록 유도한다.

◈ 경우 2. 정교한 풀이를 찾고자 하는 경향의 차이를 고려한 수학교과서

수학교과서가 세련된 수학적 개념을 문제해결 상황에서 잘 적용할 수 있도록 구성되었는지와 관련된다.

1) 세부방법

풀이 절차의 논리적인 연결고리가 아주 섬세하게 연결되도록 문제풀이의 과정이 상세한 교과서를 구성한다. 이미 알고 있는 수학 개념이나 원리로부터 추론의 고리를 잘 연결하여 체계적인 절차로 교과서를 구성하는 것이다. 개인차와 관계없이 이러한 방식으로 교과서를 구성하는 것은 논리적 사고 능력의 향상에 도움이 된다. 이러한 구성은 일반적 풀이 절차를 제시한 후, 풀이 절차에 대한 정교한 풀이 과정을 세분화하여 제시하는 방식으로 교과서를 구성한다.

2) 교과서 구성의 전제

수학교과서의 구성에 대한 예시를 아래 [문제 2]를 통해 살펴본다.

■ [문제 2] 다음 그림에서 정사각형 ABCD에서 변 AD의 중점을 M, 각 CMK가 직각이 되도록 점 K를 선분 AB 위에 잡았다. 이때, 각 DCM과 각 KCM의 크기가 같음을 보이시오.

3) 교과서 구성의 예시: 문제 2를 바탕으로 한 교과서 구성

주어진 [문제 2]를 통해 살펴보자. 일반적인 풀이와 정교한 풀이를 제시하고, 이를 상호 비교 가능하도록 수학교과서를 구성할 수 있다.

- **(일반적인 풀이)**

주어진 것:	구할 것:
1. 정사각형 ABCD	4. $\angle DCM = \angle KCM$
2. 변 AD의 중점 M	
3. 각 CMK가 직각인 변 AB 위의 점 K	

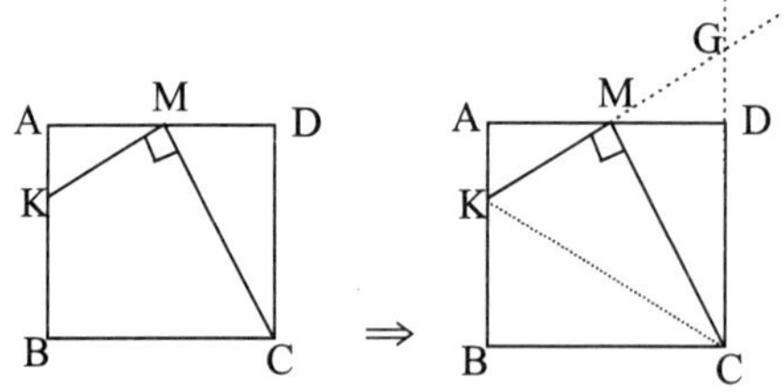

〈진술〉	〈이유〉
5. 직선 KM과 선분 CD의 연장선의 교점 G	두 선분은 만남
6. $\triangle AMK \equiv \triangle DMG$	ASA 합동

7. 선분 MK와 선분 GM의 길이는 같다 ‘진술 6’에 의해서

8. △CKM≡△CGM SAS 합동

9. ∠DCM=∠KCM ‘진술 8’에 의해서. □

• **(정교한 풀이)**

주어진 것: 구할 것:

1. 정사각형 ABCD 4. ∠DCM=∠KCM

2. 변 AD의 중점 M

3. 각 CMK가 직각인 변 AB 위의 점 K

〈진술〉 〈이유〉

5. 직선 KM과 선분 CD의 연장선의 교점 G 두 선분은 만남

5′. 두 직선의 위치관계는 평행하거나 일치하거나 한 점에서 만난다. 만약에 평행이라면 직선 KM은 직선 AB와 일치해야 하는데, 그렇지 않다. 또한, 두 직선은 일치할 수 없다. 따라서 두 선분은 한 점 G에서 만난다.

6. △AMK≡△DMG ASA 합동

6′. ‘주어진 것 1’에서 정사각형이다. 정사각형은 내각은 모두 90°이다. 따라서 각 KAM은 직각이다. 또한, ∠CDG는 평각인데, 직각의 외각은 역시 직각이므로 각 MDG는 직각이다.

6″. ‘주어진 것 2’에서 점 M이 중점이므로, 선분 AM과 DM의 길이는 같다.

6‴. 두 직선이 만나면 두 쌍의 맞꼭지각이 생기는데 서로 같다.

7. 선분 MK와 선분 GM의 길이는 같다 ‘진술 6’에 의해서

7′. 합동인 삼각형에서 대응변은 같다. 선분 MK와 선분 GM은 대응변이다.

8. △CKM≡△CGM SAS 합동

8′. ‘주어진 것 3’에서 각 CMK가 직각이므로 반대편 각 CMG도 직각이다.

8″. 선분 CM은 두 삼각형 CKM과 삼각형 CGM의 공통변이다.

9. ∠DCM=∠KCM ‘진술 8’에 의해서

9′. 합동인 삼각형에서 대응각은 같다. 각 DCM과 각 KCM은 대응각이다. □

◈ 경우 3. 풀이의 반성과 더 나은 해법을 찾는 경향의 차이를 고려한 수학교과서

수학교과서가 학습자 개개인에게 최적의 문제해결 방법을 고안해 낼 수 있도록 구성되었는지와 관련된다.

1) 세부방법

수학교과서는 자신의 풀이과정을 되돌아볼 것을 요구하고, 기하문제를 대수적인 방법으로 푸는 것과 같이 특별한 사고활동을 장려하고, 보다 나은 다른 풀이를 찾도록 유도한다. 다음과 같은 방법으로 풀이 과정을 되돌아보고 더 나은 해법을 찾고자 하는 경향에 대한 개인차가 고려되도록 수학교과서를 구성한다.

- 〈방법 1〉 자신이 해결한 해법을 되돌아보고 어떤 방법으로 정확하게 해결하였는지 자신의 생각을 정리하고 기록할 수 있도록 수학교과서를 구성한다. 이러한 과정의 효율성을 높이기 위해 타인과의 대화를 폭넓게 이용하도록 교과서를 집필한다.
- 〈방법 2〉 자신이 해결한 해법에서 사용된 수학적 사실을 확인하고, 주어진 것과 구할 것, 배경지식으로부터 이용 가능한 새로운 수학적 관계성을 찾을 수 있는 기회를 제공하도록 수학교과서를 구성한다.
- 〈방법 3〉 새로 학습한 수학적인 개념과 새로운 수학적인 생각을 바탕으로 다른 방법으로 문제를 해결할 수 있도록 유도하고 적절한 도움이 제공되도록 수학교과서를 구성한다.

2) 교과서 구성의 전제

수학교과서의 구성에 대한 예시를 [문제 3], [문제 4]를 통해 살펴본다.

▪ [문제 3] 삼각형 ABC에서 두 변 AB, AC를 각각 한 변으로 하는 두 정삼각형 ABD와 ACE를 만들었다. 이 때, CBE가 15°일 때, 각 BCD의 크기를 구하시오.

■ [문제 4] 변 AB와 AC의 길이가 같은 이등변삼각형 ABC가 주어져 있다. 밑변 BC 위에 있는 임의의 한 점 D에서 다른 두 변에 내린 수선의 발을 E, F라고 할 때, 선분 DE와 선분 DF의 길이의 합이 항상 일정함을 보이시오.

3) 교과서 구성의 예시: 문제 3과 문제 4를 바탕으로 한 교과서 구성

제시된 [문제 3]을 통해 구체적으로 살펴보자.

(풀이) 각 BCD를 구하기 위해서는 점 C를 중심으로 각 ACD, 각 ACE, 각 BCE의 세 각의 크기를 알아야 한다. 주어진 각이 각 CBE이므로 삼각형 BCE를 기준으로 각의 크기를 구하면 된다. 각 CBE의 크기를 a, 각 BCE의 크기를 b, 각 BEC의 크기를 c라고 두자. 그러면, 다음 식을 얻을 수 있다.

$$\angle BCD + \angle ACD + \angle ACE + \angle BCE = 360°$$

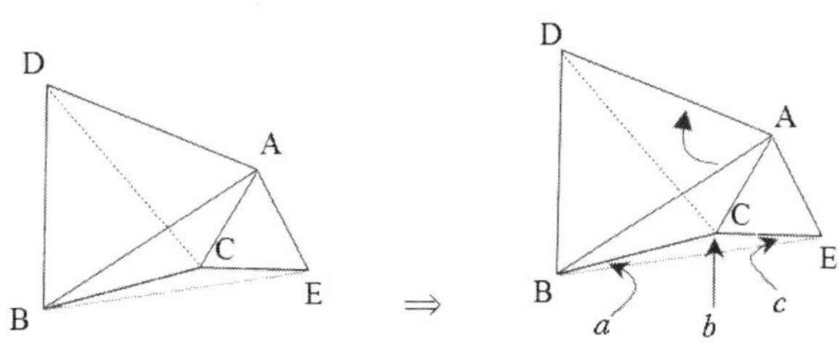

첫째, 각 ACD의 크기는 각 AEB의 크기와 같다. 왜냐하면, 삼각형 ABE와 삼각형 ADC는 합동(SAS 합동)이기 때문이다. 즉, $\angle ACD = c + 60°$

둘째, 각 ACE는 정삼각형의 한 내각이므로 60°이다.

셋째, 각 BCE는 삼각형 BCE의 한 내각이다. 즉, $\angle BCE = b°$이다.

따라서 $\angle BCD + c + 60 + 60 + b = 360$이므로, $\angle BCD = 240 - b - c$이다. 주어진 조건에서 a가 15°이므로, $\angle BCD = 240 - 165 = 75°$이다. □

• 〈방법 1〉 자신이 해결한 해법을 되돌아보고 어떤 방법으로 정확하게 해결하였는지 자신의 생각을 정리하고 기록할 수 있도록 수학교과서를 구성한다. 이러한 과정의 효율성을 높이기 위해 타인과의 대화를 폭넓게 이용하도록 교과서를 집필한다.

이러한 관점에서 교과서 집필은 크게 두 가지 관점에서 진행된다. 하나는 산술적인 계산활동의 정확성과 관련된 집필이고, 다른 하나는 논리적 타당성과 수학적 개념의 정확성과 관련된 교과서 구성이다. 학생들 각자가 해결한 풀이 과정이 이러한 두 관점에서 정확한지 확인할 수 있도록 교과서를 집필한다. 이러한 수학교과서의 구성은 학생들이 다른 학생들의 풀이 과정을 확인하고 서로 대화를 나누는 것은 자신을 돌아보는 능력을 더욱 성숙시켜줄 수 있다.

- 〈방법 2〉 자신이 해결한 해법에서 사용된 수학적 사실을 확인하고, 주어진 것과 구할 것, 배경지식으로부터 이용 가능한 새로운 수학적 관계성을 찾을 수 있는 기회를 제공하도록 수학교과서를 구성한다.

이 방법도 구체적으로 다음 두 관점으로 진행된다. 하나는 학생의 풀이에 이미 사용되어진 수학적 개념을 확인하도록 교과서를 구성하는 것이고, 다른 하나는 문제 상황에서 주어진 것과 구할 것으로부터 이용 가능한 새로운 수학적 개념을 찾을 수 있도록 교과서를 구성하는 것이다. 앞의 [문제 4]를 통해 살펴보자.

(풀이)

주어진 것:	구할 것:
1. 이등변삼각형 ABC	4. $\overline{DE}+\overline{DF}$가 일정
2. 변 BC 위의 점 D	
3. 점 D에서 내린 수선의 발 E, F	

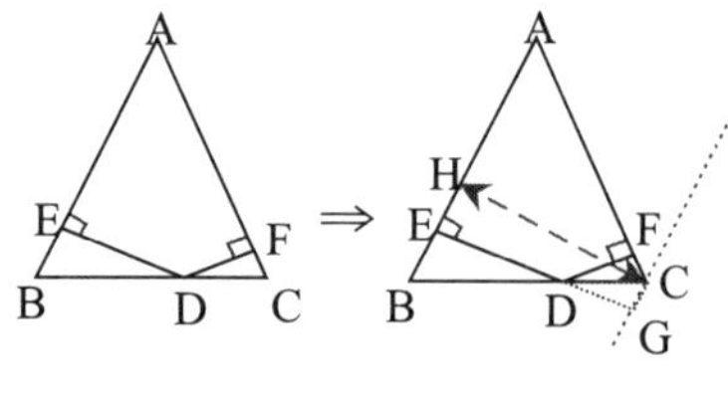

선분 DE의 연장선과 점 C를 지나고 선분 AB에 평행인 직선이 만나는 점을 G라고 하자. 평행선의 성질에 의해서 각 ABC(=∠ACB)는 각 BCG와 같고, 각 BED는 각 CGD와 같다. 그런데 선분 CD는 공통이므로, 삼각형 CGD와 삼각형 CFD는 합동이다(ASA 합동). 따라서 선분 DF와 선분 DG의 길이는 같다. 즉, $\overline{DE}+\overline{DF}=\overline{DE}+\overline{DG}$

$= \overline{EG}$ 이다. 선분 EG의 길이는 평행한 두 직선 AB와 CG 사이의 거리(꼭지점 C에서 대변에 내린 수선 CH의 길이)이므로 이 거리는 항상 일정하다. □

첫째, 위의 풀이에서 학생이 사용한 수학적 개념을 확인하자. 두 선분의 합을 한 선분의 길이로 나타내기 위해 대칭이 되는 합동을 이용하였다. 그리고 평행선 사이의 거리는 항상 일정하다는 사실을 이용하기 위해 구할 선분의 길이를 평행선 사이의 거리로 나타내었다.

둘째, 문제 상황에서 이용 가능한 다른 수학적 개념을 찾아보자. '주어진 것 3'을 살펴보자. 삼각형에서 수선은 높이와 깊은 관련이 있다. '주어진 것 2'에서 한 점에 의해 삼각형은 두 개의 부분으로 나누어지고, 두 개의 수선은 이 두 삼각형의 높이가 될 수 있다. 따라서 삼각형의 넓이를 이용하여 이 문제를 해결할 수 있다는 새로운 관계성을 찾을 수 있다.

- 〈방법 3〉 새로 학습한 수학적인 개념과 새로운 수학적인 생각을 바탕으로 다른 방법으로 문제를 해결할 수 있도록 유도하고 적절한 도움이 제공되도록 수학교과서를 구성한다.

구체적으로 앞의 문제는 다음과 같이 해결될 수 있다.

(새로운 개념을 통한 풀이)

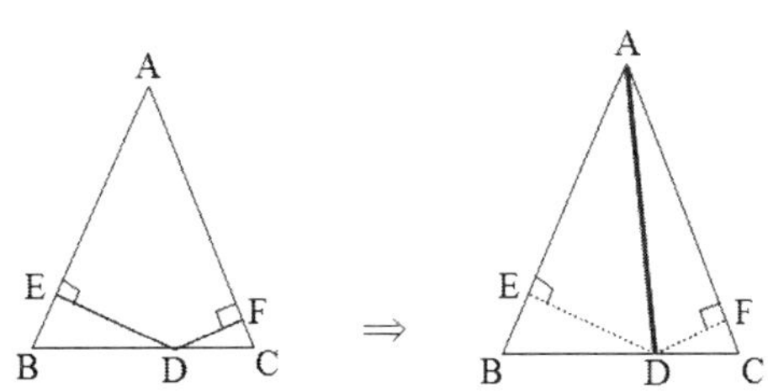

삼각형 ABC는 점 D에 의해서 두 삼각형 ABD와 삼각형 ACD로 나누어진다. 이등변삼각형에서 두 변 AB와 AC가 같으므로, 다음 식을 얻는다.

$$\triangle ABC = \triangle ABD + \triangle ACD = \frac{1}{2}\overline{AB}\cdot\overline{DE} + \frac{1}{2}\overline{AC}\cdot\overline{DF} = \frac{1}{2}\overline{AB}\cdot(\overline{DE} + \overline{DF})$$

즉, $\triangle ABC = \frac{1}{2}\overline{AB}\cdot(\overline{DE}+\overline{DF})$인데, 삼각형의 넓이와 선분 AB의 길이는 일정하므로, $\overline{DE}+\overline{DF}$ 도 일정하다. □

4.4. 체계화된 연습문제의 제시를 통한 개인차를 고려한 교과서의 실제

일반적으로 많은 양의 문제가 교과서에 제시되어 있다. 연습문제의 제시에서 개인차에 대한 고려는 Prentice Hall의 교과서 및 Gusev의 실험교과서에서 제시한 방법을 기초로 우리나라의 현실에 맞게 다음 두 가지 방법으로 재구성할 수 있다.

- 〈방법 1〉 소단원 본문의 연습문제를 통한 개인차를 고려한 수학교과서이다. 새로운 소단원 학습 내용이 시작되는 교과서 본문 맨 앞부분에 선행학습 확인을 위한 '선행확인' 문제를 제시하는 것, 소단원 학습 내용 맨 마지막 부분에서 본문에 제시된 예제를 기초로 해결할 수 있는 '예제활용' 문제를 제시하는 것이다.
- 〈방법 2〉 몇몇 소단원 학습이 끝난 후, 제시되는 연습문제를 통한 개인차를 고려한 수학교과서이다. 교과서의 연습문제들은 그 수준과 성격에 따라 다음 여섯 가지로 나눈다. 이러한 여섯 가지 서로 다른 유형들의 문제를 통해 개인차를 고려한 수학교과서를 구성한다(서보억, 2005).

첫째, 종합적인 연습문제이다. 이러한 유형의 문제의 경우는 연습문제를 통해, 결론을 도출하는 것, 문제의 조건들로부터 결론을 유도하는 것을 배우게 된다. 종합적인 연습문제는 [종합]이라고 나타낸다.

[종합] 1. 다음 수식의 값을 구하여라.

$11^3+12^3+13^3+\cdots+20^3$

[종합] 2. 다음 식을 간단히 하여라.

(1) $\sum_{k=1}^{n} k(k+1)$ (2) $\sum_{k=1}^{n} k^2(k-2)$

[그림 27] 연습문제를 통한 개인차 고려 1

둘째, 분석적인 연습문제이다. 이러한 유형의 연습문제는 자기조절 및 자기통제를 위해 제시된 좀 더 어려운 문제이다. 이들 문제에서는 문제의 조건으로부터 결론을 얻는 것뿐만 아니라 그러한 결론의 도출에 대한 원인을 설명해야 한다. 분석적 연습문제는 [분석]이라고 표현한다.

[분석] 1. $2^{n-1}(2^n-1)$ 과 같이 나타내어지는 수는 이차도형수 중에서도 육각수임을 증명하여라.

[분석] 2. $1+(1+2)+(1+2+3)+(1+2+3+4)+...+(1+2+3+...+n)$ 의 값은?

[분석] 3. 집합 $S=\{1^3,2^3,3^3,...,n^3\}$ 이 있다. 이 때, 집합 S의 모든 부분집합들에 들어있는 모든 원소들의 총합은 $2^{\alpha}(n^2+n)^{\beta}$이다. 이때, $\alpha+\beta$ 의 값은 ?

[그림 28] 연습문제를 통한 개인차 고려 2

셋째, 기초 연습문제이다. 수열의 학습에서 학습 부진아로 남지 않으려면 풀 수 있어야 하는 수준의 문제이다. 즉, 교육과정에서 제시된 최소필수학습요소에 해당하는 교육을 의미한다. 가장 평이한 문제를 해결하는 능력 등을 필요로 한다. 즉, 표준문제는 부진아를 대상으로 하는 교육에서 이들이 도달해야 하는 최소필수 수준의 목표점이라고 본다. 표준적이고 기초적 연습문제는 [기초]라고 표현한다.

[기초] 1. 다음 값을 계산하여라.

$1^2+2^2+3^2+...+10^2$

[기초] 2. $2+4+6+...+2n$ 의 값을 구하여라.

[기초] 3. $2+4+6+...+40=\sum_{k=1}^{\square}(\quad)$ 에서 □ 와 (　　) 에 들어갈 수식을 구하면?

[그림 29] 연습문제를 통한 개인차 고려 3

넷째, 가장 표준이 되는 연습문제이다. 학교나 가정에서 학생들이 해결해야 하는 가장 일반적 유형의 문제이다. 이들 문제를 통해 교과서에 제시된 기본적 학습내용을 확실히 이해할 수 있다. 이 유형은 일반학생이 수학을 공부하면서 푸는 평이한 수준의 문제이다. 기본이 되는 연습문제는 [표준]이라고 표현한다.

[표준] 1. 다음 제 n항가지의 합 S_n을 구하여라.

$S_n = 1\cdot\ 3 + 2\cdot\ 5 + 3\cdot\ 7 + \ldots + n(2n+1)$

[표준] 2. 다음 수열에서 $\frac{3}{15}$는 몇 번째 항인가?

$\frac{1}{1}, \frac{2}{1}, \frac{1}{2}, \frac{3}{1}, \frac{2}{2}, \frac{1}{3}, \frac{4}{1}, \frac{3}{2}, \frac{2}{3}, \ldots$

[그림 30] 연습문제를 통한 개인차 고려 4

다섯째, 창의적 연습문제이다. 정형적 방법으로는 문제가 해결되지 않으며 문제해결을 위해서는 어떤 수학적인 아이디어를 발명해야 하는 연습문제이다. 창의적 문제에 있어서 난이도는 수학적 아이디어의 수준에 의해서 좌우되므로 창의적 수준의 문제는 학교수학 수준에서는 난이도가 가장 높은 문제이다. 창의적 연습문제는 [심화]라고 표현한다.

[심화] 1. 1부터 1000000000까지의 수에 사용된 각각의 숫자의 총합을 등차수열의 합을 구하는 것처럼 아주 간단하게 구하여 보아라. 수 그 자체가 의미 있는 것이 아니라 사용된 각각의 자리에 위치한 숫자들의 합을 구하는 것이다.(예를들면, 2471은 2+4+7+1=14가 된다.)

[심화] 2. 2, 4, 6, 8, 10 이 있다. 이 때, 이들 중 연속하지 않는 서로 다른 두 짝수끼리의 곱의 합은 얼마인가?

[심화] 3. $28 = 1^3 + 3^3$, $496 = 1^3 + 3^3 + 5^3 + 7^3$ 과 같이 완전수가 홀수의 세제곱의 합으로 표현된다. 그럼, 8128은 어떻게 표현되어지는가?

[그림 31] 연습문제를 통한 개인차 고려 5

여섯째, 탐구 과제적 연습문제이다. 이러한 문제의 해결을 위해서는 몇몇 단원에서 배운 내용에 대한 종합적 지식을 바탕으로 하며, 마치 수학자와 같은 진지한 탐구활동이 필요하다. 이들 문제는 수업시간에는 다루어지지 않고, 개인 과제 시간이나 가정에서 숙제로 제시되어진다. 탐구 과제적 연습문제는 [탐구]라고 표현한다.

[탐구] 1. 아래의 왼쪽 그림들과 같이 흰색 돌과 검은 색 돌이 배치되어져 있는데, 돌을 다음 두 가지 규칙으로 이동하여 오른쪽 그림과 같이 바꾸고자 한다.

규칙1. 돌의 인접한 곳에 빈 칸이 있을 때, 빈 칸으로 한 개의 돌을 이동할 수 있다.

규칙2. 한 개의 돌을 건너뛰어 빈칸으로 돌을 이동시킬 수 있다.(두개의 돌을 건너 뛸 수는 없다.)

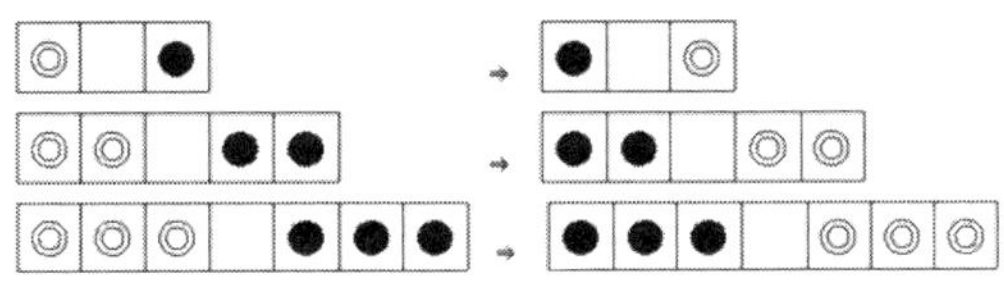

1) 위 각 경우에서 돌을 이동하는 방법을 설명하고, 이동의 최소회수를 구하여라.

2) 만약 100개(n개)의 흰색 돌과 100개(n개)의 검은 색 돌이 좌우에 배열되어져 있다면, 위치를 바꾸기 위해 이동해야 하는 최소한의 횟수를 구하는 방법을 설명하여라.

[그림 32] 연습문제를 통한 개인차 고려 6

5. 나오는 말

본 장은 2015 개정 수학과 교육과정 및 향후 새로운 교육과정에 대한 새 교과서가 갖추어야 할 가장 중요한 조건으로 개인차를 고려한 수업이 가능한 수학교과서, 학습자 중심 수업을 실현하는 수학교과서, 수준별 수업이 가능한 수학교과서로 보았다. 이에 현재 우리나라 수학교육 발전을 위한 한 가지 방법으로서 개인차를 고려한 수학교과서 구현을 위한 구체적 방향과 방법에 대해 고찰하였다. 이를 위해 미국의 Prentice Hall 수학교과서와 러시아 수학교육자 Gusev의 실험용 교과서를 분석하였고, 이를 기초로 실현 가능한 개인차를 고려한 수학교과서의 실제적 모습에 대해 살펴보았다.

본 장에서는 선행연구와 우리나라 수학과 교육과정을 바탕으로 개인차를 고려한 수학교과서가 갖추어야 할 기본적 요건 네 가지를 제시하였다. 첫째, 구체적 조작물에 의한 활동에 기초한 개인차를 고려한 수학교과서의 구현이다. 둘째, 교과서의 본문에 기초한 개인차를 고려한 수학교과서의 구현이다. 셋째, 학습자의 개인적 심리적 특성의 차이에 기초한 개인차를 고려한 수학교과서의 구현이다. 넷째, 교과서에 제시되는 다양한 예제, 문제, 연습문제에 기초한 개인차를 고려한 수학교과서의 구현이다.

먼저, 구체적 조작물에 기초한 활동을 통한 개인차의 고려에서는 세 가지 서로 다른 수준을 제시하였다. 제1수준은 구체물을 구성해 가는 수준으로 교사에 의해서 주어진 구체물을 직접 제작하면서 암묵적으로 활동하는 수준이고, 제2수준은 구체물을 조작하는 수준이다. 완성되어진 구체물이나 자신이 직접 구성한 구체물 속에 담겨져 있는 수학적 의미를 파악하는 수준이며, 제3수준은 사고활동 수준이다. 구체물과 독립적으로 추상적 사고활동으로 수학개념을 획득하는 수준이다.

둘째, 교과서 본문에 기초한 개인차의 고려에서는 필수적 학습 내용과 심화, 보충 학습내용을 구분하기 위해 본문의 왼쪽에 선을 한 줄 혹은 두 줄 등으로 그어서 구분하였다. 또한 분문에서 수학학습 내용 요소에 [공식#], [정의#], [정리#], [궁금증], [핵심] 등으로 세분화하여 중요한 수학적 원리나 개념을 명료하게 제시하여 개인차를 고려할 수 있도록 하였다.

셋째, 개인의 심리적 특성의 차이 즉, 재능의 차이에 기초한 개인차의 고려에서는 다섯 가지 방법으로 세분화하여 수학교과서를 구성하도록 하였다. 종합-분석의 차이의 고려, 일반화의 차이에 대한 고려, 사고과정의 차이에 대한 고려, 아름다운 풀이를 찾으려는 차이에 대한 고려, 문제해결 후 기억하는 대상의 차이에 대한 고려를 통해 개인차를 고려한 수학교과서의 본문을 구성한다.

넷째, 연습문제의 다양한 제시에 기초한 개인차의 고려는 크게 두 가지로 구분하였다. 하나는 소단원 학습 내용 전개 내에서의 개인차에 대한 고려이고, 다른 하나는 소단원 학습내용에 대한 학습을 마친 다음, 다양한 연습문제를 통한 개인차에 대한 고려이다. 전자의 경우는 선행학습 확인 문제와 예제활용에 대한 문제로 나눌 수 있고, 후자는 다양한 수준으로 구분된 여섯 가지 유형의 연습문제로 나눌 수 있다.

지금까지 다양한 방법으로 개인차를 고려한 수학교과서의 구현에 대해 논의하였다. 이러한 논의가 학교현장에서 수준별 수업의 실현에 부합된 수학교과서 집필에 도움이 되기를 기대한다. 게다가 수학 수업에서 교사의 실질적 선택의 폭을 확대시켜 줌으로서 개인차를 고려한 수준별 수업의 실현 가능성을 더 높여 줄 것으로 기대된다.

참 고 문 헌

강옥기 외(2012). **수학교육학신서**. 서울: 교우사.

교육과학기술부 (2011). **2009 개정 교육과정에 따른 수학과 교육과정**. 서울: 교육과학기술부.

교육부 (1998). **제7차 수학과 교육과정**. 서울: 교육부.

교육부 (2015). **2015 개정 수학과 교육과정**. 서울: 교육인적자원부.

교육인적자원부 (2006). **검정도서(수학, 영어) 편찬상의 유의점**. 서울: 교육인적자원부.

교육인적자원부 (2007). **2007 개정 수학과 교육과정**.

김흥기 (2001). 제7차 교육 과정과 교과서의 문제점. **수학교육**, 40(1), 139-159.

박경미 · 권오남 · 박선화 · 박만구 · 변희현 · 강은주 · 서보억 · 이환철 · 김동원 · 김선희 (2014). **문 · 이과 통합형 수학과 교육과정 재구조화 연구**. 한국과학창의재단 연구보고서.

박경미 · 박선화 · 권점례 · 윤상혁 · 강현영 · 이경진 · 최지선 · 강은주 · 김민정 · 이광상 · 김재영 · 이광연 · 한준철 · 김선희 · 방정숙 · 이경은 · 도종훈 · 이문호 · 황선미 · 임해미 · 이화영 · 조혜정 · 박정숙 · 이승훈 · 박문환 · 김성여 · 임미인 · 권영기 · 서보억 · 이은정 · 김완일 · 장혜원 · 이만근 · 권오남 · 안현정 · 이지윤 · 강성권 · 강태석 · 김화경 · 신동관 · 오택근 · 전인태 (2015). **개정 수학과 교육과정 시안 개발 연구**. 한국과학창의재단 연구보고서.

박영배 (1996). **수학 교수 · 학습의 구성주의적 전개에 관한 연구**. 서울대학교 박사학위논문.

박한식, 김응태, 우정호 (1992). **수학교육학개론**. 서울: 서울대학교출판부.

서보억 (2005). 수열단원을 중심으로 개인차를 고려한 교과서에 관한 연구. **수학교육논문집**, 19(1), 137-149.

서보억 (2006). 분석과 종합문제의 분류 기준에 대한 연구. **수학교육논문집**, 20(2), 231-248.

서보억 (2008). **중학교 기하교육에서 개인차에 기반한 교수-학습에 대한 연구**. 경상대학교 대학원 박사학위논문.

서보억 (2013). **교육과정과 중학교 교직수학의 탐구**. 서울: 교우사.

서보억 (2015). 2011년 발표된 한국과 중국의 초등학교 수학과 교육과정 비교 분석. **수학교육**, 54(1), 65-82.

서보억, 신현용, 전평국 (1995). 한·소 수학교육과정 비교 연구. **수학교육**, 34(2), 265-283.

양미경 (1998). 교과서 구성의 문제와 발전과제. **교육과정연구**, 16(1), 85-123.

이상하 (1998). **근접발달영역과 수학성취도의 관계 연구**. 한국교원대학교 석사학위논문.

조영미 (2001). **학교수학에 제시된 정의에 관한 연구**. 서울대학교 박사학위 논문.

한국과학창의재단 (2012). **2009 개정 교육과정에 따른 수학과 성취기준 및 성취수준 개발 연구**. 한국과학창의재단 연구보고서.

한인기 (2004). 학습자의 개인차를 고려한 수학교과서에 관한 연구. **한국학교수학회논문집**, 7(1), 37-48.

한인기 (2006). **수학교육학의 기초와 실제**. 경남: 경상대학교출판부.

황혜정·임재훈(1999). 구성주의가 수학교과용 도서에 주는 시사와 난점. **수학교육학연구**, 9(1), 295-309.

황혜정·김동원·이동환·송민호·신항균·장혜원·김상미·고호경·김선희·이환철·방승진·박혜숙·이재학·김영록·도종훈·김화경·전철·최홍원 (2011). **2009 개정 교육과정에 따른 수학과 교육과정 연구**. 한국과학창의재단 연구보고서.

Bass, L. E., Charles, R. Il, Hall, B., Johnson, A., & Kennedy, D. (2007). *Geometry*, Boston: Prentice Hall.

Carroll, J. B. (1996). Mathematical abilities: Some results from factor analysis. In R. J. Sternberg, & T. Ben-Zeev (Eds.), *The nature of mathematical thinking* (pp. 3-25). Mahwah, NJ: Lawrence Erlbaum Associates.

Dreyfus, T. and Eisenberg, T. (1996). On different facets of mathematical thinking. In R. J. Sternberg, & T. Ben-Zeev (Eds.), *The nature of mathematical thinking* (pp. 253-284). Mahwah, NJ: Lawrence Erlbaum Associates.

Freudenthal, H. (1973). *Mathematics as an educational task.* Dordrecht-Holland: Reidel Pubishing Company.

Gagné, R., & Briggs, L. (1974) *Principles of instructional design.* New York: Holt, Rinehart & Winston, Inc.

Gravemeijer, K. (1994). *Developing realistic mathematics education.* Culemborg: Technipress.

Gusev, B. A. (1995). *Geometiya-6.* Moskva: Avangrad.

Gusev, B. A. (2005). *Sbornik zadach po geometrii 5-9 Klassii.* Moskva: Oniks21vek.

Krutetskii V. A. (1976). *The psychology of mathematical abilities in schoolchildren.* Chicago: The university of Chicago press.

Mager, R. (1962). *Preparing instructional objectives.* Belmont, California: Fearon Publisher.

Nelsen, R. B. (1993). *Proofs without words.* Washington: MAA Service Center.

Reigeluth, C., & Merrill, M. (1978). A knowledge based for improving our methods of instruction. *Education psychologist, 13.* 57-70.

Reigeluth, C. (1977). *Effects of generalities, examples, and practice: Instructional outcomes for concept classification, principle-using, and procedure-using tasks.* Unpublished Doctorial Dissertation, Instructional Science and Technology Department, Brigham Young University.

제7장

수학 내용을 통합한 수학 수업을 위한 과제: 개방형 과제를 중심으로

김진호(대구교육대학교)

1. 초등 수학교과서의 문제점

제7차 교육과정 이후 2007 개정 교육과정, 2011 개정 교육과정, 그리고 2015 개정 교육과정이 공포되고, 현재는 2011 개정 교육과정에 따른 초등 수학교과서가 활용되고 있으며, 한편으로 2015 개정 교육과정에 따른 초등 수학교과서 개발 작업이 진행 중이다. 실제로 이미 초등학교 1~2학년군의 현장 검토본의 개발·검토·심의·현장 검토 작업을 마무리하고 2017년에 사용하기 위해 마지막 준비를 하고 있다. 새로운 초등 수학교과서가 개발될 때마다 많은 관련종사자들이 학생들에게 도움이 되는 초등 수학교과서를 개발하기 위해서 열정을 쏟았다. 그럼에도 불구하고, 여전히 많은 연구자들은(김진호, 2006, 2014; 김상룡, 2001; 박교식, 2016; 방정숙, 2002, 2016; 이지윤, 김선희 2016; 홍진곤, 김양곤, 2015) 지속적으로 초등 수학교과서의 여러 가지 문제점을 지적하고 있다. 어쩌면, 제7차 교육과정 이전에는 교육과정 총론과 수학과 교육과정의 괴리에 대한 지적이 있었지만(소경희, 2000), 이제는 수학과 교육과정과 수학교과서 사이의 괴리가 심각하다 하지 않을 수 없다.

필자의 의견으로는 가장 본질적인 문제점은 제7차 수학과 교육과정에서 채택한 인식론인 구성주의 철학이 제대로 반영되지 않았다는 점을 꼽을 수 있을 듯 하다. 구성주의는 (초등학교) 학생들도 구체적인 행위, 대상, 현상 등을 토대로 추상할 수 있는 추상 능력이 있음을 인정하는 것이다. 그리고 이들의 지적 능력은 서로 서로 다르다는 점 또한 인정해야 한다. 서로 다른 지적 능력을 갖고 있는 학생들을 대상으로 수학 수업을 할 수 있는 수업자료들의 총체인 수학교과서가 개발되어야 하는데, 현재의 수학교과서는 이런 점을 고려하지 않았다. 본고에서는 이런 점을 반영하지 못한 수학교과서를 집필하게 된 배경을 살펴보고, 이를 반영한 수업을 위한 수업자료로서 개방형 과제에 대해서 살펴보고자 한다.

1.1. 정체불명의 초등 수학교과서: 공모제의 모순

2007 개정 교육과정에 따른 초등 수학교과서 집필부터 공모제 형식을 취해서 수학교과서 위탁사업자를 선정하였다. 이 당시는 처음으로 초등 수학교과서 집필자 선정을 위한 공모제가 실시됨으로써 많은 연구자들이 팀을 이루어 공모에 지원하였고, 결과적으로 한 팀이 선정되었다. 선정된 팀의 일원으로 필자는 “응모신청서의 5. 교육과정 상세화와 교과서 집필 세목”을 어떻게 구성할 것인지에 대한 초안을 잡고 응모팀 책임자와 협의 후 이 부분에 대한 최종안을 확정하여 응모신청서의 이 부분을 확정하였다. 그 중의 일부가 다음 페이지 [표 1]에 있다 이 집필 세목에 따르면 이미 “해님 달님”, “피터팬”과 같은 기존의 스토리를 개작한 스토리를 반영하고자하는 구상뿐만 아니라 “묶음나라이야기”와 같은 창작아동문학을 통한, 즉 스토리텔링을 통한 수학 수업과제의 개발 및 수업을 시도하겠다는 의지를 담고 있었다. 이런 시도들은 이미 NCTM(1989)에서 규준집들을 발간한 이후로 미국의 수학교과서에서는 아동 문학을 반영한 수업 자료의 개발은 이미 하나의 경향으로 자리매김하고 있었다. 즉 많은 외국의 초등 수학교과서들은 이미 수학 문학을 나름대로의 형식으로, 즉 2007 공모에서 선정된 팀의 응모신청서처럼 개작이야기, 창작이야기, 원본이야기를 반영하고 있었다.

그런데 실제 이 위탁 사업팀이 초등 수학교과서를 집필하는 가운데에는 응모계획서에서 응모자들의 구상대로 집필이 진행되지 않았다고 말할 수 있는데, 이에 대한 증거는 바로 아래 [표 1]의 내용이 전혀 반영되지 않은 2학년 수학교과서가 집필된 것이다. 그런데 그 이후로 지속적으로 공모 형식을 빌어서 수학교과서 개발팀을 선정하지

[표 1] 2007 개정 교육과정에 따른 수학교과서 응모신청서 중 "5. 교육과정 상세화와 교과서 집필 세목" 중 일부

교육과정 상세화		교과서 집필세목						
영역, 주제	주요개념 또는 내용요소	시간량 (시수)	단원, 주제명	제재명	교과서에 진술될 주요개념 또는 주요사실	분량 (쪽수)	집필자	비고
측정 (시각과 시간)	• 시각 읽기 (몇시 몇분) • 시간 알아보기 (1시간은 60분) • 하루의 시간 • 달력 보기	8	해님과 달님	• 단원명	• 해님 달님	1		• 아동 문학 • 해와 달 관찰 • 기상청 자료 • 학생 관찰 자료 • 16쪽에서 18쪽으로 확대
				• 해님 달님	• 개작아동문학(비형식적 수준에서의 지식)	4		
				• 피터팬의 시계	• 생활 속의 시각을 1분 단위로 읽기	2		
				• 해님 달님	• 1시간이 60분 • 시간 구하기/어림하기 • 몇 시 몇 분을 몇 시 몇 분 전/후로 나타내기	2		
				• 나의 하루 • 세계인의 하루	• 1일은 24시간 • 새벽·오전·오후·저녁·밤의 시간 알기	2		
				• 내년 달력 만들기	• 1주일은 7일이고 1년은 12개월임을 알기	2		
				• 모형시계	• 모형시계로 시간 나타내기	2		
				• 평가	• 단원평가 • 심화학습	3		
수와 연산 (곱셈)	• 묶어세기와 곱하기 • 곱셈식 • 몇 배를 곱셈식으로 나타내기	8	묶어 세기	• 단원명	• 묶음나라	1		• 아동 문학 • 14쪽에서 16쪽으로 확대
				• 묶음나라	• 창작아동문학	4		
				• 묶음나라 이야기	• 같은 수로 묶어 있는 것을 세고 합 구하기 • 곱셈의 의미를 알고 덧셈을 곱셈식으로 표현	2		
				• 묶음나라 이야기	• 덧셈과 곱셈의 관계 이해	2		
				• "원과 별 게임"	• 배의 개념을 이해하고 덧셈으로 합 구하기 • 배를 곱셈으로 표현하기	2		
				• 짝짓기 놀이	• 덧셈과 곱셈의 관계 이해하기	2		
				• 평가	• 단원평가 • 심화학습	`3		

만, 여전히 응모신청서에서 밝힌 응모자들의 집필세목과 실제 교과서 집필 세목은 다르다는 것이다. 필자가 알고 있는 바로는 현재 2015 개정 교육과정에 따른 수학교과서 집필 과정에서 이 집필 세목에 대한 부분은 여전히 응모신청서에 명시된 부분과 실제 집필 세목 사이의 불일치가 심각하게 존재한다는 것이다. 물론, 공모시 응모신청서에 제시된 집필세목과 선정 후 집필 세목간에는 불일치가 발생할 수 있음은 허용될 수 있지만, 지금처럼 응모시에 제출한 집필세목과 전혀 다른 집필세목을 토대로 집필되는 현실은 심각한 절차상의 문제가 있어 보인다.

1.2. 현장검토본의 집필기간의 문제점

본 장의 서두에서도 밝히고 있듯이, 새로운 초등 수학교과서를 집필하는 과정에 참여하는 모든 관련 종사자들이 자신들의 모든 열정을 쏟아 붇고자 하는 마음을 다진다(방정숙, 2016). 그런데 이들이 아무리 열정을 쏟는다고 하더라도, 이들이 약 2개월 만에 새로운 초등 수학교과서를 집필한다는 것은 상상해서도 안 되고, 시도조차 되어서도 안 되는 작업임에 틀림없다. 수학교과서 개발을 주도하는 기관에서는 집필자들에게 이런 무리한 과제를 수행할 것을 요구한다. 초등 수학교과서의 첫 개발 작업부터 잘못된 출발을 하고 있는 것이다. 이 부분에 대해서 교육적 관점에서 바람직한 시도를 한 것이라고 반응할 교육관련 종사자가, 이런 일을 주도한 기관을 제외하고서, 있을 것이라고 기대하기 어려울 듯 하다. 즉, 새로운 초등 수학교과서의 집필 작업에 들어갈 때 한꺼번에 모든 초등 수학교과서를 새롭게 개발하는 것이 아니라 1학년 1학기 수학교과서와 2학년 1학년 수학교과서를 먼저 개발하는데, 이 두 권의 수학교과서를 2개월 만에 집필할 것을 집필진에게 강제하는 일정을 그 누군가가 던져준다. 이 "그 누군가"는 뒤에 숨지 말고 밝은 곳으로 나와서 정정당당하게 공개적으로 그리고 투명하게 이렇게 해야만 하는 이유를 밝혀야 할 것이다. "그 누군가"는 단 한 번도 이를 공개적으로 그리고 투명하게 밝힌 바가 없는 것으로 판단하건데, 사람들을 설득할만하지 못한 논리를 갖고 있지 못한 것은 아닌가하는 의심을 하지 않을 수 없다.

실제로, 2007, 2011, 2015 개정 교육과정에 따른 수학교과서 작업을 진행하면서, 1학년 1학기와 2학년 1학기 수학교과서 개발 작업에 할당된 시간은 약 2개월이었다. 조금 더 구체적으로 진술하기 위해서 2011 개정 교육과정에 따른 수학교과서 집필 진행과정을 간략하게 기술하도록 한다. 2011년 연말에 초등 수학교과서 공모 결과가 발표되고, 2012년 3월에 사용할 1학년 1학기와 2학년 1학기 교과서를 개발해야 했는데, 교정·인쇄 등에 필요한 기간을 제외하면 실질적으로 수학교과서 집필에 소요된 시간은 약 두 달도 채 안 되는 기간이다. 이 수학교과서 개발을 주관하는 기관은 이런 절차를 반복하고 있는데, 이에 대해서 그 어떤 반성도 없는 것 같다. 즉, 앞으로도 이런 과정이 반복될 수도 있을 것 같다는 염려를 하지 않을 수 없다. 이 부분에 대한 반성 없이 좋은 수학교과서를 개발하는 것이 가능할 것이라고 판단하는 관련 종사자들은 없지 않을까한다.

오히려 공모를 통해서 선발된 위탁사업자는 이 초기 작업을 위해서 더 많은 시간이 필요하다. 왜냐하면 1학년 1학기와 2학년 1학기 수학교과서를 집필한다는 것은 그 개정교육과정에 따른 수학교과서의 표본이기 때문이다. 즉, 그 이후의 학년들에 대한 수학교과서 작업은 이 틀에서 벗어날 수 없다는 점에서 이들은 분명히 표본이다. 본 장처럼, 지식의 통합적 접근의 시도는 이 집필과정에서 반영하지 않으면 후에 3학년과 4학년, 그리고 5학년과 6학년 수학교과서 집필과정에 반영할 수 없는 것이다. 현재 2015 개정 교육과정에 따른 수학교과서가 집필되고 있는데, 2015 개정 교육과정에서는 6대 역량을 강조하고 있는데, 이 6대 역량이 수학교과서에 반영되었는지는 미지수이다. 그 반영 여부는 수학교사용지도서에 제시되어 있을 것인데, 제대로 반영되었는지는 추후 연구자들의 주요 연구주제가 될 듯 하다. 이전 교육과정에 따른 수학교과서 집필에서 늘 문제가 되었던 것은 충분한 준비가 안 된 상태에서 외국의 사조를 도입하는데 있었다. 예를 들어 제7차 교육과정에서 인식론을 구성주의로 채택을 하였지만, 정작 그 당시의 우리나라 연구자들은 구성주의를 자신의 주 연구 영역으로 연구하는 연구자는 극소수였다(권나영, 2013). 이런 상황에서 개발된 수학교과서가 구성주의를 반영하지 못하고 있다는 지적을 받는 것은 당연하고, 이 초기 작업에서 잘못하다보니 여전히 객관적 인식론을 적용하던, 즉 교육분야에서의 패러다임적 전환이 이루어지기 이전의 관점들이 여전히 수학교과서에 남아있고, 결과적으로 수학 수업에 남아 있고, 결과적으로 교사들의 신념이 여전히 구패러다임에 적합한 신념들을 형성하고 있다고 하지 않을 수 없다.

1.3. 초등 수학교과서 집필에 대한 외부 압력

2011 개정 교육과정의 그 어느 곳에서도 명시적으로 스토리텔링을 강조하고 있지는 않다. 그런데 2012년 1월 10일 교육과학기술부(2012)가 "수학교육 선진화 방안"을 발표하면서, "쉽게 이해하고 재미있게 배우는 수학"을 강조하고, 그 방안 중의 하나로 "초등학교의 경우, 2009 개정 교육과정에 따라 2013년부터 사용하는 교과서의 일부 단원(수와 연산, 도형 등)에 스토리텔링 형식을 적용하고(p. 7)"라고 선언하는 것으로 모든 것이 뒤바뀌기 시작하였다. 이로 인해서 우리나라 수학교과서 개발 사상 초유의 사태가 벌어졌다. 즉, 집필진이 개발한 실험검토본의 내용 중 일부 단원은 전면 수정되는 상황이 발생한 것이다. 수학과 교육과정에 충실한 수학교과서, 또한 연구 결과를 반영한 수학교과서의 개발이 그나마 우리 학생들을 위한 교과서를 개발하는 것이 아닌가 싶다. 이처럼 교육과정에서 단 한마디도 언급이 없던 그리고 공모시에 응모신청서에 단 한 마디도 명시적으로 언급한 바 없던 특정한 주제를 집필자들에게 강요하는 것은 있어서도 안 되고 있을 수도 없는 외압인 것이다. 이는 주관 기관이 넘어서는 안 될 선을 넘은 것이다.

2. 수학 수업에 대한 다른 가능한 관점들

제7차 수학과 교육과정을 패러다임적 전환(황윤한, 2003)이 이루어진 교육을 실천하고자 하는 의지라고 할 수 있다. 즉, 교육이 발생하는 여러 요소들에 대한 전혀 새로운 관점들을 반영한 교육을 실천에 옮길 준비를 하여야 하는데, 이에 대한 충분한 고려가 없었던 것으로 판단된다. 본 절에서는 이에 대한 몇 가지 관점들을 논의하도록 한다.

수학 수업이란 학생들이 이전에는 모르고 있던 어떤 수학 지식을 이해하기 위한 일련의 과정이다. 이때 수업자가 유념해야 할 것은 바로 한 학급에 있는 학생들의 학습 능력이 모두 다르기 때문에 학습자들은 같은 학습 경험을 하더라도 서로 다른 추상을 할 것이라는 점, 즉, 학습자들은 서로 다른 이해를 한다는 점이다. 이 점을 간과하고 모든 학생들이 동일한 수학 지식을 학습할 것을 목적으로 실천에 옮기는 수업을 하는 것은 모든 학습자들에게 불행한 결과를 가져올 수 밖에 없다. 교사가 모든 학생들이 동일한 학습 목표를 성취할 것을 기대하는 수업을 실천에 옮길 때 그 수업은 학습 능력이 높은 학생들에게는 쉬울 것이고, 학습 능력이 낮은 학생들에게는 어려울 것이고, 그리고 학습 능력이 중간이 학생들에게는 적합할 것이라고 기대하지만 실제 수업에서는 교사의 질문에 잘 반응하는 학생들 중심으로 수업이 진행되기 때문에(박교식, 1996) 이들에게도 적절하지 못한 수업이 되고 만다. 즉, 서로 다른 지적 능력을 갖춘 학생들을 대상으로 동일한 학습 목표를 성취할 것을 목적으로 실천에 옮겨지는 수업은 그 누구도 만족시킬 수 없는 수업이라고 하지 않을 수 없다(김진호, 2015; 김진호, 김상미, 2013).

그렇다면 서로 다른 지적 능력을 갖춘 학생들을 대상으로 실천에 옮기는 수업은 각 학습자가 동일한 이해를 달성하는 것이 아니라 각자 다른 이해를 한다는 것을 의미하는데, 이런 수학 수업을 실천에 옮기는 것이 가능한 것인가? 기존의 수업 자료, 수업 관행, 학습관 등을 바탕으로 이 질문에 대한 대답을 하면 아마도 십중팔구는 부정적인 대답을 할 것이다. 하지만 기존의 관점들과는 전혀 다른 관점에서 수학 수업을 바라본다면 가능할 수도 있다. 이런 다른 관점들 중 일부 관점들에 대해서 살펴보도록 한다.

2.1. 학습자관

앞서 진술한 것처럼 학습자들은 지식을 스스로 구성할 수 있는 지적 능력을 갖춘 인격체라는 점은 요즈음 다수의 교육학자들이 인정하는 바이다. 그런데 교육학자들 또는 수학교육학자들을 고민에 빠지게 하는 것은 바로 이들의 지적 능력이 서로 다르다는 점이다. 칸트처럼 모든 인간이 동일한 인식틀을 가지고 있다고 가정하는 것이 아니라 모두가 다른 지적 능력을 갖추고 있다는 것이고, 이런 학생들을 대상으로 수업을 한다는 것이다. 이 점 때문에 중·고등학교의 수학 수업은 수준별 수업을 하고 있는데, 일반적으로 이는 잘못된 접근이라는 것이 입증되고 있다(Boaler, 2008). 특히 유급제도나 월급제도가 정착하기 어려운 우리나라에서는 채택되어서는 안 되는 접근 방식이 아닌가 한다.

2.2. 학습 목표관

앞서 진술한 학생들의 지적 능력을 인정하면서 수업을 한다면, 이들이 동일한 학습 목표를 달성할 것을 목표로 수업을 실천에 옮기는 것은 부적절하다고 할 수 있다. 그렇다면 이를 인정하면서 수업을 할 때 우리는 기존의 학습 목표관과는 다른 학습 목표관을 재개념화할 필요가 있다. 즉, 학습자의 학습에 대한 재개념화가 필요하다. 이에 대해서 김진호와 김상미(2013)는 서로 다른 지적 능력을 갖추고 있는 학습자들이 모여 있는 교실에서 수업을 할 때 학습자의 학습은 "개별 학습자들이 자신들의 현재의 앎의 상태로부터 최대의 성장을 하는 것"이라고 제안하고 있다. 즉, 학생들은 서로 다른 지적 능력을 갖추고 있기 때문에 같은 학습 경험을 하더라도 그들이 추상하는 것은 서로 다를 수 있음을 인정하는 수업을 실천에 옮겨야 할 것이다. 이런 주장에 대해서 일부 교사들은 학생들의 능력이 더 벌어지기 때문에 수업을 현재보다 더 진행하기 어렵게 될 것이라고 하면서 이런 관점을 반영한 수업을 실천에 옮기려 하지 않으려고 한다. 일부 교사들의 이런 신념은 한편으로는 수긍할 수 있고 또 다른 한편으로는 수긍하기 어렵다. 수긍이 가는 것은 학생들의 능력이 더 벌어질 것이라는 점을 인정한다는 것이다. 즉, 기존 수업에서는 학생들이 동일한 학습목표를 달성할 것을 목표로 실천되는 수업이기 때문에, 사실은 학생들의 지적 능력의 평준화를 목적으로 실천에 옮겨지는 수업이라고 말해도 틀린 말은 아니다. 그런데 학생들의 지적 능력이 서로 다름을 인정하는 수업을 하면, 학생들의 지적 능력이 더욱 벌어질 수 있다는 것은 너무나 당연한 생각일 수 있다. 그런데 실제로는 그렇지 않다는 것을 연구 결과로부터 확인할 수 있었다. 다음의 [표 2]는 실험처치 기간 동안 학습한 내용에 대한 검사 결과이고, [표 3]은 실험처치 기간 동안 학습하지 않은 내용에 대한 검사 결과를 합친 것이다(보다 자세한 내용은 조수윤, 김진호, 2011 참조).

[표 2]에서 보면 알 수 있듯이, 비교집단의 하집단과 상집단의 평균차는 35점이고, 실험집단의 두 집단의 평균차는 역시 34이다. 또한 [표 3]을 살펴보면, 비교집단의 두 집단의 평균차는 39.5이고, 실험집단의 두 집단의 평균차는 39이다. 즉, 우려와는 달리 서로 다른 지적 능력을 인정하면서 수업할 때 학습능력이 낮은 학생들의 학습의

[표 2] 실험처치 동안 배운 내용에 대한 검사

수준	집단	사례수	평균	표준편차	평균차
상	실험	8	94	3.70	10.0
	비교	8	84	5.23	
중	실험	8	79.5	7.23	8.0
	비교	8	71.5	4.50	
하	실험	8	61.0	12.23	12.0
	비교	8	49	7.63	

[표 3] 실험처치 동안 배우지 않은 내용에 대한 검사

수준	집단	사례수	평균	표준편차	평균차
상	실험	8	81	7.01	16.0
	비교	8	65	18.85	
중	실험	8	59	5.12	25.0
	비교	8	34	2.13	
하	실험	8	40	6.04	14.5
	비교	8	25.5	5.63	

결과가 향상될 수 있다는 점이다. 모든 학생들이 수업으로부터 혜택을 볼 수 있는 수업이 이들의 서로 다른 지적 능력을 인정하면서 실천에 옮겨지는 수업이라고 할 수 있다. 다만, 이런 결과를 얻을 수 있었던 것은 학생들의 지적 능력이 다름을 인정하면서 수업을 할 때 발생한다는 점이다. 즉, 전통적인 방식의 수업과는 전혀 다른 수업을 예를 들어, 교사가 수업을 하는 중 어떤 특정한 수학 지식을 가르쳐 줄 목적으로 설명하는 교사 행동이 없는 수업(김진호, 2015)을 한다는 것이다.

2.3. 학습 정리관

서도 다른 지적 능력을 갖춘 학생들을 대상으로 수업을 하면, 앞서 진술한 바와 같이 같은 학습 경험을 하더라도 학생들은 서로 다른 이해를 할 것이다. 그러면 수업의 종반부에서 전통적인 방식의 수업에서처럼 학습정리를 교사 주도로 실천에 옮기는 관행을 할 수 없다. 이에 대해서 전통적인 수업 관행과 관련된 신념들로 프로그램 되어 있어서 위의 진술을 이해하기 어려운 일부 독자들을 위해서 한 수업의 예를 들어 보도록 한다(김진호, 2016b; 김진호, 2016, 4. 3일, 수업전사록 중).

연구자는 대구에 있는 초등학교의 1학년 학습자들에게 다음과 같은 개방형 과제를 제시하고, 구두로 부연 설명하였다.

오늘의 수: __________ =20. 답이 20이 되는 식을 구하고, 자신의 식이 맞는지 설명하시오. (단, 덧셈식, 뺄셈식, 그리고 덧셈과 뺄셈이 함께 있는 식도 됩니다.)

이 과제에 대해서 1학년 학생들은 다음과 같은 반응을 하였다.

두 수의 합: $20+0$, $19+1$, $18+2$, $17+3$, $16+4$, $15+5$ 등

두 수의 차: $20-0$, $21-1$, $22-2$, $23-3$, $24-4$, $25-5$ 등; $30-10$, $40-20$ 등

세 수의 합: $10+5+5$, $14+3+3$ 등

세 수의 차: $40-10-10$, $40-13-7$ 등

덧셈과 뺄셈이 있는 식: $20-0+0=20$, $20+10-10=20$ 등

3번 이상 연산하기: $10+4+3+2+1=20$

같은 수들의 반복으로 이루어진 덧셈: $10+10=20$, $5+5+5+5=20$,
$4+4+4+4+4=20$

곱셈: $5\times5=20$, $4\times5=20$

이런 반응을 보이는 학생들에게 어떤 학습정리를 할 수 있을까? 좀 더 명확하게 말해서, 동일한 학습 목표를 달성할 것을 목표로 수업을 하는 교사라면, 이런 과제를 학생들에게 주고 학생들이 이런 반응을 하였을 때 어떤 학습정리를 할 수 있을까? 아마도 그는 자신에게 익숙한 방식대로 학습 목표를 제시할 수 없을 것이다. 이것이 바로 본고의 주제인 수학 내용을 통합한 수학 수업을 위한 과제이고 이런 과제를 활용한 수업을 한다면, 수업과 관련한 많은 신념들이 바뀌어야 할 것이다. 우리나라에서 수학 수업이 괴이한 형태를 띄고 있는 것은 바로 객관적 인식론에서 수용가능한 수업과 관련된 신념들을 버리지 않은 채 그 틀을 유지하면서 구성주의에 적합한 신념들을 덧씌우려고 한 결과이다. 즉, 양립할 수 없는 신념들이 교실 수업에 혼재하고 있는 것이다.

3. 수학 내용을 통합한 과제: 1학년을 위한 개방형 과제를 중심으로

서로 다른 지적 능력을 갖춘 학생들을 대상으로 수업을 실천에 옮길 때 개방형 과제를 사용하는 것이 적절하다. 그 이유는 바로 개방형 과제의 속성 때문이다. 앞서 예를 든 "오늘의 수"라는 과제는 대표적인 개방형 과제이다. 이와 같은 개방형 과제들을 제공받은 학생들은 자신의 지적 능력에 맞는 수준에서 과제를 수행할 수 있을 뿐만 아니라 도전적인 문제를 찾아내기도 한다. 위의 과제를 받은 또 다른 학생은 500−480=20처럼 매우 도전적인 과제를 수행하기도 하였다. 반면에 일부 학생들은 간단한 두 수의 합 또는 차를 이용하였다. 이는 매우 큰 장점으로 작용할 수 있는데, 학생들이 개인과제를 수행한 후 자신의 문제에 대한 풀이 방법을 설명하는 과정을 통해서 학생들은 이해할 수 있는 것과 이해할 수 없는 것이 발생하게 된다. 이것은 피아제가 말하는 인지적 갈등과 인지적 평형화가 동시에 발생하는 수업 장면이다. 피아제를 잘못 이해해서 한 차시 안에서 인지적 갈등을 조장하고 수업 후에 그 조장된 갈등이 해소하는 형태의 수업을 진행하는 것이 아닌 것이다. 즉, 수업 중에 학생들은 지속적으로 인지적 갈등과 평형 상태를 유지하고 있는 것이다.

1학년 학생들이 수학을 학습하는 데 활용할 수 있는 개방형 과제들이 〈구성주의 수학교실: 1학년〉(김진호, 홍은숙, 임상미, 2010)와 〈수준별 수학 수업을 위한 좋은 문제: 초등〉(이광호 등 역, 2014)에서 찾아 볼 수 있다. 여기서는 필자가 2016년 대구의 한 초등학교에서 1학년 학생들과 수학 수업을 1년간 하면서 활용한 개방형 과제들 중 일부를 소개하고자 한다(김진호, 2016b).

3.1. 오늘의 수

앞서 소개한 것처럼 "오늘의 수"란 개방형 과제는 수학 내용을 통합한 대표적인 수업 자료이다. 이런 수업 자료로 수업을 할 때 가장 적합한 진술은 "학생들의 반응에 따라서 수업을 진행한다."이다.

3.2. 달력 만들기

달력 만들기는 초등학교 1학년에서 1~30까지의 수를 도입하기 좋은 소재이다. 수학 교과서에서도 달력을 소개하고 있지만, "달력 만들기"를 하지는 않는다. 이 수업 활동은 주로 매달 첫째 날 또는 매달 마지막 날 하는 것이 좋으며, 준비물과 수업 순서는 다음과 같다.

① 준비물: 빈 칸으로 되어 있는 달력, 자석 수 카드(또는 칩)

② 교사와 학생이 첫 번째 주에 있는 날짜들에 해당하는 수들을 달력에 붙인다.

③ 그러고 나서, 교사가 한 수를 선택하고, 그 수가 있어야 할 곳에 붙인다. 이것을 하기 전에 교사는 이 수가 왜 여기에 와야 하는지를 설명한다. 예를 들어, 5를 수요일에 붙인다고 하면, "2보다 3 큰 수", "2, 3, 4, 5" 하면서 붙인다.

4월						
일	월	화	수	목	금	토
					1	2
		5				

[그림 1] 달력만들기

④ 이제는 교사가 한 수를 선택하고 이 수를 붙일 학생을 자원 받는다. 그리고 이유를 설명하도록 한다.
이때, 자원한 학생이 한 말한 이유를 다른 학생들에게 말하도록 하고, 또 다른 이유로 그 선택된 수가 그 자리에 갈 수 있음을 설명할 수 있는 학생이 있는지 묻는다.

⑤ 모든 수를 다 붙일 때까지 이 활동을 한다.

이 활동이 왜 수학 내용을 통합한 과제인지 살펴보도록 하자. 전통적인 수학교과서에서 달력을 사용한다면, 작은 수부터 큰 수로 세기 활동을 하는데 활용하거나 달력에 있는 수들의 규칙 찾기에 활용될 것이다. 그러나, 본 활동처럼, 위에 소개한 방식으로 학생들이 직접 달력을 만들면, 학생들은 앞으로 세기, 거꾸로 세기, 1 큰 수, 1 작은 수, 7 큰 수, 7 작은 수, 또한 중간 수부터 앞으로 세기 거꾸로 세기 등을 종합적으로 경험할 수 있다. 이렇게 많은 지식들이 나타날 수 있는데, 앞서 언급한 것처럼 이런 많은 지식들을 학생들이 접하는 것이 독일까 약일까? 이것이 독이라고 생각하는 일부 교사들은 어느 것 하나도 제대로 이해할 수 없을 것에 대한 염려, 모든 것을 이해하지 못함으로써 학습 의욕이 감소할 것에 대한 염려, 친구에 비해 쉬운 접근을 한 것에 대한 학생의 상처에 대한 염려 등을 한다. 앞서서 언급하였듯이, 서로 다른 지적 능력을 갖춘 학생들을 대상으로 수업을 진행하는 것이라면 이런 논의의 관점이 달라져야 한다. 즉, 학생들이 어느 것 하나도 제대로 이해하지 못하면 어쩌나 하는 염려는 학생이 어느 것 하나라도 자신이 이해할 수 있는 것을 이해하면 그에게는 그 시간에 학습, 즉 새로운 무엇인가를 이해한 것이다. 모든 것을 이해하지 못한 것에 대한 학생의 상처보다는 나도 이해했다는 기쁨이 더 크다. 이런 경험을 함으로서 학생들은 자신의 존재의 가치를 확인해 간다.

3.3. 100 수표 만들기 ①, ②, ③

수학이 인간의 지적 활동임을 학생들이 체험할 수 있는 활동 중의 한 활동은 그들이 직접 수업 시간에 관련 자료를 제작하는 것이다. 그 제작 과정에서 학생들은 많은 수학적 지식들을 경험하고, 이해할 수 있고, 이 과정을 통해서 학생들은 자신들이 이미 알고 있는 기저 지식들을 총동원하여야 하고, 자신들이 이미 알고 있는 지식을 확장해 가야 하고(새로운 지식의 이해), 이미 알고 있던 지식들 그리고/또는 새로 이해한 지식들 간의 연결을 꾀하여야 한다. 그런 점에서 앞서 소개한 달력 만들기는 의미 있는 활동이라고 할 수 있고, 같은 맥락에서 "100 수표 만들기" 활동도 의미 있다 할 수 있다. 하지만 "100 수표"를 한 번에 만드는 것이 아니라, 3번에 걸쳐서 완성해 갈 필요가 있다. 어느 날 느닷없이 100 수표가 등장하는 것이 아니라, 수표가 점증적으로 확대되면서 학생들이 만들어 갈 필요가 있다. 첫 번째는 "달력 만들기" 활동에서 30까지의 수를 다루었으므로, 1학기에 "40 수표 만들기①", 두 번째는 2학기 초에 "60 수표 만들기②", 세 번째는 2학기 중반에 "100 수표 만들기③"를 한다. 이때는 "달력 만들기" 활동에서 다룬 수학적 지식들 뿐만 아니라 패턴찾기도 추가해서 할 수 있다. 다음은 세 종류의 수표 만들기 활동 중 두 번째 활동인 "60 수표 만들기 활동"의 수업 활동 순서이다.

① 60 빈 수표를 보여주면서 60 수표를 만들 것이라고 학생들에게 말해 준다.

② 60까지의 수를 학생들과 함께 앞으로 세기를 한다. 1~10, 11~20, ... 하는 방식으로 서로 다른 학생들이 말하도록 한다. 51~60까지 한 학생이 앞으로 세기를 한 후, 모든 학생들이 함께 1~60까지 말하기를 한다.

③ 1~60까지의 수를 학생들과 함께 거꾸로 세기를 한다. 60~51, 50~41, ... 하는 방식으로 서로 다른 학생들이 말하도록 한다. 10~1까지 한 학생이 거꾸로 세기를 한 후 전체 학생들과 함께 60~1까지 거꾸로 세기를 한다.

④ 학생들과 함께 60 수표에 수를 채워 넣는다. 전체 학생들과 함께 교사가 1~20까지의 수를 가지고 먼저 시범을 보인다. 이때, 처음에는 교사가 선택한 수를 특정한 위치에 넣으면서 이유를 설명한다. 약 10개 정도의 수를 적은 후에는 학생들에게 이유를 설명하도록 한다. 31~60까지의 40개의 수는 학생들이 선택해서 붙이고, 이유를 설명하도록 한다. 한 학생이 두 세 개의 수를 선택할 수 있도록 한다.

60 수표 만들기									
1	2	3	4	5	6	7	8	9	10
11	12	13	14	15	16	17	18	19	20
		33				37			
				45			48		

[그림 2] 60 수표 만들기 활동의 예

⑤ 완성된 표에서 수 패턴 찾기를 한다.

3.4. 추석에 만난 친척들

2학기 초 중 추석이 지난 어느 즈음에 이 활동을 하면 적절하다. 추석에는 많은 친척들이 모인다. 1학기 때는 가족과 관련해서 현재 집에 함께 살고 있는 사람들로 제한하여 유사한 활동을 한 적이 있으므로, 이 활동은 학생들에게 익숙하다. 1학기에 한 활동은 작은 수들의 덧셈을 위한 활동이었고, 이번 활동은 큰 수의 덧셈을 하기 위한 소재로 추석에 만난 친척들을 선택한 것이다. 이 수업 활동은 다음과 같은 순서로 진행을 한다.

① 교사가 추석에 만난 친척들에 대해서 설명을 한다. 현재 한 집에서 함께 살고 있는 사람들을 소개하고, 추석에 함께 모인 친척들에 대해서 소개한다. 그러면서

더 많은 친척들이 있는데, 이번 추석에 함께 하지 못한 친척들에 대해서도 소개를 한다. 그러고 나서, 이들은 추석에 만난 친척들의 수에 포함시키지 않는다는 점을 설명한다.

② 교사가 추석에 만난 친척들을 "추석에 만난 친척들" 활동지에 그리는 시범을 보인다. 이때 사람들을 그릴 때 머리만 그림을 그려도 되고, 약화로 그려도 되고, 심지어는 그림이 아니라, 글로 표현해도 됨을 알려 준다([그림 3] 참조).

[그림 3] 추석에 만난 친척들 활동에서 그림 그리기에 대한 교사의 시범

③ 학생들에게 "추석에 만난 친척들" 활동지를 제공해 주고, 자신들이 만난 친척들을 그리도록 한다.

④ 4인 1 모둠으로 각 모둠에서 모둠구성원들이 만난 친척들의 수들의 합을 각자의 방법으로 구하도록 한다. 그리고 각자의 방법을 모둠구성원들끼리 공유하도록 한다.

⑤ 모둠구성원 중 한 구성원의 방법을 사용해서 합을 다시 구한다. (혹시 모둠구성원들이 모두 같은 방법을 사용하였으면, 자신의 방법과 다른 방법을 사용해서 합을 구하도록 한다.)

⑥ 칠판에 나와서 각 모둠의 친척들의 수를 소개하고 계산 방법을 설명한다.

⑦ 우리 반 전체 친구들이 만난 친척들의 수를 구하고 발표한다. (심화 활동)

이 활동이 왜 수학 내용을 통합한 과제인지 살펴보도록 하자. 먼저, 각 모둠의 구성원들이 추석에 만난 친척들의 수가 서로 다를 수 있다. 학생들이 같은 맥락을 가지고 활동들을 하지만 서로 다른 과제를 하고 있는 것과 같은 상황이다. 결과적으로 다른 모둠에서는 어떤 상황이 발생할 수 있을지에 대한 궁금증을 학생들은 가지게 된다. 이런 부분이 학생들을 자연스럽게 수업 과제에 몰입하게 해 준다. 또한 이 활동은 본질적으로 개방형과제이다. "본질적으로"라는 표현을 하는 것은 수학교과서에 제시되어 있는 문제들은 실질적인 개방형 과제로서 기능하기 때문이다. 하지만 모든 학생들이 동일하게 공통적으로 학습해야 하는 학습목표를 강조하는 수업에서는 개방형 과제가 개방형 과제로서의 역할을 다하지 못하고 있다(이에 대한 심층적인 논의는 김진호, 2014, 2015; Laterell, 2008 참조). 반면에, 본 활동 순서에서는 온전하게 학생들이 자신들의 고유한 해결 전략을 선택해야만 하고, 이 방법들을 비교할 수 있는 공유의 장이 허용된다. 학생들은 이 과제를 하는 동안, "3.5. 주사위 50 도달하기"에서 소개하고 있는 ①~⑩의 모든 경우들을 학습하게 된다. 이들 10 종류의 지식을 분절화·파편화해서 10개 차시에 별도로 학습할 것을 목적으로 하는 현재의 수학교과서에 제시되어 있는 활동들이 학생들의 수학 학습에 효과적일까 아니면, 이와 같은 방식으로 지속적으로 이해와 갈등이 반복되면서 나선형으로 새로운 지식들을 이해할 수 있는 기회를 줄 수 있는 수업 과제들을 활용한 활동들을 하면서 학생들이 수업을 하는 것이 그들의 수학 학습에 효과적일까 하는 질문을 던질 수 있다. 그 대답은 독자에게 남긴다. 아마도 필자의 그 동안의 경험에 비추어 보면, 많은 교사들이 후자에 보다 더 긍정적인 반응을 보이면서 또한 후자에 대해서 이와 같은 과제들을 자신들이 접할 수 없거나 직접 개발하기 어려움으로 인해서 실제 실천가능성이 낮다는 반응을 보인다. 그러나 이런 접근이 학생들의 효과적인 학습을 이끌어 낼 수 있을 것이라고 생각하고, 그런 개방형 과제들을 소재로 하는 수업의 실제(김진호, 2016b)에 대해서 살펴보고 앞서 논의한 수업에 대한 다른 관점들을 반영한 수업이 가능하다고 판단되면, 본 고에서 소개한 과제들을 토대로 교사들도 수업에서 활용할 수 있는 개방형 과제들을 개발할 수 있을 것이라고 기대한다.

3.5. 주사위 50 도달하기: 덧셈

이 과제는 학생들이 2인 1조로 짝을 이루어서 진행하는 일종의 게임이다. 이 게임의 순서는 다음과 같다. 두 게임자가 교대로 주사위를 굴리고, 각 경기자는 자신의 차례에 나온 두 주사위 눈의 수의 합을 구하고, 그 합들을 계속해서 더해 간다. 이때 한 경기자가 구한 합이 50이 되거나 50을 넘을 때 이 게임은 끝난다. 학습을 위한 게임이므로, 상대방에게 순서를 넘기기 전에 자신이 합을 구한 방법을 설명해야 한다.

이 게임이 수학 내용을 통합한 과제인지에 대해서 살펴보도록 하자. 예상할 수 있듯이, 학생들이 이 게임을 하는 동안, 학생들은 다음과 같은 다양한 수학적 지식들을 접하게 될 것이다.

① 받아올림이 없는 한 자리 수 더하기 한 자리 수
② 받아올림이 있는 한 자리 수 더하기 한 자리 수
③ 받아올림이 없는 두 자리 수 더하기 한 자리 수
④ 받아올림이 없는 두 자리 수 더하기 두 자리 수
⑤ 받아올림이 있는 두 자리 수 더하기 한 자리 수
⑥ 받아올림이 있는 두 자리 수 더하기 두 자리 수
⑦ 십 더하기 한 자리 수
⑧ 몇 십 더하기 몇 십
⑨ 십이 되는 한 자리 수 더하기 한 자리 수
⑩ 몇 십이 되는 덧셈

학생들에게 제공되는 주사위는 학생들이 학교 급식으로 먹는 우유 곽을 깨끗이 씻어서 말린 후 그 안에 주사위를 넣은 후 넓은 투명테이프로 위를 막으면 우유 곽을 세게 흔들어도 주사위가 우유 곽 안에만 있으므로 학생들이 활동을 원활하게 진행해 갈 수 있다.

심화 활동과 논의: 서로 다른 지적 능력을 갖춘 학생들을 대상으로 수업을 한다는 것은 곧 일부 학생들은 같은 활동도 빨리 완수할 수 있다는 것을 인정하는 것이다. 따

라서 위의 활동도 빨리 끝나는 학생들에게는 주사위 3개로 100에 도달하기로 활동을 변경시켜서 활동을 연속적으로 할 수 있도록 할 수 있다. 이런 심화 활동은 매우 중요하다. 보통 이런 학생들은 학습 능력이 뛰어난 학생들인데, 이들은 이들에게 맞는 지적 활동을 할 수 있는 기회를 제공받는다는 점에서 이런 심화 활동을 제공한다는 것은 서로 다른 지적 능력을 갖춘 학생들을 대상으로 한 교실에서 수업을 할 때 필연적으로 발생해야 하는 수업 관행이다. 이들 학생들이 주어진 본 과제를 완수하지 못한 학생들을 도와주는 도우미 역할을 하는 것은 그 나름대로 이들에게 도움이 되지만, 이와 같은 심화 활동을 하는 것만큼 도움이 되지는 못한다. 전자와 같은 활동을 하고 있는 것은 본질적으로 파악하면 원활한 수업 전개를 위한 교사의 도우미 역할을 우수한 능력을 갖춘 학생들이 하고 있는 것이지 그들 자신의 지적 능력의 발달을 위한 활동을 하고 있는 것은 아닌 것이다. 다시 한 번 강조하지만, 서로 다른 지적 능력을 갖춘 학생들을 대상으로 수업을 할 때 학습이란 개별학습자들이 자신들의 현재의 지적 능력으로 최대의 지적 성장을 성취하는 정도인 것이다.

3.6. 주사위 0 도달하기: 뺄셈

이 과제는 50에서 시작해서 두 주사위의 눈의 합을 빼고 구한 차에서 두 주사위의 눈의 합을 계속 빼어 가는 활동이다. 이 과제는 차가 0이거나 0보다 작을 때 끝난다. 초등학생들은 음수 개념이 발달하지 않았기 때문에 이 활동을 초등학생들에게 제공하는 것은 부적절하다고 생각하는 교육관련 종사자들이 있다. 한편, 한 수학교육전문가(노은환, 개인적 대화, 2016년, 8월)는 이와 같은 과제를 일반 학생들에게 제공하는 것에 동의한다. 이 과제는 음수와는 전혀 관련 없는 과제이기 때문이다. 실제로 초등학생들은 덜어내기로서의 뺄셈을 배운다. 따라서 이들은 5~7의 상황에서 5에서 5를 빼고 두 개를 더 빼야 하는데 더 뺄 것이 없기 때문에 0이라고 써야 한다고 설명한다. 심지어 일부 학습자들은 "-2"라고 대답한다(김진호, 2016, 11, 30, 초등학교 1학년 수업 동영상).

이 상황에서 초등학교 1학년 학생들이 "-2"라는 대답을 하는 것에 대해서 교사들은 어떤 반응을 보여야 하는 것인가? 현재도 다수의 교사들은 교육과정을 벗어나는 수학적 지식을 수업 중에 다루어서는 안 된다는 신념을 갖고 있다. 이런 신념을 형성하고 있는 교사들은 위와 같은 수업 과제를 수업 중에 사용하지 않을 것이다. 그런데 이런 신념이 적절한 신념인가에 대해서 검토할 필요가 있는데, 이 검토시 판단 준거로 "서로 다른 지적 능력을 갖춘 인격체를 대상으로 수업을 실천에 옮긴다." 설정하였을 때 이 신념은 부적절한 신념이다. 최근 들어서 수학교사용 지도서(교육부, 2014, p. 8, p. 18)에 비형식적 지식이란 용어가 설명되어 있는데, 이 용어의 사용은 "초등학습자들이 형식적인 지식을 학교에서 배우기 이전에라도 이 학습자들은 일상생활을 통해서 이 형식적인 지식과 관련된 개념을 형성하고 있을 수 있음"(김진호, 2002; 오유경·김진호, 2009)을 의미하는 것이다. 예를 들어 초등학생들이 3학년에서 나눗셈을 배우기 이전인 1학년 또는 2학년 때라도 이들은 나눗셈을 이해하고 할 수 있다. 즉, 이들은 사탕 6개를 두 명에게 똑같이 3개씩 나누어 줄 수 있다. 이들이 할 수 없는 것은 이것을 $6 \div 2 = 3$이라고 형식적인 표현일 뿐이다. 이들에게 보통의 학생들을 위해서 자신의 지적 능력을 수업 중에 활용해서는 안 된다고 하면, 이들의 사고의 자유를 제한하는 것이고 이것은 바람직하지 못한 것이다. 오히려 이들의 지적 이해로부터 다른 학생들은 이해를 촉진할 수 있는 기회를 가질 수 있고, 자신들의 현재의 이해를 성장시키고 발달시킬 수 있는 것이다.

4. 학생들이 수학을 즐기면서 하는 수업, 즉 수포자가 없는 수업을 고대하며

세간에 화두가 되고 있는 "수포자" 문제와 TIMSS에서 지속적으로 문제가 되고 있는 우리나라 학생들의 수학에 대한 낮은 정의적 성취를 극복할 수 있는 방안 중의 하나는 바로 있는 그대로를 인정하는 상황에서 수업을 실천에 옮기는 것이다. 그 있는 그대로 인정해야 할 것들 중의 하나는 한 교실에는 서로 다른 지적 능력을 갖춘 학생들이 모여 있다는 점이다. 이 점을 인정하면서 수업을 실천할 수 있는 수업 과제들은 다양한 형태를 띨 수 있지만, 그 중 한 형태는 본고에서 논의한 개방형 과제이다.

개방형 과제의 속성상 서로 다른 능력을 갖고 있는 학생들은 서로 다른 접근을 할 것이고, 결과적으로 학생들은 수업 중에 인지적 갈등 해소와 불균형을 반복적으로 경험하면서 이해가 나선형으로 발달해 갈 수 있다. 또한 이런 학습 상황에서는 자연스럽게 자기주도적 학습 또는 학습자 중심 학습이 발생한다. 모든 학생들이 동일한 학습 목표를 달성할 것을 기대하는 수업에서는 절대로(?) 기대할 수 없는 것이 학습자 중심 수업이다. 모든 학생들이 서로 다른 목표를 가지고 같은 수업에 임하는 것이다. 이를 인정하고 수업을 하면, 모든 학생들이 즐거운 수학 시간이 될 수 있다.

필자가 들어가는 교실에 있는 1학년 학생이 한 말로 마무리 짓고자 한다.

> "교수님, 수학이 어려워요. 그런데 재미있어요. 오늘은 어떤 어려운 것 할 것이에요!"

참 고 문 헌

교육과학기술부 (2012). **수학교육 선진화 방안 보도자료**. 교육과학기술부.

교육부 (2014). **교사용지도서: 수학 4-2**. 서울: (주)천재교육.

권나영 (2013). 수학교사 교육과 구성주의. 김진호, 장경윤, 한인기, 고호경 (편저), **구성주의와 한국수학교육** (pp. 169-179). 서울: 경문사.

김상룡 (2001). 7차 초등 수학교과서의 문제점 및 개선점에 관한 소고. **과학수학교육연구**, 24, 71-84.

김진호 (2002). 비형식적 수학적 지식과 형식적 수학적 지식의 결합에 관한 소고. **학교수학**, 4(4), 555-563.

김진호 (2014). 학습자 중심 수학 수업을 위한 수업 자료. **과학·수학교육연구**, 37, 169-185.

김진호 (2015). 수학 수업의 실행에 앞서서 전제되는 몇 가지 요소에 대한 일 논의. **과학수학교육연구**, 38, 115-123.

김진호 (2016a). 학습자 중심 수업에 나타나는 특이한 현상들. **한국수학교육학회 발표대회**, 101-102.

김진호 (2016b). 초등학교 1학년 수학 수업을 위한 개방형 과제. **과학수학교육연구**, 39, 99-124.

김진호, 김상미 (2013). 구성주의 입장에서 보는 학습자 중심의 수학 교수·학습. 김진호, 장경윤, 한인기, 고호경 (편저), **구성주의와 한국수학교육** (pp. 45-64). 서울: 경문사.

김진호, 홍은숙, 임상미 (2010). **구성주의 수학교실**: 1학년. 서울: 교우사.

박교식 (2016). 우리나라 초등학교 수학교과서에서 취급하는 내용과 관련한 문제점 분석. **학교수학**, 18(1), 1-14.

방정숙 (2016). 초등 수학교과서의 개발 방향과 과제. 김진호, 권나영 (편저), **학교수학과 교과서 개발** (pp. 217-236). 서울: 경문사.

방정숙 (2002). 제7차 수학과 교육과정의 초등학교 현장적용에서 나타나는 문제점 및 개선점. **학교수학**, 4(4), 657-675.

소경희 (2000). 우리나라 교육과정 개정에 있어서 총론과 각론의 괴리 문제에 대한 고찰. **교육과정연구**, 18(1), 201-218.

오유경, 김진호 (2009). 분수 개념에 대한 초등학생들의 비형식적 지식 분석: 1~3학년 중심으로. **수학교육논문집**, 23(1), 145-174.

이광호, 이주영, 김용석, 이미진, 구미영, 최성택. (2014). **수준별 수학 수업을 위한 좋은 문제: 초등**. 서울: 경문사.

이지윤, 김선희 (2016). 학습자 중심 교육의 관점에서 교사들의 수학교육의 문제점 인식과 수학 모델 교과서 개발. **수학교육논문집**, 30(4), 499-514.

조수윤, 김진호 (2013). 구성주의 수학 수업이 추론 능력에 미치는 영향 – 초등학교 3학년 나눗셈을 중심으로. **초등수학교육**, 14(2), 165-185.

홍진곤, 김양곤 (2015). 초등학교 수학교과서의 수직선 활용과 문제점. **수학교육논문집**, 28(3), 353-372.

황윤한 (2003). **교수 – 학습의 패러다임적 전환**. 서울: 교육과학사.

Boaler, J. (2008). *What's math got to do with it?* London: Penguin Books.

Latterell, C. M. (2008). **수학 전쟁** (박성선 역, 원본은 2004년 출간). 서울: 교우사.

제8장

초등 수학교과서의 개발 방향과 과제

방정숙(한국교원대학교)

1. 시작하는 말

2015 개정 수학과 교육과정이 고시된 이후로(교육부, 2015), 2016년 현재 초등학교 전 학년군에 걸쳐 수학교과서를 한창 개발 중에 있다. 초등학교 수학교과서의 경우 국정교과서이기 때문에 우리나라 모든 초등학교 학생들이 단일 교과서로 수학을 학습하게 된다. 교과서는 분명 교수·학습 자료의 한 예시라고 할 수 있지만, 우리나라 초등 교사들의 높은 교과서 활용도를 감안해 볼 때, 새삼 좋은 수학교과서의 개발을 굳이 강조하지 않아도 될 것이다.

우리나라 수학교과서의 장·단점을 여러 시각에서 논의할 수 있으나, 한 가지 분명한 것은 어느 시대이건 교과서 개발에 참여한 사람들은 좋은 교과서를 개발하기 위해 노력했을 것이라는 점이다. 본 원고를 쓰는 저자 역시 그동안 여러 가지 모양으로 교과서 개발에 참여해 왔다. 또한 그 과정에서 국정교과서 개발이라는 제도적인 한계점, 수학 교과와 관련한 여러 가지 시대적 이슈 및 사회적 관심, 서책형 교과서의 한계점 등 주어진 상황에서 최선의 교과서 개발이 이루어졌다고 생각된다. 이와 같은 측면에서 본 장에서 제기하는 여러 가지 쟁점들은 기존의 교과서 개발을 부정적인 측면에서 비판한다기보다는 향후 초등 수학교과서를 개발할 때 진지하게 함께 고민해 보았으면 하는 바람에서 그동안의 경험을 바탕으로 소박한 의견을 피력한 것이라고 이해되기를 바란다.

본 장은 크게 세 부분으로 구성된다. 우선 수학교과서를 개발하는 데 있어서 기본적인 전제 조건이라고 생각되는 것을 기술한다. 다음으로 세 가지 측면에서 교과서 개발 과정에서 고려해야 할 방법을 논의한다. 이 부분은 특히 그동안 교과서 개발 과정에서 다소 미흡했다고 생각되는 것들을 중심으로 기술한다. 마지막으로, 교과서 개발 이후 향후 과제에 대한 생각을 기술한다. 본 장이 우리나라 초등 수학교과서 개발에 관한 여러 가지 담론의 장을 마련하는 데 작은 밑거름이 되기를 기대해 본다.

2. 초등 수학교과서 개발의 기본 전제

2.1. 수학과 교육과정과의 부합성

교과서는 교육과정을 구체화한 교수·학습 자료이기 때문에, 교과서 개발의 기본 전제로 교육과정과의 부합성을 생각하는 것은 당연하다. 특히 우리나라 수학과 교육과정은 국가 수준의 교육과정이므로 사실상 반드시 따라야 하는 대상이기도 하다. 이에 교과서를 개발하는 과정에서 그 내용이 교육과정에 충실히 부합되는지 지속적으로 점검해야 한다. 여기서 교과서가 교육과정에 '부합'해야 한다는 의미는 크게 두 가지의 요건을 모두 충족해야 하는데, 우선 교과서가 교육과정이 규정하는 지도 내용을 정확하고 일관되게 구현해야 하고(권석일, 박교식, 2011a), 다음으로 교육과정이 추구하는 목적과 방향성, 교육과정 개발자들의 암묵적인 의도까지도 정확하게 파악해야 한다는 것이다(장혜원, 강태석, 박원규, 김동원, 이환철, 2014; 장혜원, 강태석, 임미인, 2016; 장혜원, 김동원, 이환철, 2013). 그러나 교육과정은 그 문서의 특성상 매우 포괄적이고 함축적인 측면이 있어서 이를 교과서에 제대로 구현하기가 생각만큼 쉽지는 않다. 예를 들어 교육과정에 제시된 지도 내용은 일반적으로 그 범위와 수준을 상세하게 규정하지 않기 때문에(권석일, 박교식, 2011a), 이를 교과서로 구현하는 과정에서 일부 교육과정의 취지에 부합하지 않거나 불일치가 초래되기도 한다. 이와 관련하여 교육과정과 교과서 간의 부합성을 분석한 연구들을 살펴보면, 크게 교육과정의 성취기준 및 용어와 같은 지도 내용 측면에서 분석한 경우와 문제해결, 의사소통과 같은 과정 측면에서 분석한 경우로 살펴볼 수 있다.

먼저, 지도 내용 측면에서 분석한 연구들을 몇 가지 살펴보면 다음과 같다. 교육과정과 교과서에서 사용하는 용어에 초점을 둔 연구 중 권석일과 박교식(2011b)은 2007 개정 수학과 교육과정과 그에 따른 초등 수학교과서를 분석한 결과, '시각', '시간', '관계식', '비례상수' 등과 같은 일부 용어를 사용하는 데 있어 교육과정과 교과서가 일치하지 않는다는 것을 확인하였다. 예를 들어 '시각'이라는 용어는 교육과정에서 3학년 용어로 소개하고 있음에도 불구하고, 교과서에서는 1학년과 2학년에서 이에 대한 정의 없이 사용하였고, '시간'은 교육과정에 따르면 2학년 용어임에도 불구하고 3학년 교과서에서 정의되고 있으며, '관계식'과 '비례상수'는 교육과정에서 6학년 용어로 제시되었지만, 6학년 교과서에서는 두 용어를 정의하지 않는다는 점 등의 문제가 있었다. 이와 같은 수학적 용어 또는 기호의 사용이나 정의 방법은 비단 초등 수학교과서만의 문제는 아니다(예를 들어 고등학교 수학교과서에서의 용어 및 기호 분석에 관해서는 김선희, 서동엽, 강성원, 김수민(2016) 참조).

다음으로, 수학적 용어뿐만 아니라 교육과정에 제시된 성취기준이나 교수·학습 상의 유의점 등을 중심으로 교과서의 지도 내용이 교육과정과 부합하는지를 분석한 연구들도 많다. 예를 들어 박교식(2016)은 2009 개정 수학과 교육과정과 현행 수학교과서를 분석하였는데, 일례로 사건이 일어날 가능성에 대한 교과서 내용이 교육과정에 제시된 성취기준 및 교수·학습상의 유의점에서 요구하는 수준의 범위를 넘어선다고 판단하였다. 구체적으로 가능성에 대한 성취기준에서는 사건이 일어날 가능성을 수로 나타내도록 하고, 관련 교수·학습상의 유의점에서는 가능성을 0, $\frac{1}{4}$, $\frac{1}{2}$, $\frac{3}{4}$, 1 정도로 표현하도록 기술되어 있으나, 교과서에서는 그 가능성을 백분율로 나타낼 뿐 아니라, 23%, 27% 등으로 다루고 있다는 것이다. 이와 같은 측면에서의 교육과정과 교과서의 불일치는 또한 다른 학교급에서도 발생된다(예를 들어 중학교 수학교과서의 기하 영역에서 교과서마다 교육과정의 의도를 다르게 해석하여 내용을 구현한 경우에 대한 분석은 조명현과 김부미(2013) 참조).

한편, 장혜원 외(2013, 2014, 2016)는 2009 개정 수학과 교육과정과 교과서 사이의 연계성을 성취기준, 용어와 기호, 수학적 과정 등의 측면에서 학년군별로 면밀하게 분석하였다. 이때 연구자들은 교육과정의 성취기준이 교과서에 구현되는 과정에서 교육과정의 내용이 세분화되는 현실적인 맥락을 고려하여 교육과정의 성취기준과 교수·학습상의 유의점을 의미 있게 반영하여 수정·보완한 재구성 성취기준을 분석 기준으로 적용하였다. 세 연구의 결과, 교육과정과 교과서의 연계성은 대체로 양호한 편이었으나, 일부 재구성 성취기준과 관련하여 학년군별로 불일치하는 내용들을 확인할 수 있었다. 이러한 경우는 크게 교과서가 교육과정의 의도와 취지를 충분히 반영하지 못한 경우와 교과서의 내용이 재구성 성취기준의 범위를 넘어서는 경우로 분류된다. 전자의 경우는, 예를 들어 1~2학년군의 수와 연산 영역에서 덧셈과 뺄셈에 관련된 실생활 문제를 만들고 해결하는 활동이 교과서에서는 구현되지 않은 점(장혜원 외, 2013), 5~6학년군의 소수의 곱셈과 나눗셈에 대한 성취기준에서는 계산 원리의 이해에 초점이 있으나, 교과서에서는 반복적인 계산 연습이 강조되는 점(장혜원 외, 2016) 등이 해당된다. 후자의 경우는 1~2학년군 교과서에 제시된 덧셈의 교환법칙이나, 칠교판으로 도형을 만들어 보는 활동(장혜원 외, 2013), 3~4학년군 교과서에서 다루는 길이와 각도의 합과 차(장혜원 외, 2014), 5~6학년군 교과서에서 합동 조건에 따라 합동인 삼각형을 그려보게 하는 활동(장혜원 외, 2016) 등이 해당된다. 이러한 일련의 연구는 교육과정의 성취기준이 교과서에 모두 구현되었는지뿐 아니라, 교과서에는 구현되어 있지만 교육과정에는 제시되지 않은 내용에 대해서도 고찰할 수 있는 기회를 제공한다는 측면에서 교육과정과 교과서 사이의 양방향적인 연계성을 검토했다고 사료된다.

지금까지 살펴본 바와 같이, 교육과정과 교과서 사이의 부합성을 분석한 선행 연구들은 주로 내용 측면을 다루었으나, 최근 일부 연구에서는 내용 측면을 다루면서 동시에 과정 측면에서의 분석도 병행하거나 과정 측면만을 중점적으로 분석한 경우도 있다. 우선 내용과 과정 측면을 동시에 분석한 연구를 살펴보면 다음과 같다. 예를 들어 위에서 살펴본 장혜원 외(2013, 2014, 2016)는 2009 개정 수학과 교육과정과 교과서 사이의 연계성을 분석하는 기준 중 하나로 수학적 과정을 활용하였다. 구체적으로 교육과정에서 수학적 과정으로 의도한 문제해결, 추론, 의사소통과 관련하여 각각의 세부요소별로 교과서를 분석하였는데, 전반적으로 교과서 내용이 교육과정의 의도를 잘 반영하였으나 예를 들어 3~4학년군에서 문제해결과 관련하여 단순화하기 전략이 미흡하게 다뤄졌다는 점이 드러나기도 하였다. 또한 방정숙, 권미선, 김민정, 최인영, 선우진(2016a)은 2009 개정 수학과 교육과정에 따른 수학교과서 중에서 길이와 시간의 지도 내용을 분석하는 기준 중의 하나로 측정의 교수·학습 요소뿐만 아니라 2015 개정 수학과 교육과정에서 강조되는 교과 역량을 활용하였는데, 이를 통하여 2015 개정 수학과 교육과정에 따른 교과서를 집필하기에 앞서 기존의 현행 교과서에 교과 역량이 어떻게 반영되어 있는지를 가늠하기도 하였다.

한편, 과정 측면만을 중점적으로 분석한 연구도 있다. 특히, 수학적 과정 중 우리나라 수학과 교육과정에서 가장 먼저 도입되어 현재까지 지속적으로 강조되고 있는 수학적 문제해결과 관련한 연구가 많다(박교식, 2001; 방정숙, 김상화, 2006; 정은실, 2015). 예를 들어 최근에 방정숙, 이지영, 서은미(2016)는 문제해결을 중심으로 제1차 수학과 교육과정에서부터 2015 개정 수학과 교육과정을 분석하였는데, 특히 2009와 2015 개정 수학과 교육과정과 관련하여 분석 요소로 도출된 문제, 문제해결 전략, 문제해결 과정을 중심으로 현행 교과서와 교사용 지도서를 상세하게 분석하였다. 그 결과, 교육과정에서는 모든 영역에서의 문제해결을 강조하지만, 교과서에서는 문제해결이 수와 연산 영역에 치중되어 있다는 것을 확인하였다. 더불어 교육과정에서는 학년군별로 지도해야 하는 문제해결 전략을 별도로 제시하고 있으나 교과서나 교사용 지도서에는 그러한 내용이 반영되지 않은 경우도 드러났다. 한편, 2015 개정 수학과 교육과정에서 새롭게 부각된 역량 중 정보 처리 능력과 관련하여 방정숙, 유은서, 김유경(2016)은 현행 교과서와 익힘책의 통계 내용을 분석하였다. 그 결과, 자료 수집 방법에 대한 탐구의 부족, 자료로부터 해석하기를 토대로 한 정보 활용의 미흡, 공학적 도구 및 교구 활용에 대한 제시 부족 등이 부각되었다. 이와 같은 일련의 연구들은 2015 개정 수학과 교육과정에 따른 교과서 개발에서 교과 역량을 구현할 때 어떤 요소나 측면을 주의해야 하는지를 구체적으로 제시한다는 점에서 의미 있다.

이상의 연구들은 공통적으로 교육과정과 교과서 사이의 부합성을 추구한다. 나아가 수학교과서가 교육과정의 의도와 내용을 보다 충실하고 정확하게 구현할 수 있기를 기대하며, 각각의 연구 결과를 토대로 구체적인 개선책과 시사점을 제안하고 있다. 이와 관련하여 주의할 것은 교과서가 개발되는 과정에서 어떻게 하면 교육과정과의 부합성을 보다 높일 수 있느냐이다. 우리나라 초등 수학교과서 개발 과정의 장점 중의 하나는 '현장검토본'(이전에는 '실험본'이라고 지칭함)을 개발하여 적용해 보는 기간을 갖는다는 점이다(Pang, 2008). 즉 1년 동안 학교에서 직접적으로 적용해 보거나 다각적인 측면에서 수업 현장에서의 적합성을 판단해 보는 기간을 가진다는 점인데, 이 기간 동안 현장검토본에 대해서 '교과서 → 수업' 간의 적합성뿐만 아니라 역으로 '교과서 → 교육과정' 간의 부합성을 재확인하는 과정이 필요하다고 생각된다. 그만큼 교육과정과의 부합성은 교과서 개발의 기본 전제가 되어야 하기 때문이다.

2.2. 수학교육의 목적: 학생들의 수학적 사고 능력 신장

수학교과서 개발의 기본 전제에는 수학교육의 목적에 부합되어야 한다는 것이 포함되어야 한다. 이는 너무나 분명해서 굳이 강조할 필요가 없다고 생각할 수도 있다. 그럼에도 불구하고 그동안 교과서 개발 과정에서 교과서를 통해 학교에서 왜 수학을 가르치고 배워야 하는지에 대해 공유되거나 합의된 공통 목적이 있었는지에 대해 의문이 든다. 사실 학교 교과로서의 수학 교과가 지향하는 방향은 수학과 교육과정에서 '수학 교과의 목표'로 제시되어 있다. 그동안 우리나라 교육과정에 제시된 초등학교 수학 교과의 목표를 살펴보면, 교육과정 변천에도 불구하고 일관되게 강조된 목표도 있고, 교육과정 변천 시기별로 추가되거나 확대된 목표가 있기도 하다(Pang, 2014). 전자에는 기초적인 수학적 지식과 기능의 습득, 문제해결 능력과 태도의 신장 등이 포함되고, 후자에는 이른바 수학적 과정 또는 수학 교과 역량, 수학에 대한 관심과 흥미, 수학의 가치 이해, 인성, 수학 학습자로서의 바람직한 태도와 실천 능력 등이 포함된다(교육과학기술부, 2008; 교육부, 2015). 본 절에서는 특히 후자와 관련하여 수학적 사고 능력의 신장을 다루고자 한다. 이는 수학교과서를 개발하는 과정 중 수많은 심의와 논의에서 과연 '학생들의 수학적 사고 능력의 신장에 얼마나 많은 초점을 두는가?'라는 반성적 질문을 바탕으로 한다.

2009 개정 수학과 교육과정에 따른 교과서를 개발할 때는 국제적인 관점에서 우리나라 학생들의 수학과 학업성취도는 높은 반면에 수학에 대한 가치 인식이나 자신감, 태도 등과 같은 정의적 측면에서의 낮은 순위가 사회적 이슈로 부각됨에 따라 추상적인 수학 개념을 학생들이 자연스럽게 접하면서 보다 쉽고 재미있게 학습할 것이 요구되면서 일명 '스토리텔링 교과서'가 개발되었다(교육부, 2013). 2015 개정 수학과 교

육과정에 따른 교과서를 개발하는 현 시점에서는 최근에 특히 사회적 이슈로 떠오른 '수포자' 문제 때문에, '적어도 어렵지 않은(되도록 쉬운) 교과서'에 대한 요구가 강하게 부각되고 있다. 여러 가지 시대적·사회적 여건과 요구 속에 무엇보다 학생들에게 수학적으로 사고할 수 있는 기회를 제공하는 수학교과서 개발에 대한 요구나 관심은 약화되고 있다.

우리나라 수학교과서는 어느 교과서나 마찬가지로 장점뿐만 아니라 단점도 있다. 그 단점 중의 하나는 교과서에 제시된 활동별로 구체적인 하위 질문 또는 단계가 제시되어 있어 이를 따라하다 보면 활동을 끝내게 되고, 결과적으로 주어진 문제가 해결된다는 것이다. "왜 그렇게 생각했습니까?"는 분명히 학생들의 수학적 사고를 진작하기 위한 발문인데 비해, 정답은 "교과서에서 하라는 대로 하면 그렇게 답이 나옵니다."라고 해도 과언이 아니다. 각 활동에서 제시된 발문의 답이 바로 후속 활동에 정확히 제시된 경우도 있다. 학생들은 교과서를 통해 수학적으로 사고하는 방법을 학습한다기보다는 교과서 또는 교사가 제시하는 절차에 따라 수동적으로 따라하거나 교과서를 '보면' 답이 있다. 수학과 교육과정에는 "수학적으로 사고하고 의사소통하는 능력을 길러, 생활 주변에서 일어나는 문제를 합리적으로 해결하는 능력을 기른다."라고 초등학교에서의 수학 교과의 목표를 제시하고 있는 반면(교육부, 2015, p. 4), 교과서 개발 과정에서 이에 대한 논의는 부가적이거나 피상적인 수준에서 다뤄지는 것이 고작인 것 같다.

이에 대한 원인은 여러 가지 측면에서 생각해 볼 수 있으나 적어도 다음 세 가지에 주목하고 싶다. 첫째는 수학교과서 개발의 기저로 작용할 수 있는 기본 철학의 부재이다. 이는 국정교과서의 한계와도 직접적으로 관련된다. 즉 국정교과서이기 때문에 검·인정교과서에 비해 한 교과서를 연구하고 집필하는 사람이 많을 수밖에 없고, 여기에 각양각색의 심의, 현장의 목소리, 시민단체의 요구까지 반영하다 보면 '수학적 사고 능력의 신장'이라는 본연의 목표는 교과서 개발에 관련되는 전 구성원이 공유하거나 합의하지 않은 상황에서 구현하기란 매우 어려워 보인다.

둘째는 수학과 관련하여 내용적인 측면과 과정적인 측면에서의 불균형이다. 2007 개정 수학과 교육과정에서는 수학적 의사소통이 명시적으로 강조되었고, 2009 개정 교육과정에서는 기존의 문제해결, 추론, 의사소통이 수학적 과정으로 강조되며, 수학적 창의성을 이루는 3가지 하위 요소로 언급되었다. 가장 최근에 2015 개정 교육과정에서는 기존의 수학적 과정뿐만 아니라 창의·융합, 정보 처리, 태도 및 실천이 수학 교과 역량으로 부각되기에 이르렀다. 그러나 우리나라 교육과정 및 교과서는 수학 내용 기반이며, 수학적 과정 또는 수학 교과 역량은 여전히 그러한 내용 요소를 가르치는 데 부차적인 요소로 간주되는 경향이 있다. 다시 말해 수학적으로 사고하는 과정이 교육과정 변천에 따라 지속적으로 강조되거나 확대되기까지 했다고 말할 수 있으나 수학 내용에 대한 변함없는 강조와는 비교될 수 없는 수준이라고 생각한다. 특정 수학 내용을 가르치는 것이 목표인 경우와 수학적으로 사고하는 방법을 가르치는 것이 목표인 경우는 그 접근 방법이나 구현 양상이 다를 수밖에 없다(Lampert, 2001).

셋째는 수학적으로 사고하는 방법을 교과서에서 어떻게 구현할 것인지에 대한 구체적인 방법의 부족이다. 예를 들어 2015 개정 수학과 교육과정에서는 수학 교과 역량을 강조하였다. 기존 교육과정에 비해 이 교육과정에서는 수학 교과 역량과 관련하여 그 의미를 명시하고 각 역량별 3~6개의 하위요소를 분명하게 제시했다는 점에서(교육부, 2015; 박경미, 이환철, 박선화, 강은주, 김선희, 임해미 외, 2015) 고무적이다. 그러나 교과서를 개발할 때 이를 어떻게 반영할 것인지는 주요 쟁점 중의 하나로 남는다. 수학과 내용 영역은 익숙한데 비해, 수학 교과 역량은 기존의 수학적 과정 영역과 일맥상통하기는 하지만, 교과서에서 어떻게 구체적으로 반영할 것인지는 해결해야 할 과제이다. 이와 관련하여 문제해결 능력은 학년군별로 어떻게 차별화하여 강조할 것인지 교육과정에 어느 정도 동의되어 있는 반면(물론 '협력적 문제해결', '수학적 모델링'과 같이 새롭게 추가된 하위요소에 대해서는 별반 안내된 것이 없음), 다른 교과 역량에 대해서는 거의 연구된 바가 없다(김상화, 2010; 방정숙, 2002). 예를 들어 창의·융합 능력과 관련하여 1~2학년군, 3~4학년군, 5~6학년군에서 각각 어떤 공통점과 차이점을 가지고 강조할 것인지에 대한 논의는 너무 부족하다.

이와 같은 원인을 고려했을 때, 우선 수학교과서의 주된 방향이 학생들의 수학적 사고 능력의 신장이라는 점에 구성원의 합의가 적어도 암묵적으로 선행되어야 한다. 또한 교육과정에서처럼 포괄적이고 선언적인 수준에서 수학적 사고 능력을 강조하는 데 그치지 말고 교과서에서는 수학과 내용 영역에 버금가게 강조되어 다루어야 한다. 이에 구체적으로 초등학교 각 학년군별로 수학적으로 사고하는 능력을 어떻게 일관되게, 그리고 상위 학년군으로 올라갈수록 어떻게 확장할 것인지에 대한 이론적·실제적 연구가 뒷받침되어야 한다. 강조하건대, 초등 수학교과서는 단지 구체적 조작 활동이 많다거나 무조건 쉬워야 하는 게 아니라 수학적으로 사고하는 방법을 일찍부터 경험하게 하여 학생들이 수학 학습 본연의 즐거움과 재미를 느끼도록 도와야 한다.

3. 초등 수학교과서 개발 방향

3.1. 우리나라 초등 수학교육 관련 연구에 바탕을 둔 교과서

최근 교과서 집필에 참여하고 싶다고 말했던 제자가 있다. 주된 이유 중의 하나는 관련 연구물이 지속적으로 발표되고 있음에도 불구하고, 교과서에 전혀 반영되지 않는 이유가 무엇인지 궁금해서라고 했다. 늘 시간 부족이라는 현실적인 이유가 있었지만, 결코 아니라고 반박할 근거가 별로 없다고 생각된다. 예를 들어, 방정숙과 황현미(2012)에 따르면, 국내 학술지에 수학교과서와 관련된 다양한 연구가 진행되었음을 알 수 있고, 각 연구마다 대부분 개선 방안 및 시사점을 제시하고 있다. 또한 교육대학교에 초등 수학교육 전공 대학원이 설치된 이래로 많은 학위 논문을 통하여 그동안 초등 수학교육 관련 연구가 쌓여가고 있다. 그러나 정작 교과서를 집필할 때에는 그런 연구 결과물이 얼마나 진지하게 고려되고 반영되는지 의문이다.

개정된 교육과정에 따라 새로운 교과서를 개발할 때, 학년 이동을 제외하고는 다루는 내용 요소는 크게 다르지 않다. 그럼에도 불구하고 해당 단원을 누가 집필하느냐에 따라 활동의 순서나 내용은 꽤 바뀌게 된다. 그러한 변화에 대해 어떤 이론적 근거가 있어야 할 것이다. 이와 같은 측면에서 현재 진행 중인 교과서 개발이 기존에 비해 기초 연구가 강화되는 추세는 바람직하다. 이와 관련하여 방정숙, 권미선, 김민정, 최인영, 선우진(2016b)은 3학년 1학기의 '길이와 시간' 단원을 중심으로 초등 수학교과서 개발을 위한 기초 연구 과정을 구체적인 예시 자료와 함께 제시했는데 이를 요약하면 다음과 같다.

첫째, 교과서 단원 집필을 위한 이론적 근거가 될 자료를 수집한다. 이 자료에는

2015 개정 수학과 교육과정(필요한 경우, 국외 교육과정 포함), 국내외 (초등)수학교육학 개론서, 집필할 교과서 단원과 직접적으로 관련된 국내외 논문(해당되는 수학 영역, 수학 내용 또는 주제, 수학적 과정 등을 다루는 논문), 국내 초등 수학교과서(2009 개정 및 2007 개정 교과서를 기본으로 하되, 필요한 경우 그 이전 교과서까지 포함) 및 2009 개정 초등 수학교과서 편찬 결과보고서, 국외 초등 수학교과서(예를 들어, 미국, 일본, 싱가포르 등)가 포함된다.

둘째, 수집된 자료를 분석하여 초등 수학교과서 개발의 이론적 근거 및 방향을 도출한다. 앞에서 언급한 자료와 관련하여 구체적으로 살펴보면 우선 수학과 교육과정을 분석하여 단원 집필의 주된 강조점 및 유의사항을 확인하는 것이 필요한데, 이는 교육과정과의 부합성을 높이기 위한 노력의 일환이다. 또한 수학교육학 개론서를 분석하여 집필한 단원과 관련된 전체적인 이론적 토대를 확인한다. 다음으로 논문을 분석하여 집필할 단원과 직접적으로 관련된 내용에 관한 연구의 흐름 및 공통적·지속적으로 제기되는 시사점을 파악한다. 또한 국내 교과서 및 편찬 결과보고서를 분석하여 교과서 개정 과정에 대한 이해 및 개정에 따른 구체적인 변화의 방향성과 근거를 파악하는 데 주력한다. 마지막으로 국외 교과서를 분석하여 해당 단원의 구체적인 흐름 및 소재, 활동을 비교 분석하되 특히 우리나라의 접근 방법과 다른 접근 방법을 탐색하는 데 유의한다.

셋째, 이론적 근거 및 방향성을 토대로 하여 기존 교과서를 분석한다. 즉 2009 개정 및 2007 개정 초등 수학교과서의 해당 단원이 앞서 도출한 이론적 근거 및 방향성에 부합하는지 세밀한 수준에서 분석하는 것이다. 이를 토대로 기존 교과서의 구체적인 개선점을 파악할 수 있고 단원 집필을 위한 최종적인 근거 및 방향성을 수립할 수 있다.

마지막으로, 기존 교과서 분석을 토대로 한 개정 교과서 구성안을 마련한다. 이 때 앞에서 수행한 이론적 분석을 바탕으로 단원을 구성할 때 꼭 고려해야 할 사항을 공유하고 각 차시별로 기본적인 구성의 근거를 마련하고 각 활동에 대해서도 그 활동의 취지나 의도를 기술해 놓음으로써 후속 심의나 논의의 기초로 삼을 수 있다. 이와 같은 일련의 기초 연구 과정을 시각화하여 나타내면 [그림 1]과 같다. 돌이켜 생각해보면, 이와 같은 일련의 과정은 교과서를 개발하는 과정에서 어찌 보면 당연히 거쳤어야 하는 과정임에도 불구하고 그동안 다소 소홀히 다뤄졌거나 간과된 과정이 있다면 재점검하는 데 용이할 수 있을 것으로 기대된다.

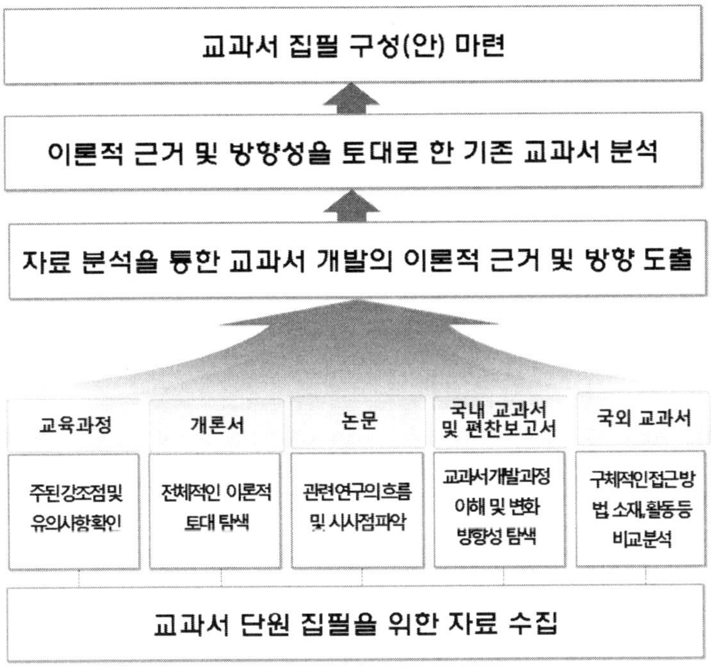

[그림 1] 초등 수학교과서 개발을 위한 기초 연구 과정

3.2. 최신 초등 수학교육 연구 동향을 반영한 교과서

앞에서 기술한 첫 번째 개발 방향과 일맥상통하기는 하나, 차이가 있다면 최신 국외 연구 동향을 반영하자는 의견이다. 즉 첫 번째 기술한 내용은 우리나라 교과서이기 때문에, 우리나라 초등학교 학생들을 대상으로 한 연구 결과물, 우리나라 수학교과서를 바탕으로 한 여러 가지 비교 분석 등 우리나라의 연구 결과물을 바탕으로 교과서를 개발하자는 의견이었다. 여기서는 우리나라에 별반 소개되지 않았거나 연구되지 않았다고 하더라도 다른 나라에서 강조되는 내용이 있다면 충분히 고려할 필요가 있다는 주장이다.

예를 들어 초기 대수(early algebra) 또는 대수적 사고(algebraic thinking)는 다른 나라의 초등학교 수학과 교육과정에서 최근 10년 남짓 상당히 강조되어 왔다(Blanton, Levi, Crites, & Dougherty, 2011). Kieran, Pang, Schifter와 Ng(2016)에 따르면 초기 대수 운동에서 비롯하여 주로 패턴의 일반화를 중심으로 연구가 집중된 반면에 2000년대 이후로부터는 대수적 사고의 본질이나 과정을 이론적으로 규명하는 연구들이 괄목할 만하게 증가하고 있고, 초등학교 고학년을 대상으로 대수적 사고를 연구하는 경향에서 최근에는 초등학교 저학년 학생들과 유치원 학생들을 대상으로 한 교수 실험 연구를 통하여 어린 학생들의 대수적 사고의 가능성이 부각되고 있는 실정이다. 또한 여러 가지 체계화된 연구를 통하여 대수적 사고라는 것이 학년이 높아짐에 따라 자동적으로 발달하는 것이 아니라 진지하게 고안된 대수적 사고 개발 프로그램의 필요성이 부각되고 있다. 이에 따라 미국, 캐나다, 호주 등에서는 그동안 축척된 초기 대수에 관한 연구를 토대로 이미 초등학교 수학과 교육과정에 주요한 내용 영역 중의 하나로 또는 초등학교부터 신장해야 할 특별한 사고 양식의 하나로서 명시적으로 강조하고 있다. 또한 이러한 교육과정의 변화와 함께 실제 교수·학습 상황에서 대수적 사고를 강조한다는 것이 무엇인지 그 의미를 탐색하고 기존의 방법과 비교하며, 교사와 학생의 구체적인 역할을 논의하는 연구들이 많아지고 있다.

초기 대수적 관점에서 우리나라 교과서를 살펴보면, 무엇보다 수와 연산의 지도, 규칙성의 지도 등에 여러 가지 구체적인 시사점을 제공한다(김성준, 2003; 김정원, 2014; 최지영, 2011). 예를 들어 방정숙과 선우진(2016)에 따르면, 우리나라 교과서의 규칙 찾기 관련 내용에서는 규칙을 찾아 적용하여 문제의 답을 찾는 것 자체가 강조되는 반면, 외국의 경우에는 규칙을 찾는 과정, 예를 들어 변하는 부분과 변하지 않는 부분의 구분, 반복되는 규칙의 존재성 인식 등 그 구조를 분석하는 활동이 강조되고, 이 과정에서 적절한 언어나 제스처 등을 활용한 표현 및 일반화 등에 대한 논의가 활발하다. 이와 같은 측면에서 교과서를 개발할 때, 해당 단원의 주요 내용과 관련하여 최신의 초등 수학교육 연구 동향을 적극적으로 검토할 필요가 있다. 물론 외국의 연구 경향을 우리나라 교과서에 그대로 반영하자는 것이 아니라 우리나라 학생들을 대상으로 충분한 선행 연구를 거쳐야 하는 것은 당연하다. 다만 필요한 경우 또한 교육적으로 충분히 타당하다고 생각되는 경우 지도서에 참고 자료나 활동으로 제시하거나 디지털 자료로 개발하여 제시하는 것도 고려해 볼만하다.

3.3. 내용 영역별 일관성과 체계성을 확보한 교과서

초등 수학교과서는 국정교과서이기 때문에 검·인정교과서에 비해 교과서 개발에 참여하는 인원이 많다. 여러 관계자의 의견을 반영할 수 있다는 장점이 있는 반면에,

내용 영역별 또는 관련 학습 주제별 일관성과 체계성을 유지하기가 쉽지 않다는 단점도 있다. 이와 같은 측면에서 교과서 개발에서 학년군 내 그리고 학년군 간 모두 내용 영역별 또는 학습 주제별 종적 연결성을 진지하게 고민해 봐야 한다.

예를 들어 분수 지도에서 '단위 추론'에 대한 이해는 분수 개념의 이해부터 분수 연산의 지도에 이르기까지 핵심 개념이다(이지영, 2015). 그런데 교과서 개발 과정에서 자연스럽게 논의 대상이 주로 각 단원별, 그리고 학년별로 이뤄질 가능성이 높다보니, 학년 간 특히 내용 영역 간 주요 개념의 일관성 있고 심화된 전개가 보장되기 어렵다. 사실 1~6학년 교과서가 동시에 개발된다면, 동일한 내용 영역, 더 나아가서는 동일한 내용 영역 내에서도 관련된 학습 주제별로 팀을 이뤄 핵심 개념을 어떻게 전개할지 충분히 논의한 후에 교과서가 일관성 있게 개발된다면 좋겠지만, 현재 우리나라에서는 학년군별로 시간차를 누고 개발하게 되어 있으므로, 이를 적용하기가 어렵다. 더구나 각 학년군 내에서 학기별로 교과서를 개발하다 보니 예를 들어 3~4학년군의 1학기 교과서를 먼저 개발하게 되고, 이후 2학기 교과서를 개발하게 된다. 즉 4학년 1학기 교과서 개발팀은 관련 영역 및 직접적인 학습 주제가 3학년 2학기에 있다고 하더라도 그 구체적인 내용을 알지 못한 채 시기적으로 먼저 교과서를 개발하게 되는 어려움이 있다.

이에 각 단원을 집필하는 팀에서는 이전 학년군의 수학 내용 중 관련 단원의 내용과 전개 방식을 충분히 숙지할 필요가 있다. 이때 수학 내용뿐만 아니라 해당 내용을 어떻게 표현했는지, 특정한 모델이나 맥락에만 치중하지는 않았는지, 특정한 유형의 문제만 제시되지는 않았는지 등을 종합적으로 검토할 필요가 있다.

4. 초등 수학교과서 개발 후의 과제

3.1. 교과서 개발 과정에 대한 백서

교과서 개발 과정에 참여한 사람이라면 누구나 그 과정이 쉽지 않음을 너무나 잘 알 것이다. 그러나 개발이 끝나면 가장 정선된 형태의 교과서, 익힘책, 교사용지도서만 최종 산출물로 남을 뿐이지, 수년 간의 개발 과정에서 참여자로서 겪은 귀한 경험과 논의의 대부분은 희미한 기억 속에 사라지고, 결과적으로 차기 교과서를 개발하는 과정에서 새로운 참여자들은 유사한 시행착오를 하기 마련이다. 이와 같은 측면에서 교과서 개발 과정을 상세히 기록으로 남기는 것은 매우 절실해 보인다. 교과서 개발 과정에 대한 기록과 관련하여, 미시적인 측면에서 구체적인 단원을 실례로 하여 교과서를 개발하는 실제적인 과정을 제공할 수 있다. 예를 들어 이경화와 강완(2008)은 2007 개정 수학과 교육과정에 따른 교과서 개발 과정과 관련하여, 길이재기 단원을 중심으로 집필 초기부터 '실험본' 교과서를 완성하기까지의 과정을 상세하게 소개하였다. 해당 단원과 관련하여 교과서의 형태로 최종 구현되는 과정에서 어떠한 논의와 고민이 제기되는지 등의 정보를 제공한다는 측면에서 의미 있는 기록이다. 다른 한편으로 거시적인 측면에서 전체 교과서 개발 과정에 대한 기록물을 남길 수도 있다. 예를 들어 초등 수학 교과용도서 편찬 결과보고서(한국과학창의재단, 2015a, 2015b, 2015c)는 2009 개정 교육과정에 따른 수학교과서 개발과 관련하여 교과서의 모든 단원별로 교과서 학습 내용 구성 과정, 스토리텔링 적용 과정, 교과서 차시별 구성, 새로운 교과서를 위한 제언을 포함하고 있다. 특별히 교과서 차시별로 집필 의도와 함께 집필 과정에서 수정사항을 간단하게나마 요약하고 있어서 후속 교과서의 각 단원을 집필할 때 참조해 볼 수 있는 좋은 자료가 되고 있다.

교과서 개발자의 입장에서 생각해보면, 개발 과정에 대한 백서를 편찬하는 것 자체가 또 하나의 버거운 과제임에 틀림없다. 수년 간 교과서 개발 자체에 쏟은 열정과 시간을 고려하면 백서 편찬은 선택사항이거나 지엽적인 일로 여겨질 수 있다. 그러나 교과서 개발이 일회성으로 끝나는 것이 아니라는 점을 고려하면, 백서 개발은 필수적이며 의무라는 생각까지 든다. 더구나 저자가 생각하는 백서는 초등 수학교과서 개발을 기획하는 과정부터 마지막 최종본 배부에 이르기까지의 교과서 개발의 전 과정을 아울러야 하는 것이고, 특히 연구·집필진, 검토진, 심의진 등을 통해 논의된 쟁점과 과제, 전체적인 개발 방향 및 학년군별 교과서 단원 구성의 특징, 각 학년별·영역별·단원별 주된 논의거리와 의사결정 과정 및 근거 등 그 핵심적인 사항들을 빠짐없이 담아내는 기록물이어야 한다. 또한 최근 교과서 개발 과정에서 삽화, 편집, 디자인의 역할이 강조되는 만큼 이에 대한 개발 방향, 주요 결정사항, 제언 등도 기록물로 남기는 것이 필요해 보인다. 그리고 교과서 개발 과정에서 개선할 점에 대한 다양한 관점에서의 의견도 기록으로 남길 필요가 있다. 이렇듯 피상적인 수준에서의 교과서 편찬 보고서가 아니라 반성적 차원에서 교과서 개발의 전 과정을 기록하는 백서가 개발된다면, 후속 개발자가 누구든지 간에 유사한 시행착오 없이 보다 체계적이고 효율적이며 무엇보다 좀 더 바람직한 수학교과서를 개발하는 데 기여하게 될 것이다.

3.2. 교과서의 효율적인 활용

아무리 좋은 교과서를 개발했다고 하더라고 그 교과서를 활용하는 사람이 그 의도나 취지를 제대로 이해하지 못한 채 사용한다면 큰 효과를 거두기 어려울 것이다. 특히 잦은 교육과정 개정이나 교과서 개발로 이미 학교 현장에서는 피로도가 높아진 상황이기 때문에, 현장에서 적극적으로 새로운 교과서의 취지나 방향을 이해하리라고 기대하기 어렵다. 이에 교과서 개발 후에는 교사가 잘 알아서 교과서를 활용하리라고 기대하기보다는 적극적인 차원에서 교사 연수를 병행할 필요가 있다. 특히 기존 교과서에 비해 강조된 내용이 있다면 그 의도를 잘 전달하여 현장에서 의미 있게 구현하는 데 도움을 줘야 할 것이다. 특히 전 교과를 담당하는 초등학교 교사의 경우 각 교과의 특성에 맞게 교과서를 활용하기가 어려울 것이다. 수학 교과의 경우 예를 들어, 교사가 의미 있는 수학적 발문을 제기하기가 어려울 수 있으므로, 핵심 발문을 강조하는 것도 하나의 방법일 것이다. 또한 교과서에 제시된 주된 활동과 관련하여 학생들의 실제 사고 과정(오개념을 포함하여 다양한 해결 방법이나 생각)에 대한 자료가 추가된다면 학생들의 수학적 사고를 진작하는 방향으로 교과서를 활용하기가 용이할 것으로 기대된다.

한편, 수학교과서의 경우 서책형 교과서라는 한계점을 감안하여 다각적인 측면에서 교과서를 보완할 수 있는 교수·학습 자료와 평가 자료를 마련할 필요가 있다. 예를 들어 학생들이 학습을 본격적으로 시작하기 전에 스스로 자신의 현재 학습 상태를 점검할 수 있는 사전 진단 자료, 학습의 필요성을 인식하며 학습 내용이나 과정을 설계해 볼 수 있는 학습 설계 자료, 학생들의 다양한 수학적 능력과 관심 정도를 반영하여 수준별 활동이 가능하도록 여러 가지 과제 수준으로 개발된 수업 활동지, 다양한 교구나 구체적 조작 자료, 다뤄지는 학습 주제에 최적화된 디지털 자료, 평가 의도 및 요소에 알맞게 평가 방법을 반영한 평가 자료(평가 문항, 정답 및 예시답안이나 해설, 평가에 따른 피드백, 평가기록지 등)를 생각해 볼 수 있다(방정숙, 나귀수, 황현미, 권미선, 최인영, 선우진 외, 2016).

3.3. 교과서 연구 및 평가

우리나라에서 초등 수학교과서의 중요성을 고려해 볼 때 교과서 개발 이후 꼭 해야 할 것 중의 하나는 지속적인 교과서 연구 및 평가이다. 최근 들어 특히 초등 수학교과서를 중심으로 한 연구가 많아지고 있기는 하지만, 그래도 전체 연구 중 차지하는 비중은 그리 높지 않다. 예를 들어 방정숙과 황현미(2012)에 따르면, 분석 대상으로 선정된, 2006년부터 2011년에 게재된 국내 학술지 논문 1121편 중 수학교과서 관련 논문은 90편(약 8%)에 지나지 않았다. 또한 이 연구에 따르면, 수학 내용 및 수학적 엄밀성(논리성), 기호 및 언어적 고찰, 교육과정과의 연계성 및 지도 방법, 학생들의 반응이나 곤란도, 수학교육이론, 역대교육과정별 변화 등의 측면에서 교과서의 내용을 자세히 분석하는 경향이 있었지만, 정작 이를 통한 개선 방안 및 시사점은 결론에 간단히 다루는 경우가 대부분이었다. 교과서 연구의 궁극적인 목적을 감안할 때 분석을 통한 구체적인 개선 방안이나 실제 적용까지 해 보는 등의 노력이 필요해 보인다.

또한 외국 교과서와의 비교 분석도 보다 활성화되어야 한다. 우리나라에서는 교과서를 개발할 때 해당 단원과 관련하여 외국 교과서의 지도 내용을 참조해 보는 경우가 있다. 그러나 좋은 교과서를 개발하기 위해서는 평상시에 여러 나라 교과서의 지도 내용뿐만 아니라 교과서의 전반적인 체제 및 지향점, 전개 방식, 주요 내용 요소 및 주제 도입 시기, 학년별·단원별 구성 체제 및 특징, 지도 내용의 수준, 교구나 모델 활용 등 다양한 측면에서 비교해 볼 필요가 있다.

한편, 교과서 연구와 함께 병행되어야 할 것은 교과서에 대한 평가이다. 예를 들어 2009 개정 수학과 교육과정에 의한 교과서의 주된 특징 중의 하나는 스토리텔링을 적용했다는 것이다. 그러나 현재 차기 교과서가 개발되고 있는 시점까지 2009 교과서에 대한 체계적인 평가는 찾아보기 어렵다. 각 시기별로 교과서를 통해 특별히 추구하는 목표가 있었다면 그 목표에 부합되도록 교과서가 개발되었는지, 그리고 적용되었는지 면밀히 평가하고 후속 교과서 개발에 구체적인 시사점을 제공할 수 있어야 할 것이다.

5. 맺는 말

본 저자와 함께 교과서 집필에 참여했던 교사 중 한 명은 교과서 집필을 시작할 때 "꿈에서라도 써 보고 싶었던 교과서입니다"라고 말했으나, 집필을 마칠 즈음 "꿈에서조차 쓰고 싶지 않은 교과서입니다"라는 말을 했었다. 교과서 개발의 중요성과 어려움을 동시에 알 수 있는 말이다. 아직까지 우리나라 초등 수학교과서는 국정교과서이고 거의 모든 초등학교 교사가 수학교과서 중심으로 수업을 진행한다는 점을 감안해 보면, 현장의 수학 교수·학습에 직접적인 영향력을 끼치는 것은 교과서라고 말할 수 있다. 그래서 그만큼 의미 있는 일이기도 하지만, 쉽게 할 수도 없는 작업이며 쉽게 해서는 안 되는 작업이기도 하다.

본 장에서는 초등 수학교과서의 개발과 관련하여 그 기본 전제는 무엇인지, 교과서 개발 과정에서 충분히 고려해야 할 방향은 무엇인지, 그리고 개발 이후 해결해야 할 과제는 무엇인지에 대해서 부족하나마 기술해 보았다. 이에 대한 소소한 의견들이 보다 의미 있고 바람직한 초등 수학교과서를 개발하고 교과서 관련 연구를 촉진하는 데 미약하나마 고려되기를 기대한다.

참고문헌

교육과학기술부 (2008). **초등학교 교육과정 해설(IV): 수학, 과학, 실과**. 서울: 대한교과서.

교육부 (2013). **수학 1-1 교사용 지도서**. 서울: 천재교육.

교육부 (2015). **수학과 교육과정**. 교육부 고시 제2015-74호.

권석일, 박교식 (2011a). 우리나라 초등학교 수학교과서에서의 입체도형 관련 지도 내용에 대한 분석과 비판. **수학교육학연구**, 21(3), 221-237.

권석일, 박교식 (2011b). 초등학교 수학교과서에서의 용어 사용과 정의 방식에 관한 비판적 분석: 몇 가지 예를 중심으로. **한국초등수학교육학회지**, 15(2), 301-316.

김상화 (2010). **초등학교 수업에서 수학적 의사소통의 목표 설정 및 지도의 실제**. 한국교원대학교 박사학위 논문.

김선희, 서동엽, 강성원, 김수민 (2016). 교육과정과 교과서에 제시된 용어·기호에 대한 비판적 고찰. **학교수학**, 18(3), 611-623.

김성준 (2003). 패턴과 일반화를 강조한 대수 접근법 고찰. **학교수학**, 5(3), 343-360.

김정원 (2014). **초등학교 학생들의 함수적 사고의 특징 및 지도 방향 탐색**. 한국교원대학교 박사학위 논문.

박경미, 이환철, 박선화, 강은주, 김선희, 임해미 외 (2015). **2015 개정 수학과 교육과정 시안 개발 연구II**. 한국과학창의재단 연구보고서 BD15120005.

박교식 (2001). 제7차 초등학교 수학과 교육과정에서의 문제해결 관련 내용의 분석. **학교수학**, 3(1), 1-23.

박교식 (2016). 우리나라 초등학교 수학교과서에서 취급하는 내용과 관련한 문제점 분석. **학교수학**, 18(1), 1-14.

방정숙 (2002). 제7차 수학과 교육과정의 초등학교 현장 적용에서 나타나는 문제점 및 개선 방향. **학교수학**, 4(4), 657-675.

방정숙, 권미선, 김민정, 최인영, 선우진 (2016a). 길이와 시간에 관한 초등학교 수학교과서 분석: 측정의 교수·학습 요소 및 수학 교과 역량을 중심으로. **학교수학**, 18(2), 301-322.

방정숙, 권미선, 김민정, 최인영, 선우진 (2016b). 초등 수학교과서 개발을 위한 기초 연구 과정: '3-1-5. 길이와 시간' 단원을 중심으로. 한국과학창의재단(편집). **초등학교 5~6학년군 수학 교과용도서 연구·집필 착수 워크숍**.

방정숙, 김상화 (2006). 문제해결과 관련된 제7차 초등학교 수학과 교육과정 및 교과용 도서 분석. **학교수학**, 8(3), 341-364.

방정숙, 나귀수, 황현미, 권미선, 최인영, 선우진 외 (2016). **2015 개정 교육과정 교수·학습 자료: 초등학교 1~2학년**. 서울: 교육부.

방정숙, 선우진 (2016). 초등학교 수학교과서에 제시된 패턴 지도방안에 대한 분석. **초등수학교육**, 19(1), 1-18.

방정숙, 유은서, 김유경 (2016). 통계 내용에 관한 초등학교 수학과 교과용 도서 분석: 정보 처리 능력을 중심으로. **한국초등수학교육학회지**, 20(3), 499-519.

방정숙, 이지영, 서은미 (2016). 문제해결에 관한 초등학교 수학과 교육과정 및 교사용 도서 분석. **수학교육학연구**, 26(3), 583-605.

방정숙, 황현미 (2012). 수학교과서 연구 동향 분석: 2006년부터 2011년에 게재된 국내 학술지 논문을 중심으로. **수학교육**, 51(3), 247-263.

이경화, 강완 (2008). 길이재기 단원의 여정: 수학교과서 개발과정. **수학교육학연구**, 18(2), 157-177.

이지영 (2015). **초등학교 학생들의 단위 추론을 기반으로 한 분수 나눗셈의 학습경로 개발**. 한국교원대학교 박사학위 논문.

장혜원, 강태석, 박원규, 김동원, 이환철 (2014). 초등학교 수학과 교육과정과 교과서의 연계 분석: 2009 개정 교육과정 초등학교 3~4학년군을 중심으로. **수학교육학연구**, 24(2), 181-204.

장혜원, 강태석, 임미인 (2016). 초등학교 수학과 교육과정과 교과서의 연계 분석: 2009 개정 교육과정 초등학교 5~6학년군을 중심으로. **수학교육학연구**, 26(1), 121-141.

장혜원, 김동원, 이환철 (2013). 초등학교 수학과 교육과정과 교과서의 연계 분석: 2009 개정 교육과정 초등학교 1~2학년군을 중심으로. **학교수학**, 15(4), 759-783.

정은실 (2015). 초등학교 수학과 문제해결 교육 재고. **한국초등수학교육학회지**, 19(2), 123-141.

조명현, 김부미 (2013). 2009 개정 수학과 교육과정에 따른 중학교 수학교과서의 기하 영역 분석. **교과교육연구**, 17(4), 1321-1341.

최지영 (2011). **초등학교에서의 대수적 추론 능력 향상을 위한 교수-학습 방향 탐색**. 한국교원대학교 박사학위 논문.

한국과학창의재단 (2015a). **초등 수학 교과용도서 편찬 결과보고서: 상권**. 서울: 경성문화사.

한국과학창의재단 (2015a). **초등 수학 교과용도서 편찬 결과보고서: 중권**. 서울: 경성문화사.

한국과학창의재단 (2015a). **초등 수학 교과용도서 편찬 결과보고서: 하권**. 서울: 경성문화사.

Blanton, M., Levi, L., Crites, T., & Dougherty, B. J. (2011). *Developing essential understanding of algebraic thinking for teaching mathematics in Grades 3-5*. Reston, VA: National Council of Teachers of Mathematics.

Kieran, C., Pang, J., Schifter, D., & Ng, S. F. (2016). *Early algebra: Research into its nature, its learning, its teaching*. New York: Springer.

Lampert, M. (2001). *Teaching problems and the problems of teaching*. New Heaven, CT: Yale University. 방정숙, 권민성 공역 (2016). 가르치는 것은 왜 그렇게 어려울까? 서울: 경문사.

Pang, J.S. (2008). Design and implementation of Korean mathematics textbooks. In Z. Usiskin & E. Willmore (Eds.), *Mathematics curriculum in Pacific Rim countries: China, Japan, Korea, and Singapore* (pp. 95-125). Charlotte, NC: Information Age.

Pang, J.S. (2014). Changes to the Korean mathematics curriculum: Expectations and challenges. In Y. Li & G. Lappan (Eds.), *Mathematics curriculum in school education* (pp. 261-277). New York: Springer.

■ **집필진** (가나다순)

권나영　인하대학교
권오남　서울대학교
김진호　대구교육대학교
박만구　서울교육대학교
박정숙　양재고등학교
박지현　반포고등학교
방정숙　한국교원대학교
서보억　충남대학교
송륜진　위스콘신 매디슨대학교
이대현　광주교육대학교
조두경　서울신상도초등학교
조형미　서울대학교 대학원
주미경　한양대학교

한국수학교육학회 2016년 연보
학교수학과 교과서 개발

편　집　김진호 · 권나영
집　필　권나영 · 권오남 · 김진호 · 박만구 · 박정숙 · 박지현 · 방정숙
　　　　서보억 · 송륜진 · 이대현 · 조두경 · 조형미 · 주미경
펴낸이　조경희
펴낸곳　경문사
펴낸날　2017년 1월 25일 1판 1쇄
등　록　1979년 11월 9일 제313-1979-23호
주　소　04057, 서울특별시 마포구 와우산로 174
전　화　(02)332-2004 팩스 (02)336-5193
이메일　kyungmoon@kyungmoon.com
facebook　facebook.com/kyungmoonsa

값 21,000원

ISBN 979-11-6073-014-2